中国社会科学院创新工程学术出版资助项目

生态引领
绿色赶超

新常态下加快转型与跨越发展的贵州案例研究

潘家华　吴大华 等／著

社会科学文献出版社
SOCIAL SCIENCES ACADEMIC PRESS (CHINA)

《生态引领　绿色赶超》课题组

主要执笔人：

潘家华　吴大华　李　萌

丛晓男　马　啸　刘长松

参加本项目调研和部分写作的人员有：

刘治彦　李国庆　李　庆　朱守先　史巍娜

郑　志　蒙祥忠　王　斌　贾梦嫣　李代峰

林　丹　邓琳君　潘善斌

序言（一）

改革开放以来，我国经济高速发展，正在稳步迈进全面小康社会。贵州地处西南内陆，发展起步滞后于沿海地区，但后发赶超势头强劲，工业化、城镇化、小康社会建设全面提速，探索出了一条生态引领、绿色发展的新路，成为我国生态文明建设的一个成功范例。

贵州水热资源充裕，地形地貌复杂，生态环境脆弱，在我国可持续发展格局中具有生态安全屏障和经济发展载体的双重地位。经过长期努力，水土流失引致石漠化的势头得到了根本遏制，但生态修复重建任重道远。作为多民族的人口聚集区，贵州历史文化底蕴深厚，在推进工业化、城镇化进程中尊重和顺应自然，但经济发展和生活品质改善任务依然艰巨。如何确保生态和发展两条底线，成为贵州省在我国经济进入新常态下亟待破解的难题。

作为我国生态文明建设的先行示范区，贵州大力发展循环经济，在生态重建中发展经济，利用自然保护区、森林公园等优质生态资源，全面规划启动国家公园省建设，成绩卓著。贵州在生态文明建设方面善于吸取国内外先进经验。同处内陆的山地小国瑞士，后发赶超，保护生态，发展经济，成为全球可持续发展的典范。贵州认识到，绿水青山就是金山银山，金山银山换不来绿水青山。既要守住生态安全红线，又要保障全面建成小康社会的底线，贵州只能走生态引领、绿色发展之路。

中国社会科学院作为国家重要智库，不仅要服务于中央，而且有责任服务于地方发展。近年来，我院先后与东部、中部、西部多个省（区市）建立了院省（区市）合作伙伴关系，将理论与实践相结合，提升智库功能，服务地方经济建设。2014年，我院与贵州省正式签订院省合作协议，并依托贵州省社会科学院建立中国社会科学院学部工作站和博士后流动站，全面启动了我院与贵州省的合作。本书即是我院学者与贵州省有关部门和研究人员合作的成果。在此，我们要对参与本书研究和撰写的各位学者表示感谢，也希望本成果能为贵州在经济新常态下守住两条底线、实现绿色发展发挥积极的作用。

是为序。

李培林

中国社会科学院副院长、学部委员、教授

序言（二）

坚守两条底线，加快实现后发赶超

　　为贯彻落实习近平总书记在 2014 年全国"两会"期间关于贵州省要守住"发展"和"生态"两条底线的重要指示，在贵州省委、省政府的领导下和中国社会科学院的大力支持下，贵州省社会科学院利用搭建的中国社会科学院学部委员贵州工作站的高端学术平台优势，由中国社会科学院、城市发展与环境研究所所长、中国社会科学院可持续发展研究中心主任潘家华研究员领衔，完成了"贵州省守住'发展'和'生态'两条底线，建设国家公园省"重大课题，在进一步深化研究的基础上，课题成果以《生态引领　绿色赶超——新常态下加快转型与跨越发展的贵州案例研究》为名出版面世了。这是第一本以贵州省为个案关于要守住"发展"和"生态"两条底线研究的专著，内容包括战略篇、设计篇、实施篇、借鉴篇和附录。在基础研究方面，该书结合国内国际绿色经济转型的宏观背景、中国进入新常态的新局势，详细分析贵州当前的机遇与挑战，立足贵州自身的资源禀赋和中央对贵州的发展定位，阐释贵州坚守两条底线发展战略的内涵，探讨贵州如何适应新常态，坚守两条底线，推动可持续赶超。在战略设计方面，根据贵州可持续赶超的战略——以生态为支点和引领，创建生态文明新时代，参与中央推进生态文明建设的总体部署，研究设计出贵州"十三五"及未来一段时期生态文明全局建设的总体思路、主要目标、路径选择、重点任务，以及建立和完善生态文明体制机制和政策建议。最后总结贵州站在发展的新起点上，地处"一带一路"和长江经济带的中间腹地，应以更长远的视角、更宽广的视野寻找新的"历史方位"，以生态引领，坚守两条底线，绿色包容性发展，走出一条可持续的后发赶超之路，以更加自信的姿态搭上国家新一轮快速发展和跨越转型的列车，引领新常态，示范、带动后发地区向经济社会发展的前沿地带迈进，真正融入全国乃至全球大市场。该书全面系统、思路清晰、重点突出、观点新颖、资料翔实，既对贵州省正确处理发展与保护生态环境关系的成功实践进行了总结，也对发展过程中面临的机遇挑战和国内外实践经验进行了分析和梳理，对坚守两条底线进行了科学界定，提出了以生态引领推动可持续赶超的发展思路，并制定了路径、目标、指标、步骤等具体实施的路线图，具有前瞻性、全局性、战略性的重要意义。

该书的出版是一次对贵州省守住"发展"和"生态"两条底线的较为系统和层次较高的集中研究，是关于"发展"和"生态"两条底线的认知从经验摸索逐步走向规律性把握的一个良好开端，是对新常态下加快贵州省转型与跨越发展的一次探索。从中可以看到贵州守住"发展"和"生态"两条底线的历史、现实、未来，所取得的成就、环境条件、存在的不足，以及转型与跨越发展的思路、途径和对策，为省委、省政府提供决策参考，对于我们进一步总结发展经验、把握新常态新形势、完善发展机制，促进贵州省实现可持续赶超具有重要作用。同时，也让省内外关注相关研究的理论工作者和各界人士能深入了解和掌握贵州经济发展与生态建设、转型与跨越发展情况，对于推进理论研究的繁荣发展也是一项很有意义的工作。

贵州山川秀丽、资源富集、气候宜人、文化多元、具有良好的生态资源优势，守住"发展"和"生态"两条底线，是贵州努力实现可持续赶超发展的必然选择。历届贵州省委、省政府高度重视经济发展与生态环境建设的有机结合，在可持续赶超方面进行了积极探索。1988 年，经国务院批准建立了毕节"扶贫开发、生态建设"试验区，着力解决人口、生态与贫困的矛盾；20世纪90年代初确立了可持续发展战略，着力处理好人口、资源、环境的关系；进入新世纪，抢抓西部大开发战略机遇，强力推进以退耕还林为重点的生态建设；贵州省第十次党代会在生态立省基础上确立了环境立省战略；中共十七大以后，全省上下深入贯彻落实科学发展观，不断树立"保住青山绿水也是政绩"的发展理念；贵州省第十一次党代会对生态文明建设做出了新的部署，提出"必须坚持以生态文明理念引领经济社会发展"；中共十八大将生态文明上升为一项国策后，贵州省将发展理念升华为"既要绿水青山，也要金山银山"，提出打造生态文明先行区，严守"发展"与"生态"两条底线，已获准成为全国第二个省级生态文明先行示范区。至今，贵州省坚持以科学发展、后发赶超、同步小康为主题，积极探索生态脆弱的石漠化地区产业发展和生态保护双赢的可持续发展之路，积累了一些典型经验，丰富了可持续发展理论的内涵，生态保护和建设在贵州被成功上升为一种发展战略，生态文明理念成为全省共识，这对未来建设美丽中国、共建全球绿色意义重大。

实现生态引领的可持续赶超是一项长期性、战略性、系统性的工程，我们要深入学习贯彻习近平总书记系列重要讲话精神，科学处理发展与保护之间的关系、资源优势与生态脆弱之间的关系，经济社会发展、提高生活水平和保护生态环境之间的关系，及时把握新形势下转型发展和深化改革的机遇，以生态为引领，创新思维守牢底线，适应和引领新常态，推动新型工业化、城镇化、信息化、农业现代化和绿色化同步发展，加快实现后发赶超。要充分发挥新型智库作用，进一步搞好理论研究，准确把握新常态新形势下转型发展的基本规律，总结和积累经验，为落后地区探索出一条绿色低碳的可持续赶超道路提供决策服务。

何　力

贵州省人民政府副省长、教授

目录
CONTENTS

战略篇

坚守两条底线，实现绿色赶超

当代生态文明是在对传统人类文明形态特别是工业文明形态进行深刻反思的基础上提出来的。生态文明作为一种发展理念，从狭义上说，是指人和自然关系上的一种道德伦理与行为准则，它把人本身作为自然界的一员，在观念上，人要尊重自然，公平对待自然；在行为上，人的一切活动要充分尊重自然规律，寻求人和自然的协调发展。而从广义上看，生态文明既包括尊重自然、与自然同存共荣的价值观，也包括在这种价值观指导下形成的生产方式、经济基础和上层建筑，是一种"人与自然和谐共进、生产力高度发达、人文全面发展、社会持续繁荣"社会的一切物质和精神成果的总和。总之，生态文明是人类为谋求人与自然和谐发展而形成的一种新的文明形态，贯穿于经济建设、政治建设、文化建设、社会建设的始终，是社会文明进步状态的一种必然。党的十八大报告指出：建设生态文明，是关系人民福祉、关乎民族未来的长远大计。面对资源约束趋紧、环境污染严重、生态系统退化的严峻形势，必须树立尊重自然、顺应自然、保护自然的生态文明理念，把生态文明建设放在突出地位，融入经济建设、政治建设、文化建设、社会建设各方面和全过程，努力建设美丽中国，实现中华民族永续发展。近年来，贵州省在高度重视和不断加强生态文明建设的基础上，确立了"生态立省"战略，提出严守"发展"与"生态"两条底线，积极推动贵州实现可持续赶超。

1　贵州的发展进程及生态环境基础

1.1　历史沿革

贵州是我国最早孕育古人类的地区之一，早在数万年前就有人类在黔贵大地上劳动和繁衍，开创了璀璨的贵州远古文化。春秋以前，贵州为荆州西南裔，属于"荆楚"的一部分。战国后期，夜郎国逐步发展成为西南地区的大国之一（夜郎国大部分疆域在今贵州境内）。秦始皇统一中国后，曾在夜郎地区修筑"五尺道"，并在部分地方设郡县、置官吏。西汉王朝建立后，汉武帝在夜郎地区继续推行郡县制，同时开辟了从四川南部经贵州西部平夷（今毕节）至江（北盘江）、南到番禺（今广州）的通道。公元前25年，夜郎国灭，郡县制在夜郎地区最后确立。东汉以后，中央政权对边远地区较长时期实行羁縻与郡县并行的政策。唐代，全国划分为10道（后增为15道），道下领州。

根据贵州省人民政府网的资料[1]，东汉时，沿袭西汉建置。三国时，西南大部地区被蜀汉政权占有。贵州属牂牁郡、朱提郡、兴古郡、江汉郡、涪陵郡。两晋南北朝，今贵州境内，除置牂牁郡外，边远地区又分属朱提、江汉等郡。隋时，在贵州置牂州牂牁郡、明阳郡。此外，今贵州东北地区分属黔安郡和沅陵郡。唐代，在今贵州地区推行经制州与羁縻州并行的制度。唐在贵州建置的经制州有播州、思州等，建置的羁縻州有矩州、蛮州等。从地域上看，乌江以北多系经制州，乌江以南多系羁縻州。宋代，今贵州地域分别隶于夔州路、荆湖北路、潼川路、广南西路、剑南西路、剑南东路等，而主要属夔州路。公元974年，土著首领普贵以控制的矩州归顺，宋朝在敕书中有："惟尔贵州，远在要荒"一语，这是以贵州之名称此

---

① 《贵州省建制沿革》，贵州省人民政府网，http://info.gzgov.gov.cn/system/2013/06/18/012385023.shtml。

地区的最早记载。明朝永乐十一年（公元 1413 年）设置贵州承宣布政使，正式建制为省，以贵州为省名。废思州宣慰司与思南宣慰司，保留水东土司与水西土司，同属贵州布政司管辖。清雍正五年（公元 1727 年），将四川属遵义府，广西属荔波及红水河、南盘江以北地区，湖广属平溪、天柱，划归贵州管辖。将贵州属永宁州划为四川管辖。元代在今贵州地区遍行土司制度。在今贵州境内的建置主要有：八番顺元等处宣慰司都元帅府、播州宣慰司、思州宣慰司、新添葛蛮安抚司、乌撒乌蒙宣慰司、亦溪不薛宣慰司、普定路、普安路等，分别隶属湖广、四川、云南 3 行省。明代是贵州历史发展上的一个重要时期。明永乐十一年（1413 年）设置贵州布政使司，贵州正式成为省一级的行政单位。明末，贵州布政司领贵州宣慰司及贵阳、安顺、平越 3 军民府并都匀、黎平、思州、思南、铜仁、镇远、石阡 7 府。清代前期，贵州的行政建置有较大的变化。雍正五年（1727 年），将四川所属遵义府及其所属各县改隶贵州，同时，将毕节以北的永宁全境划归四川，将广西红水河、南盘江以北之地置永丰州，与广西的荔波、湖广的平溪、天柱一并划归贵州管辖。至此，贵州的疆域基本形成。清末，贵州建置设有 12 府、2 直隶厅、13 州、13 厅、43 县。民国二年（1913 年），贵州地方政区进行了一次调整，以前的府、厅、州，一律改为县。全省设 3 道观察使。1920 年废道。1937 年，贵州置 6 个行政督察专员区，分管各县。1941 年置贵阳市。至 1948 年，贵州设 1 个直辖区、6 个行政督察区、下辖 78 个县（市）。

　　1949 年 11 月 15 日，中国人民解放军解放贵阳，12 月 26 日成立了贵州省人民政府。解放初期，全省设 1 个直辖市、8 个专区、1 个专区辖市，共置 79 县。1956 年 4 月，撤销贵定、镇远、都匀 3 专区，设置黔东南苗族侗族自治州和黔南布依族苗族自治州。1967 年，设置六盘水地区。1978 年 12 月，撤销六盘水地区，设置六盘水市，为省辖市。1981 年 9 月，撤销兴义地区，设置黔西南布依族苗族自治州。1997 年，撤销遵义地区，设立地级遵义市。2000 年，撤销安顺地区，设立地级安顺市。2011 年，撤销铜仁地区、毕节地区，设地级铜仁市、地级毕节市。截至 2012 年 12 月 31 日，全省设 6 个地级市、3 个自治州；7 个县级市、56 个县、11 个自治县、13 个市辖区、1 个特区。

图 1-1 贵州省区位图

图 1-2 贵州省行政区划图

　　新中国成立后,尤其是改革开放以来,贵州充分利用其资源优势大力发展能源、原材料、加工业等重化工业,极大促进了地区经济的增长,改善了地区人民的生活,贵州的经济面貌也因而发生了巨大变化。贵州省的社会发展水平始终处于比较低的水平,经济总量小、人均水平低的"欠发达"省情也未发生根本性转变。人均 GDP 仅为全国平均水平的 54.7%

（2013 年）。从国土面积而言，贵州省与广东省面积相当，然而贵州省 GDP 仅相当于广东省的 12.88%（2013 年）。与此同时，贵州当前经济发展所面临的矛盾与问题却更加突出，如何协调发展与生态两大主题间的关系，实现贵州省的可持续赶超已经成为重大的现实问题。

1.2　生态基础

1.2.1　地质地貌

贵州省总面积为 176167 平方千米，地处云贵高原东部斜坡，地势西高东低，自西部和中部向北、东、南三面倾斜，平均海拔 1100 米左右。贵州是全国唯一没有平原支撑的省份，其地貌的显著特征是山地多、地表崎岖度高，素有"八山一水一分田"之说，山地和丘陵占全省总面积的 92.5%。北部有大娄山，自西向东北斜贯北境，川黔要隘娄山关高 1444 米；中南部苗岭横亘，主峰雷公山高 2178 米；东北境有武陵山，由湘蜿蜒入黔，主峰梵净山高 2572 米；西部高耸乌蒙山，属此山脉的赫章县珠市乡韭菜坪海拔 2900.6 米，为贵州境内最高点。而黔东南州的黎平县地坪乡水口河出省界处，海拔为 147.8 米，为境内最低点[①]。

贵州还是世界上岩溶地貌发育最典型的地区之一，喀斯特地貌面积 109084 平方千米，占全省总面积的 61.9%。山高坡陡，人多地少，多年的垦植特征使贵州成为全国石漠化面积最大、等级最齐、程度最深、危害最重的省份，生态环境十分脆弱。贵州境内岩溶分布范围广泛，形态类型齐全，地域分布明显，同时也构成一种特殊的岩溶生态系统。

1.2.2　气候条件

贵州气候温暖湿润，属亚热带湿润季风气候。气温变化小，冬暖夏凉，气候宜人。通常最冷月（1月）平均气温多在 3℃~6℃，比同纬度其他地区高；最热月（7月）平均气温一般是 22℃~25℃，为典型夏凉地区。降水较多，雨季明显，阴天多，日照少。受季风影响降水多集中于夏季。境

---

① 《贵州》，中国政府网，http：//www.gov.cn/test/2005 - 08/10/content_ 21526. htm。

内各地阴天日数一般超过 150 天，常年相对湿度在 70% 以上。受大气环流及地形等影响，贵州气候呈多样性，"一山分四季，十里不同天"。另外，气候不稳定，灾害性天气种类较多，干旱、秋风、凌冻、冰雹等频度大，对农业生产危害严重。①

贵州省具有怡人的气候指数，是避暑纳凉、休闲养生的天然基地，具有极大的旅游开发潜力。近年来云计算技术迅猛发展，对电力的需求较大，对气候的凉爽型也有很高要求，而贵州恰好拥有气候环境优良的生态优势和水煤资源丰富、电力价格低廉的能源优势，云计算发展具有很大的潜力。

1.2.3 水文状况

贵州河流处在长江和珠江两大水系上游交错地带，有 69 个县属长江防护林保护区范围，是长江、珠江上游地区的重要生态屏障。全省水系顺地势由西部、中部向北、东、南三面分流。苗岭是长江和珠江两流域的分水岭，以北属长江流域，流域面积为 115747 平方公里，占全省面积的 66.1%，主要河流有乌江、赤水河、清水江、洪州河、舞阳河、锦江、松桃河、松坎河、牛栏江、横江等。苗岭以南属珠江流域，流域面积 60420 平方千米，占全省面积的 35.0%，主要河流有南盘江、北盘江、红水河、都柳江、打狗河等②。

贵州省河流数量较多，长度在 10 千米以上的河流有 984 条。2002 年贵州省河川径流量达到 1145.2 亿立方米。贵州省河流的山区性特征明显，大多数的河流上游，河谷开阔，水流平缓，水量小；中游河谷束放相间，水流湍急；下游河谷深切狭窄，水量大，水力资源丰富。水能资源蕴藏量为 1874.5 万千瓦，居全中国第 6 位，其中可开发量达 1683.3 万千瓦，占中国总量的 4.4%，水位落差集中的河段多，开发条件优越。

1.2.4 土地资源

根据《2013 年贵州省国土资源公报》对土地利用变更调查的统计，2013 年全省土地总面积为 1760.99 万公顷（26414.79 万亩），其中，农用地

---

① 《贵州》，中国政府网，http：//www.gov.cn/test/2005 - 08/10/content_ 21526. htm。

② 《贵州简介》，金黔在线，http：//www.newstravel.cn/guizhou/news/news_ 204_ 707.html。

面积为 1479.36 万公顷（22190.38 万亩），占土地总面积的 84.01%；耕地面积为 455.26 万公顷（6828.84 万亩），占土地总面积的 25.85%；建设用地 62.56 万公顷（938.36 万亩），占土地总面积的 3.55%；未利用地面积为 219.07 万公顷（3286.05 万亩），占土地总面积的 12.44%（见表 1-1）。

表 1-1　贵州省土地总面积结构

2013 年全省土地总面积结构情况						
指标	2012 年		2013 年		2013 年比 2012 年增（减）	
	万公顷	万亩	万公顷	万亩	万公顷	万亩
土地总面积	1760.99	26414.79	1760.99	26414.79	0.00	0.00
一、农用地	1479.94	22199.07	1479.36	22190.38	-0.58	-8.69
耕地	455.44	6831.54	455.26	6828.84	-0.18	-2.70
园地	16.62	249.23	16.80	252.05	0.18	2.82
林地	896.10	13441.54	895.48	13431.93	-0.62	-9.61
牧草地	7.29	109.29	7.28	109.25	-0.01	-0.04
其他农用地	104.50	1567.47	104.55	1568.31	0.05	0.84
二、建设用地	60.91	913.60	62.56	938.36	1.65	24.76
城镇村及工矿	49.42	741.31	50.42	756.36	1.00	14.99
交通运输	7.49	741.31	50.42	756.30	1.00	14.99
水利设施	3.99	59.88	4.01	60.09	0.01	0.21
三、未利用地	220.14	3302.12	219.07	3286.05	-1.07	-16.07
未利用土地	202.69	3040.35	201.64	3024.67	-1.05	-15.68
其他土地	17.45	261.77	17.43	261.38	-0.02	-0.39

数据来源：《2013 年贵州省国土资源公报》

贵州省可用于农业开发的土地资源不多，由于人口增多，非农业用地增多，耕地面积不断缩小，人均耕地面积远低于全国平均水平。土层厚、肥力高、水利条件好的耕地所占比重低。

1.2.5　生物多样性

贵州省有野生动物资源 1000 余种，其中黔金丝猴、黑叶猴、华南虎、云豹、豹、白鹳、黑鹤、黑颈鹤、中华秋沙鸭、金雕、白肩雕、白尾海雕、白头鹤、蟒 14 种被列为国家一级保护动物，占全国同类动物总数的 13%；国家二级保护动物有 69 种，主要有：穿山甲、黑熊、水獭、大灵猫、小灵猫、林麝、红腹雨雉、白冠长尾雉、红腹锦鸡等，占全国同类动物总数的 25.7%。

贵州省森林覆盖率达 48%，有 70 种珍稀植物列入国家珍稀濒危保护植物名录，银杉、珙桐、秃杉、桫椤 4 种属国家一级保护植物，占全国同类植物总数的 50%；二级保护植物 27 种，占全国同类植物总数的 18.9%；三级保护植物 39 种，占全国同类植物总数的 19.2%。全省有野生植物资源 3800 余种，其中药用植物资源有 3700 余种，占全国中草药品种的 80%，是全国四大中药材产区之一。

在国内外具有一定影响，品质优良的珍稀名贵植物有珠子参、三尖杉、扇蕨、冬虫夏草、鸡枞、艾纳香（天然冰片）6 种。此外，天麻、石斛、杜仲、厚朴、吴萸、黄柏、党参、何首乌、胆草、天冬、银花、桔梗、五倍子、半夏、雷丸、南沙参、冰球子、黄精、灵芝、艾粉等有地道药材之美称。

野生经济植物资源中，工业用植物 600 余种，以纤维、鞣料、芳香油、油脂植物资源为主；食用植物 500 余种，以维生素、蛋白质、淀粉、油脂植物为主；可供绿化、美化环境及有观赏价值的园林植物 200 余种；具有抗污能力的环保植物 40 余种。贵州农作物植物品种丰富，栽培的粮食作物、油料作物、纤维植物和其他经济作物近 600 个品种。粮食作物以水稻、玉米、小麦、薯类为主，经济作物以烤烟、油菜籽为主要品种。经济林木主要有油桐、油茶、乌桕、漆树、核桃等，"大方生漆""六马桐油"为贵州名优土特产品。全省饲养的主要畜品种有 30 多种，优良牧草资源 2500 余种，发展畜牧业具有良好条件。2014 年，全省共有林业系统省级以上自然保护区 13 个，其中国家级 7 个，省级 6 个[①]。

1.2.6　矿产储量

贵州素有"沉积岩王国"之称，具有成矿地质条件好，矿产资源相对丰富、优势矿产突出，矿产分布相对集中、潜力较大，共生、伴生矿产较

---

① 《贵州新增两个自然保护区，分别位于纳雍和湄潭》，贵阳网，http://www.gywb.cn/content/2014 - 03/05/content_ 442342.htm。

多等特点，煤矿、铝土矿、磷矿、重晶石等优势矿产在全国的地位显著。

全省已发现各类矿产 136 种，占全国 172 种的 79.07%；查明有资源储量的矿产 86 种，占全国 161 种的 53.42%；例如，出量表有 78 种，其中 47 种位居全国总量的前十位，22 种排在前三位，13 种排第四至第五位。

全省查明矿产地 3115 处，其中能源矿产有 800 处，占产地总数的 25.68%；金属矿产有 1091 处，占 35.03%；非金属矿产有 1224 处，占 39.29%。

按储量规模分，大型的有 237 处，占 7.61%；中型的有 420 处，占 13.48%；小型的有 2458 处，占 78.91%；按矿床勘查程度分，勘探 334 处，占 10.72%；详查的有 647 处，占 20.77%；普查及预查的有 2134 处，占 68.51%。

按利用情况分，已利用矿产储量产地 1856 的有处，占 59.58%；未利用的产地有 1259 处，占 40.42%。已利用主要矿产地：煤炭 543 处、磷矿 32 处、铝土矿 48 处、金矿 43 处、锰矿 29 处、重晶石 70 处。

1.3 工业化进展

2013 年，贵州的地区生产总值为（GDP，下同）873.98 亿元（1952 年不变价），是新中国成立初期的 1952 年的 102.22 倍（见图 1-3）。

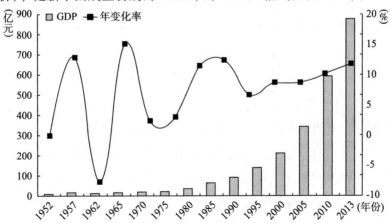

图 1-3 贵州省经济总量增长（1952～2013 年，1952 年不变价）

数据来源：《新中国六十年统计资料汇编》；《贵州统计年鉴 2013》，《2013 年贵州省国民经济和社会发展统计公报》，《中国统计年鉴 2013》，下同。

贵州省 GDP 增长的主要驱动力是工业和第三产业。到 2013 年工业和第三产业的增加值分别占贵州省国内生产总值的 33.55% 和 46.64% （见图1 - 4）。

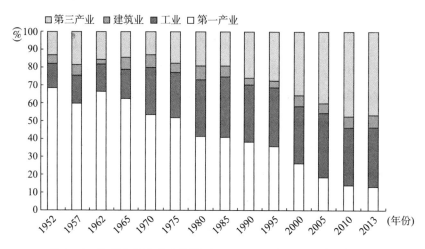

图 1 - 4 贵州产业结构变化图 （1952～2013 年，1952 年不变价）

贵州省的工业化进程大体可以分为两个阶段。

第一阶段：早期发育阶段 （1952～1980 年）。新中国成立之后，贵州才开始了现代城镇体系以及现代工业体系的建设。三线建设使贵州建成了航空、航天、电子三大军工基地，形成了大批骨干企业，以铝、磷、煤炭为主的能源、原材料工业布局逐渐成形，在全国整体布局调整中，一些已有企业、科研单位也随着三线建设迁到了贵州，这期间贵州省的工业产值增长迅速，在 10 年多的时间内翻了两番，第三产业也有较好的增长。但是，在这段时间，贵州的发展不可避免地受到了历次运动以及文化大革命的冲击，同时，计划经济指令自身的缺陷，使得三线建设对其他行业、产业没有产生足够的推动效果，而增长一度陷入停滞状态。尽管如此，这期间国家对于贵州地区的大量投资，为贵州以后的发展打下了很好的基础。这期间贵州省的经济总量年均递增速度达到了 5.3% （见表 1 - 2）。

表 1 – 2　贵州省 GDP 增长变化（1952～2013 年）

时期	具体时间	递增率（%）	时期	具体时间	递增率（%）
"一五"计划	1952～1957 年	13.0	"六五"计划	1981～1985 年	12.4
"二五"计划	1958～1962 年	– 7.7	"七五"计划	1986～1990 年	6.7
"调整"	1963～1965 年	15.1	"八五"计划	1991～1995 年	8.6
"三五"计划	1966～1970 年	2.4	"九五"计划	1996～2000 年	8.7
"四五"计划	1971～1975 年	3.1	"十五"计划	2001～2005 年	10.2
"五五"计划	1976～1980 年	11.5	"十一五"规划	2006～2010 年	12.6
			"十二五"规划	2011～2013 年	13.69
早期发育阶段	1952～1980 年	5.3	稳定发展阶段	1981～2013 年	10.11

　　第二阶段：稳定发展阶段（1981～2013 年）。这一阶段，贵州省整体工业的发展呈现出先振荡后稳定的局面，其振荡的幅度之大，在各省之中是罕见的，这与贵州自身的特点是紧密联系的。在国家改革开放之后，随着计划经济体制不断向市场经济体制转换，贵州省原有的国有企业受到了较大的冲击，这个现象在其他省份也都出现了，但不同的是，贵州交通相对闭塞，人们观念比较落后，导致了贵州省对外开放程度较低，贵州本土民营经济的发展速度较慢，而外资（海外、省外）对贵州省的关注力度远远小于其他省份，这些因素综合导致了在整个八十年代，贵州省的工业产值增速整体上呈现下降的趋势。但这段时间内，贵州省未来的支柱产业——电力产业正在稳步地积蓄力量，到了八十年代末，终于扭转了工业增速下降的局面，成为贵州的支持工业。这一时期经济总量增长的年递增速度是10.11%，高于前一个时期。其间工业增长速度波动较大，但第三产业的增长十分稳定，一定程度上中和了波动对总体经济的影响。

1.4　城镇化进程

　　贵州省的城乡二元结构农村比重明显偏高，比较发达的城市数量较少，规模较小，主要由较为落后的农村地区以及小城镇、集镇构成，现代工业与传统农业并存，较为发达的城市与落后的山区并存。贵州省的城镇化建设起步非常晚，在新中国成立初，全省只有一个建制市，即贵阳，建制镇160个、集镇1300个，数量很少，城镇规模小，城乡居民的居住条件相当简陋，基本没有现代化的市政公用设施。

"一五"是贵州现代化城市建设的开端时期，这期间主要是贵阳市的现代化建设。20世纪60年代中期到20世纪70年代末期动员"三线建设"，促进了贵州省城镇体系的进一步发育，一批新兴的工矿集镇迅速崛起，如国家三线建设规划的六盘水煤矿直接促进了六盘水市的兴起。三线建设中的四大西南铁路干线，即黔桂、贵昆、川黔、湘黔等4条铁路干线，均通过贵阳，贵阳成了西南重要的交通枢纽，铁路干线的建成也给沿线上的遵义、安顺、六盘水、凯里、都匀等城市提供了良好的建设条件和发展基础。

改革开放特别是20世纪90年代以后，贵州的城镇体系真正开始了蓬勃发展，经济与社会的迅速发展，特别是农村乡镇工业、商业、交通运输业和各种服务业的蓬勃发展有力地推动了城镇、集镇的建设。铁路与公路干线沿线的城镇数量大大增加，也促进了区域中心城市的功能升级。这些因

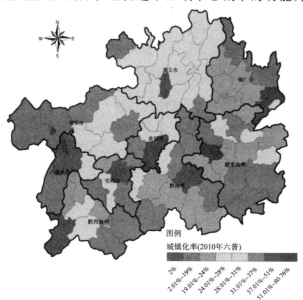

图1-5　贵州省分区县城镇化率

数据来源：2010年第六次人口普查。

素使得这一阶段贵州城镇化率快速提高。

但由于贵州城市建设起步较晚，同时受到自身历史、经济、地理、资源等因素的影响与限制，其发展速度与目前的规模和与其他地区相比仍存在较大的差距。贵州城市化率从1949年的7.5%提高到2013年的37.8%，而同期全国城市化率由10.6%增至53.73%。

尽管贵州省近年来的城镇化率上升速度很快，但不同区县的城镇化水平存在很大的差异，贵州中部城市如贵阳、安顺等地的城镇化率较高，其他各地级城市除市区外，尤其黔东南、黔西南、六盘水和铜仁周边各区县的城镇化率普遍偏低。缩小区域间城镇化差距，是贵州省城镇化推进工作的重点任务。

1.5 贵州省资源评价

就现实情况而言，贵州省的资源基础主要体现为总量丰富、结构不尽合理、资源经济优势不明显3个特征。

1.5.1 总量丰富

表1-3表明，相对于土地面积和GDP而言，贵州省在耕地、水资源、矿产和森林4个方面在全国总量中占有较大的比重。如果以贵州省GDP占全国的比重作为比较项，则贵州省的耕地、水资源、矿产、能源和森林占全国的比重则相对更大，反映出贵州省资源总量丰富的特点，经济发展需要有足够的资源总量支撑。

表1-3 贵州省资源环境及相关要素占全国比重

单位:%

项目	资源环境指标					相关指标（2013年）		
	耕地	水资源	矿产	能源	森林	国土	人口	GDP
比重	3.69	3.76	4.25	1.66	2.85	1.83	2.57	1.4

1.5.2 结构不尽合理

尽管贵州省资源总量较为丰富，但在各类资源要素的有效组合方面，却表现不尽合理。首先，从能源资源方面分析，贵州省石油和天然气资源贫乏，二者基础储量仅为全国的 0.01%，水能和煤炭资源较为丰富，二者基础储量约为全国总量的 3.36%。其次，从矿产资源方面分析，贵州省锰矿、铝土矿、磷矿等矿产基础储量占全国的比重均超过 10%，分别在全国各省区中居第 2 位、第 3 位、第 3 位，特别是铝土矿，占全国比重高达24.3%。但铁、铜、铅、锌等战略资源缺乏，占全国比重均不足 0.5%，分别在全国各省区中居第 13 位、25 位、17 位和 11 位。

1.5.3　资源经济优势不明显

作为我国西南地区重要的资源供应基地，贵州省拥有丰富的矿产资源，是著名的矿产资源大省。尽管贵州省资源总量丰富，但是长期以来，资源优势转换为经济发展动力优势不够突出。作为资源丰裕的地区，贵州省产业发展重点仍停留在资源传统加工阶段，经济发展总量始终处于全国省区较低水平，人均经济总量多年处于省区末位。如何促进产业链延长，提高资源的综合开发利用水平，提高产品附加值水平，是贵州迫切需要解决的问题。

2　贵州生态文明建设的努力和成就

贵州地处我国西南云贵高原，拥有丰富的自然资源，煤炭等 46 种矿产资源储量居全国前列，水能资源蕴藏量居全国第 6 位，森林覆盖率达 48%，生物种类繁多。贵州生态区位极为重要，是长江、珠江上游重要生态屏障。

长期以来，贵州经济发展水平相对全国其他地区明显滞后，虽然近年经济发展速度位居全国前列，但总体滞后的局面没有根本改变，为了追赶全国经济发展脚步，贵州具有启动后发优势，谋求跨越发展的强烈诉求，但是贵州经济增长长期主要依托煤炭、磷矿、铝土矿等资源，煤炭、电力、化工、有色、冶金等重化工业增加值占工业增加值的比重很高，能耗强度也高于全国平均水平，工业固体废物综合利用率则低于全国平均水平。针对贵州省经济发展滞后，高能耗、高排放的资源型产业比重高的局面，贵州省委省政府强调贵州经济发展要把握住"发展"与"保护"两条底线。

2004 年召开的贵州省委九届五次全体（扩大）会议上，动员全省广大党员和各族干部群众更好地抢抓机遇，树立科学发展观，加大力度实施西部大开发和新阶段扶贫开发，会议把保持良好的生态环境作为立省之本，扎实推进生态建设和环境保护。会议认为加强贵州省的生态建设和环境保护，不但是保住贵州省青山绿水的需要，也是"两江"中下游地区可持续发展的需要，时任贵州省省长的石秀诗在会上强调，必须牢固树立"生态立省"的意识，以对自己、对他人、对后人高度负责的态度，进一步抓好重点生态工程建设和环境保护建设，正确处理好森林资源的开发利用和建设保护的关系，努力实现生态效益、经济效益和社会效益的有机统一①。

2007 年，贵州省第十次党代会召开，会议对过去五年贵州省社会、经济、生态建设所取得的全面进展进行了梳理，在充分肯定过去成绩的同时，清醒意识到未来发展的困难和问题，这其中，生态建设和环境保护所面临的巨大压力被放到了突出地位。会议提出为实现贵州经济社会发展历史性跨越奋斗目标的总体构想的同时，在实际工作中必须坚持把改善环境作为贵州的立省之本，提高发展环境的竞争力，加快构建适应实现历史性跨越所需要的基础设施体系，逐步建设功能配套、景观良好、整洁文明、生活舒适的人居环境，始终坚持山清水秀、人与自然和谐相处的生态环境。会议认为着力调整贵州经济结构和转变增长方式，必须把加快发展建立在良好经济效益、社会效益和生态效益基础上。为此，要加快建设资源节约型和环境友好型社会，树立保住青山绿水也是政绩的理念，坚持把保持良好的生态环境作为贵州省最为突出的竞争优势之一，坚持在保护中开发、在开发中保护，寓生态建设于资源开发之中，融资源开发于生态建设之中，增创生态环境新优势，努力构建长江、珠江上游生态屏障。通过植被保护、小流域治理、土地整治和水土保持、发展农村沼气和易地搬迁等措施，大力实施石漠化治理工程。巩固退耕还林成果，认真实施植树造林、封山育

---

① 《贵州省委九届五次全体扩大会议在贵阳举行》，《贵州日报》2004 年 7 月 29 日。

林、天然林保护工程，保护生物多样性，探索资源节约、环境美好、产业发展与生态建设良性互动的发展路子。大力发展循环经济，着力搞好试点和示范工程，完善鼓励发展的相关政策体系，构建产业协作平台和循环系统，提高资源综合利用水平，延伸产业增值链和劳动就业链。建立健全环境与发展综合决策制度，坚持把节能降耗、治污减排、生态修复作为战略性任务和基础性工作来抓，推进节能节水节地节材，严格控制浪费资源、环境污染、破坏生态的项目。加强矿产资源的勘察、保护与合理开发，提高资源综合利用水平①。

2010 年贵州省召开了省委十届十次全会，会议要求把思想统一到加速发展、加快转型、推动跨越上来，并指出"十二五"时期是贵州省在 2020 年与全国同步建成全面小康、实现经济社会发展历史性跨越目标承上启下的关键五年。全会列出七项工作重点，其中第六点提出要把加强资源节约和生态环境保护作为实现可持续发展的重大战略任务，以建设生态文明为核心，把发展低碳、绿色经济放在"两型社会"建设更加突出的位置，立足资源承载能力谋发展，坚持在保护中发展，在开发中保护，实现经济社会发展与人口、资源、环境相协调。会议要求坚持以建设生态文明为核心，以生态文明发展战略守住"发展"和"生态"两条底线，努力实现经济发展与资源环境相协调，避免走先污染后治理、先破坏后保护的老路，通过生态文明建设，大力推行绿色、循环、低碳发展，形成节约资源、保护环境的产业结构和生产方式，提高发展的质量和效益，在实现经济跨越发展、全面建成小康社会的同时，继续保持天蓝地绿水净。

2012 年 4 月，贵州省第十一次党代会进一步提出坚持以生态文明理念引领经济社会发展，实现既提速发展，又保住青山绿水。时任贵州省委书记栗战书在报告中指出，根据中央关于加快建设全国重要的能源基地、资源深加工基地、特色轻工业基地、以航空航天为重点的装备制造基地和西南重要陆路交通枢纽"四基地一枢纽"的要求，将贵州着力打造为扶贫开

---

① 《石宗源在中国共产党贵州省第十次代表大会上的报告》，《贵州日报》2007 年 5 月 8 日。

发攻坚示范区、文化旅游发展创新区、民族团结进步繁荣发展示范区和长江、珠江上游重要生态安全屏障"三区一屏障"的战略定位。由此，生态安全屏障作用进一步凸显。栗战书指出要切实摆脱"资源路径依赖"，避免掉进"资源优势陷阱"；大力实施水利建设、生态建设、石漠化治理"三位一体"综合规划，切实扭转水土流失和石漠化扩大趋势；实行环境保护区域责任制，加强节能减排，决不走先污染后治理、边污染边治理的老路；统筹解决人口问题，创造良好的人口环境。此外，转变发展方式、破解资源环境制约，根本上要靠科技创新，要坚持以创新促转型、以转型促发展，推进科技创新与绿色发展、协调发展、和谐发展紧密结合，推动经济社会尽快走上创新驱动、内生增长的轨道，加快建设创新型社会。应把生态环境质量作为实现小康的核心指标之一，小康社会的实现应与生态建设紧密结合，要按照区域发展带动扶贫开发、扶贫开发促进区域发展的新思路，大力实施集中连片特殊困难地区发展规划，加快贫困地区基础设施、优势产业、人口素质的提升，大幅度减少贫困人口。地处武陵山区、乌蒙山区、滇桂黔石漠化地区的集中开发扶贫要全面启动，持之以恒坚持抓十年、二十年。今后五年，要构建完善的农村道路交通网络，全面改造农村电网，新建 30 万口沼气池，建成农村人口人均半亩基本口粮田，每年培训转移 10 万名农村劳动力，全面完成现有 5000 个贫困村整村推进任务，基本实现 1 户农户转移 1 人、掌握 1 门实用技术的目标；大力实施生态移民工程，逐步把生活在不具备生存条件的深山区、石山区、高寒山区和地质灾害高发区 35 万户 150 万农村贫困人口搬出大山；切实搞好扶贫开发政策和城乡社会保障制度的衔接，妥善解决丧失劳动能力和常年生活困难群众的温饱问题①。

2013 年 12 月 8 日中共贵州省委第十一届委员会第四次全体会议通过了"关于贯彻落实《中共中央关于全面深化改革若干重大问题的决定》的实施

---

① 栗战书：《以党的十八大精神为指引坚持科学发展奋力后发赶超与与全国同步实现全面建设小康社会宏伟目标而奋斗——在中国共产党贵州省第十一次代表大会上的报告》，2012 年 4 月 15 日。

意见"。全会指出坚持以生态文明理念引领发展,大力推进生态文明先行区建设,生态建设、污染防治和淘汰落后产能、节能减排等工作取得新的进展。全会提出,保护生态环境是必须坚守的一条底线。要坚持既要金山银山也要绿水青山、绿水青山就是金山银山的理念,创新生态文明建设体制机制,健全自然资源资产产权制度和用途管制制度,建立严格的生态保护红线制度,建立健全生态补偿机制和环境保护管理体制,强化生态文明建设法制保障,创建全国生态文明先行区,走向生态文明新时代。

2014 年,习近平总书记在肯定了贵州省正确处理发展与保护生态环境关系的基础上,明确要求贵州省要守住"生态"和"发展"两条底线,指出保护生态环境就是保护生产力,改善生态环境就是发展生产力。为了把牢"发展"与"生态"两条底线,扎实推进生态文明建设,贵州省从资源和环境保护、产业经济推进、制度法规建设等方面做了大量卓有成效的工作,取得了显著的成绩。

2.1 在资源节约和环境保护方面的努力成效

贵州省在发展经济的过程中始终把节能减排、保护生态环境放在首位,发展经济首先考察资源和环境承载力,以生态环境限定经济增长的空间,节能减排、保护环境与发展经济齐头并进,协调好经济发展与生态保护的关系已经成为贵州省在经济社会发展过程中自觉遵守的指导思想,这既是生态文明思想在地方发展过程中的具体落实,也为贵州省下一步生态文明建设打下了坚实基础。

2011 年贵州省发布《贵州省"十二五"节能减排综合性工作方案》(国发〔2011〕26 号)。方案的总体要求包括:突出加速发展、加快转型、推动跨越的主基调,坚持降低能源消耗强度、减少主要污染物排放总量、合理控制能源消费总量相结合,大力推进节能减排,在发展中落实保护,在保护中促进发展,实现经济发展与节约能源、环境保护相协调;坚持强化责任、健全法制、完善政策、加强监管相结合,建立健全有效的激励和约束机制;坚持优化产业结构、推动科技创新和技术进步、强化工程措施、加强管理引导相结合，大幅度提高能源利用效率，显著减少污染物排放；进一步形成政府为主导、企业为主体、市场有效驱动、全社会共同参与的节能减排工作格局和长效机制，确保实现国家下达贵州省的"十二五"节能减排约束性目标，加快建设资源节约型、环境友好型社会，努力实现经济社会又好又快、更好更快发展。方案提出的目标是：到 2015 年，全省万元地区生产总值能耗和工业增加值能耗分别下降到 1.91 吨标准煤和 2.956 吨标准煤（按 2005 年价格计算），比 2010 年的 2.248 吨标准煤和 3.890 吨标准煤分别下降 15% 和 24%，比 2005 年的 2.813 吨标准煤和 5.380 吨标准煤分别下降 32.05% 和 45.1%；"十二五"期间，实现节约能源 2200 万吨标准煤。到 2015 年，全省化学需氧量、二氧化硫排放总量分别控制在 32.7 万吨、106.2 万吨，比 2010 年的 34.8 万吨、116.2 万吨分别下降 6.0%（其中工业加生活排放量减少 6.1%）、8.6%；氨氮、氮氧化物排放总量分别控制在 3.72 万吨、44.5 万吨，比 2010 年的 4.03 万吨、49.3 万吨分别下降 7.7%（其中工业加生活排放量减少 7.8%）和 9.8%。

2012 年 12 月贵州省公布《"十二五"节能环保产业发展规划》（以下简称"规划"），提出到 2015 年，节能环保产业的总产值将达 600 亿元，年均增速超过 15%。《规划》提出，贵州省将在"十二五"时期重点建设一批节能环保产业园区和基地，支持节能环保装备产业化建设，培育一批竞争力强的节能环保企业。到 2015 年，将形成一批拥有自主知识产权和核心竞争力的节能环保装备及产品，部分关键技术将达到国内先进水平。此外，贵州还将重点发展余热余压利用、高效变压器、LED 节能环保照明应用和室内外大型展示屏应用等技术，大力推广 LNG、甲醇燃料、焦炉煤气代油等节能（新能源）汽车新技术；加快研发和示范具有自主知识产权的先进发动机节能技术，加快引进和研发生产节能型家用电器、办公设备，加大能效等级为 1、2 级的节能家用电器、办公和商用设备的推广力度。

2013 年发布《贵州省"十二五"发展循环经济和节能减排专项规划》，为完成贵州省"十二五"节能减排目标任务，把加速发展、加快转型、推动跨越主基调贯穿于"十二五"发展循环经济和节能减排工作的全过程，致力于走出一条经济效益好、资源消耗低、环境污染少，具有贵州特色的新型工业化之路，实现经济社会又好又快、更好更快的发展，确保实现国家下达贵州省的"十二五"节能减排约束性目标任务，加快建设资源节约型、环境友好型社会。确定的贵州省"十二五"时期发展循环经济和节能减排总体目标为：（1）单位地区生产总值能耗大幅下降。到 2015 年，全省万元地区生产总值能耗和工业增加值能耗分别下降到 1.91 吨标准煤和 2.956 吨标准煤（按 2005 年价格计算），比 2010 年的 2.248 吨标准煤和 3.890 吨标准煤分别下降 15% 和 24%，比 2005 年的 2.813 吨标准煤和 5.380 吨标准煤分别下降 32.1% 和 45.1%；"十二五"期间，实现节约能源 2200 万吨标准煤。（2）主要污染物排放总量显著减少。到 2015 年，全省化学需氧量、氨氮排放总量分别控制在 32.7 万吨、3.72 万吨，比 2010 年的 34.8 万吨、4.03 万吨分别下降 6.0%（其中工业加生活排放量减少 6.1%）、7.7%（其中工业加生活排放量减少 7.8%）；二氧化硫、氮氧化物排放总量分别控制在 106.2 万吨、44.5 万吨，比 2010 年的 116.2 万吨、49.3 万吨分别下降 8.6% 和 9.8%。（3）单位地区生产总值二氧化碳排放量大幅下降、到 2015 年，全省单位地区生产总值二氧化碳排放量下降 16%。（4）资源综合利用水平大幅提高。到 2015 年，工业固体废弃物综合利用率提高到 60% 以上，单位工业增加值用水量降低 25%，主要再生资源回收利用率提高到 60% 以上。（5）建成一批循环经济示范单位。从开展试点向大范围示范转变，树立一批先进典型，进一步加快循环经济发展示范，从整体上提升循环经济发展水平。选择一批骨干企业、产业园区和城市创建循环经济示范单位，作为关键技术和循环经济重点工程的实施主体，提升企业、产业园区和城市发展循环经济的水平。

2.1.1　以循环经济发展促进资源节约和环境保护

贵州省在工业领域以循环经济为抓手，切实落实资源节约和环境保护目标，贵州省按照《"十二五"发展循环经济和节能减排专项规划》确定的基本方针和目标、任务，以生态文明理念引领经济社会发展，使经济社会保持良好势头的同时资源节约和环境保护工作也取得了可喜成绩。通过发展循环经济，严格落实《产业结构调整指导目录（2011 年本）》，贵州省加大了淘汰落后产能力度，加快了传统产业改造升级进程，产业结构得到优化，高耗能、高排放行业增长得到有效抑制。2011 至 2013 年，累计淘汰落后产能 2232 万吨。单位地区生产总值能耗大幅下降。2011 年、2012 年和 2013 年，万元地区生产总值能耗分别下降 3.51%、4.06% 和 3.91%，万元工业增加值能耗分别下降 8.02%、8.52% 和 4.75%。主要污染物排放总量显著减少。除氮氧化物（NO_x）外，其他排放指标均达到"十二五"减排目标，单位地区生产总值二氧化碳排放量大幅下降，资源综合利用水平大幅提高。

到 2013 年上半年，贵州省实施了一批国家循环经济重点工程，实施了贵阳白云再生资源产业园"城市矿产"基地、贵阳经济技术开发区园区循环化改造示范试点、贵阳市和遵义市餐厨废弃物资源化利用和无害化处理等一批循环经济重大示范项目，认定了六盘水市、六枝路喜循环经济产业基地等一批省级循环经济示范城市（基地、企业），全省循环经济发展水平进一步提升。

"十二五"上半段，贵州省资源、能源节约利用水平明显提升，超额完成了国家下达的节能降耗、碳排放强度下降的目标，资源利用效率显著提升，资源循环利用体系基本建立。2011 和 2012 年，万元地区生产总值能耗分别下降 3.51% 和 4.06%，万元工业增加值能耗分别下降 8.02% 和 8.52%，均分别超过"十二五"年均下降 3.20% 和 5.34% 的目标，累计分别完成"十二五"目标的 47.5% 和 62.9%。

2.1.2 致力于产业升级和能源结构调整

贵州省制定了一系列政策措施，加强工作指导和监督检查，督促各级各部门依法严格节能评估审查、环境影响评价、建设用地审查和安全评价，严格控制高耗能、高排放和产能过剩行业项目核准和备案，坚决制止低水平重复建设，引导各商业银行严格贷款审批，严格控制高耗能项目贷款。有效抑制了高耗能、高排放行业增长。贵州省按照国家要求按年度制定淘汰落后产能实施方案，积极争取中央财政奖励资金支持，同时省级财政逐年加大淘汰落后产能配套资金规模，完善落后产能退出机制，加大了淘汰落后产能力度。

严格落实《产业结构调整指导目录（2011年本）》，积极争取产业结构调整、产业振兴和技术改造、节能技术改造、企业能源管理中心建设、工业中小企业技术改造、技术创新成果转化应用等相关专项资金支持，提升传统产业装备技术水平和信息化水平，加快发展装备制造业、优化发展原材料工业、积极发展特色轻工业，同时引导企业退城进园，加快煤炭、建材、冶金等行业企业兼并重组，推进产业集聚发展和提高产业集中度，加快了传统产业改造升级。

保护和开发水电资源，加快风能、生物质能开发利用力度，特别是风电装机容量高速增长，同时，加大了煤层气开发力度，加大天然气管网建设力度和用户开发，可再生能源和清洁能源利用量进一步增加，能源结构得到调整优化。

2013年，贵州省常住人口为3502万，地区生产总值为8007亿元，人均地区生产总值达到2.29万元，三次产业结构比重为12.9∶40.5∶46.6，战略性新兴产业增加值占GDP比重由2012年的2.42%提高到8%，农产品中无公害、绿色、有机农产品所占比例达到50%。贵州省经济发展质量明显提升，产业结构更趋合理，工业结构显著优化。

2.1.3　节能重点领域得到加强

"十一五"期间，贵州省节能减排工作取得明显成效[①]。一是为保持贵州省经济平稳较快发展提供了有力支撑。"十一五"期间，贵州省以能源消费年均7.69%的增速支撑了国民经济年均12.6%的增速，能源弹性系数由"十五"后三年的1.17下降到0.61，为缓解能源供需矛盾做出了积极贡献。二是促进了结构优化升级。"十一五"期间，贵州省共淘汰2864万吨落后产能和144.9万千瓦小火电机组，其中炼铁416.35万吨、炼钢47.2万吨、铁合金108.02万吨、炼焦1222.3万吨、水泥792万吨、电解铝13万吨。

---

① 《贵州省"十二五"发展循环经济和节能减排专项规划》。

重点行业先进生产能力比重明显提高，大型、高效装备得到推广应用，电力行业新投产一大批 30 万千瓦以上火电机组，钢铁行业淘汰了 300 立方米以下高炉，电解铝行业电解槽以 185 千安及以上大型预焙槽为主，建材行业新型干法水泥熟料产能比重大幅度提高。在产业发展上加强规划引导，出台了一系列政策措施，大力促进服务业、轻工业和高新技术产业发展。三次产业结构由 2005 年的 18.4∶40.9∶40.7 调整为 2010 年的 13.7∶39.2∶47.1。三是节能技术水平进一步提高。"十一五"期间，贵州省积极组织实施节能重点工程。一方面争取到国家近 5 亿元资金支持，实施了 71 个节能改造重点项目，同时，安排省节能专项资金支持中小企业节能改造，使节能能力达 200 多万吨标准煤；另一方面积极推广实施绿色照明工程，共推广节能灯 1284 万只，每年可实现节电 7.78 亿千瓦时，折合标准煤约 27.2 万吨，减排二氧化碳约 71 万吨。通过重点工程的实施，引进和推广了水泥纯低温余热发电、高炉炉顶余压发电、变频调速、汽轮机通流部分改造、余热锅炉、循环流化床锅炉、高效照明产品等一批重点节能技术和产品，能源利用效率进一步提高。

"十二五"期间，贵州省在工业领域进一步加强了重点行业、重点用能企业节能管理，积极申请中央财政资金支持并加大省级财政资金投入，组织实施了一大批工业节能重点工程，积极推进节能产品惠民工程、合同能源管理推广工程和节能能力建设工程的实施，推广了一批工业节能产品、引进了合同能源管理节能新模式，基本建成了省、市、县三级节能监察机构。在建筑领域严格新建建筑施工图节能审查程序，并加强了施工阶段监督检查，加强了建筑节能技术、产品的引进和推广，安排财政资金支持了一批节能建材、再生建材和建筑节能产品生产线建设，确保了贵州省主要城市节能建材的供应。推进可再生能源建筑规模化应用示范。在交通运输领域加快城市公交优化布局和提高城市公交覆盖面，执行营运车辆燃料消耗准入制度，加快老旧和高能耗车辆的淘汰工作，积极推进城市公共交通工具油改气和油电混合、气电混合应用示范和推广，加快推进高速公路 LED 隧道灯应用，推进船舶标准化工作。交通运输能耗强度进一步降低。

在公共机构领域制定了绿色建筑节能行动方案，提出公共机构新建建筑必须执行绿色建筑标准。安排节能专项资金，支持公共机构实施节能改造。在农业和农村领域通过农业机械化示范工作，推广了一批节能农用机具。积极推进农村户用沼气池和养殖场大中型沼气工程建设，同时积极推进省柴节煤灶建设，加强农作物秸秆综合利用，引导农业经济低碳化、循环化发展。实施农村危房改造节能示范，推进农村节能型住宅建设。在商业和民用领域加强商业领域节能管理，引导绿色低碳消费，并通过推行合同能源管理等节能新模式，加快用能设施节能改造。

2.1.4　严控主要污染物排放

"十一五"期间，贵州省通过多种手段严控主要污染物排放，取得了良好的治理成效。一是扭转了贵州省污染物排放大幅上升的势头。"十五"后三年贵州省化学需氧量和二氧化硫排放总量分别上升 2.41% 和 2.65%；经过全省上下共同努力，"十一五"全省化学需氧量排放总量由 22.6 万吨下降到 20.78 万吨，二氧化硫排放总量由 135.8 万吨下降到 114.89 万吨，分别下降 7.89% 和 15.39%。二是环境质量明显改善。"十一五"期间，争取国家 21 亿元补助资金，加快贵州省城镇污水处理设施和垃圾无害化处理设施建设，到 2010 年 6 月底全省县级以上城市污水处理厂全面建成，共建成县级以上污水处理项目 98 个，处理规模达 173.6 万吨/日，建成污水收集管网近 2000 公里，城市污水处理率达 66.8%；全省县级以上城市均开工建设垃圾无害化处理设施项目，到 2010 年底已建成 26 个项目，形成处理规模 5332 吨/日，城市垃圾无害化处理率达 45.1%①。同时，通过加大火电厂及重点工业企业脱硫设施建设，二氧化硫排放总量减少 20.91 万吨。到 2010 年底，贵州省环保重点城市贵阳市和遵义市空气质量好于二级标准的天数分别为 343 天和 331 天；全省地表水无劣 V 类水质的国控断面，七大水系国控断面好于 III 类水质的个数为 9 个，均超额完成《国家环境保护"十一五"规划》对贵州省环境质量目标要求。

---

① 《贵州省"十二五"发展循环经济和节能减排专项规划》。

"十二五"期间，贵州省进一步加强环境基础设施建设，开展城镇污水和垃圾处理设施建设工作。到 2012 年底，全省共建成 100 座城市污水处理厂，处理规模达 173 万吨/日，建成污水收集管网 3381 公里，城市污水处理率达 83.89%；建成 82 座城市（含县城）生活垃圾卫生填埋场，总处理规模为 11562 吨/日，城市生活垃圾无害化处理率达 51.58%，清运率达 90%以上。在重点行业、重点领域污染物减排方面，贵州省印发了《贵州省主要污染物总量减排考核实施意见》，在乌江、清水江、三岔河流域全面推行环境保护"河长制"，进一步深化流域水污染防治，对包括乌江流域、清水江流域磷化工企业等 64 家污染源企业下达了限期治理任务，在三岔河流域加大了落后产能淘汰力度，并对 136 家企业下达了强制性清洁生产审核任务。到 2013 年 6 月贵州省所有新建及现役燃煤火电机组均已安装脱硫设施，综合脱硫效率达 79%，有 6 家燃煤电厂和 23 家水泥厂实施了低氮燃烧和烟气脱硝工程治理。2011 和 2012 年全省化学需氧量（COD）削减率分别为 1.77% 和 2.69%，累计削减化学需氧量 1.54 万吨，完成"十二五"减排目标的 71.95%；氨氮（NH3 - N）削减率分别为 1.33% 和 2.64%，累计削减氨氮 0.154 万吨，完成"十二五"减排目标的 66.84%；二氧化硫（SO_2）削减率分别为 4.95% 和 5.73%，累计削减二氧化硫 12.07 万吨，完成"十二五"减排目标的 121%。2011 和 2012 年，贵州省单位地区生产总值二氧化碳排放分别下降 3.79% 和 3.80%，均超过"十二五"年均下降 3.43% 的目标，累计完成"十二五"目标进度任务的 44.42%。2011 和 2012 年，全省工业固体废物综合利用率分别达到 52.7% 和 60.7%，提前完成了"十二五"规划目标；万元工业增加值用水量分别下降 12.45% 和 8.33%，均超过"十二五"年均下降 5.59% 的目标，累计下降 19.7%，累计完成"十二五"目标的 76.4%。《2013 年贵州省国民经济和社会发展统计公报》显示[1]，2013 年贵州省环保资金投入 63 亿元。污水处理厂处理能力为 188.05 万立方米/日，新增污水处理厂处理能力为 15.05 万立方米/日。城市污水处理率

---

[1] 《2013 年贵州省国民经济和社会发展统计公报》。

达 84.84%。城市建成区绿地面积为 27471 公顷，其中新增城市建成区绿地面积为 5512 公顷。综合治理水土流失面积为 27.06 万公顷。工业重复用水率达 89.12%，比 2012 年提高 0.59 个百分点；工业固体废弃物综合利用率达 53.45%，比 2012 年下降 7.93 个百分点。化学需氧量排放量 32.82 万吨，二氧化硫排放量 98.65 万吨，分别比 2012 年下降 1.45% 和 5.25%[①]。

2.2　在生态治理方面的努力和成效

贵州省把筑牢两江上游生态安全屏障作为贵州省生态文明建设服务全国的首要任务。长江和珠江两大水系的上游在贵州省内交错纵横，长江流域覆盖贵州省国土面积的 65.7%，珠江流域覆盖达 34.3%，贵州省是两江上游重要的生态屏障区。受喀斯特地貌影响，贵州省的两江上游地区生态环境脆弱，石漠化面积、水土流失面积分别占全省国土总面积的 17.2%、31.4%。森林资源质量普遍不高，亩均森林蓄积量仅为全国平均水平的 3/4 左右，受威胁植物占全国的 10% 以上。通过生态文明先行示范区建设，优化国土开发空间格局，加大生态建设和环境保护力度，划定并严守生态红线，推动实施水利建设、石漠化治理、水土流失综合治理、污染防治等重点工程，筑牢长江、珠江两江上游生态安全屏障[②]。

贵州省人民政府厉行最严格水资源管理制度[③]，严格规划管理和水资源论证，在国民经济和社会发展以及城市总体规划的编制、重大建设项目、工业聚集区、产业园区的布局，充分考虑当地水资源的承载能力，严格落实规划水资源论证制度，实现生产力布局、产业结构与水资源承载能力相协调。严把新上项目准入关口，把建设项目水资源论证作为审批、核准和开工建设的前置条件。建立建设项目水资源论证后评估制度和业主单位、论证单位、评审专家及审批机关责任追究制度。严格控制用水总量，建立

① 《贵州省"十二五"发展循环经济和节能减排专项规划中期评估报告》。
② 生态文明建设引领贵州可持续发展——《贵州省生态文明先行示范区建设实施方案》解读（一），《贵州日报》2014 年 6 月 11 日。
③ 《贵州省人民政府关于实行最严格水资源管理制度重点工作任务分解表》。

用水总量控制指标体系，对取用水总量已经达到或者超过控制指标的地区，暂停审批新增取水建设项目。对取用水总量接近控制指标的地区，优先保障低消耗、低排放和高效益的产业发展，严格限制高耗水、高污染、低效益的项目，实现区域水资源供需平衡。严格实施取水许可加强地下水管理和保护，加强水资源费征收管理，加强水资源管理调度，严格计划用水与定额管理，推进节水型社会建设，严格节水"三同时"制度，积极推进非常规水资源开发利用，水功能区纳污总量控制，强化入河湖排污口，设置审批管理，加强饮用水源安全保障，加强河湖水生态保护与修复，落实水资源管理责任制，建立监督考核制度，加强水资源监测与管理，加大资金投入，加强队伍能力建设，理顺管理体制机制，加强宣传与监督。2013 年 6 月完成各市州 2015 年、2020 年、2030 年阶段性水资源管理"三条红线"的确定，开始开展水资源资产负债表的编制工作，开展水生态文明城市试点申报工作。

水土流失和石漠化综合治理是贵州省生态文明建设的一项基础性工程，贵州省专门出台了《中共贵州省委、贵州省人民政府关于加快推进石漠化综合防治工作的意见》《贵州省岩溶地区石漠化综合治理规划》《贵州省石漠化综合防治示范县（市）实施方案》三个重要文件，按照石漠化的形成机理，积极采取人工干预措施，加快石漠化地区生态恢复的步伐。国家在全国确定了 100 个石漠化综合治理试点县，并将贵州省 55 个县纳入试点范围，为加快解决石漠化问题提供了难得的历史机遇。近年来，贵州省石漠化综合治理已经取得巨大成效。以毕节市为例，其水土保持工作完成治理面积 417 平方公里，1988 年 6 月国务院批准建立"毕节开发扶贫，生态建设试验区"后，同年 10 月也经国务院批准，补列入长江上游水土保持重点防治区，已先后实施长江上游水土保持重点防治工程、生态自然修复工程、中央预算内专项资金（国债）水土保持项目、云贵鄂渝水土保持世行贷款/欧盟赠项目、坡耕地水土流失综合治理试点工程、中央预算内资金水土保持重点治理工程等水土保持建设项目。毕节以改善生态、发展社会经济为目标，融开发扶贫于生态建设之中，在 402 条小流域内完成了水土保持综合防治面积 8531.17 平方公里，加快了试验区粮食、生态、经济相协调的可持续发展，发挥了试验区生态建设的示范带动作用。先后有黔西县驮煤河等26 条小流域经达标验收后，被财政部、水利部命名为水土保持生态建设"十百千"示范小流域。其中驮煤河小流域还被共青团中央、全国绿化委员会、全国人大环境与资源保护委员会、全国政协人口资源环境委员会、水利部、农业部、国家环境保护总局、国家林业局授予"全国保护母亲河行动优质工程"，毕节市观音河小流域治理工程被中国科学院院士评为"做出了世界罕见的水土流失综合治理模式"。

2012 年，贵州省根据国务院出台的《关于进一步促进贵州经济社会又好又快发展的若干意见》，先行先试、创造性地开展生态补偿机制试点工作。2012 年 10 月，贵州省出台《关于加快创建全国扶贫开发攻坚示范区的实施意见》，提出建立健全生态补偿、赔付和监督机制，实行"谁污染、谁治理"和"谁受益、谁补偿"机制，确保生态保护区群众不因保护生态而降低生活质量。贵州省在红枫湖流域试行水污染防治生态补偿办法，与世界自然基金会合作，在赤水河流域实施以生态补偿、水资源服务付费、参与式水管理等为主的流域综合管理项目。贵州省还规定将生态补偿资金纳入当年本级财政预算并予以保障。为探索重点区域综合性生态补偿办法，拓宽生态补偿领域，在森林生态补偿方面、流域生态补偿方面、矿产资源开发生态补偿方面、城镇水源地生态补偿方面、重点生态功能区生态补偿方面、水土保持生态补偿方面都进行了推进。

2013 年末贵州全省已获批准的国家级生态文明建设示范区达 59 个，创建省级生态文明建设示范区 107 个。全省自然保护区有 130 个，其中国家级自然保护区有 9 个。自然保护区面积为 25.06 万公顷，占国土面积的5.46%。2013 年完成营造林面积 420 万亩，治理石漠化 1000 平方公里，治理水土流失 2200 平方公里，森林覆盖率提高到 49%①。

---

① 李萌，刘志彦：《经济发展与环境保护如何良性互动》，《人民论坛》2014 年第 29 期。

2.3 积极探索建立生态补偿机制

2012 年 1 月，国务院明确提出要逐步建立生态补偿机制，并支持贵州开展生态补偿机制试点工作。党的十八届三中全会也提出"深化资源性产品价格和税费改革，建立反映市场供求和资源稀缺程度、体现生态价值和代际补偿的资源有偿使用制度和生态补偿制度"。在加快构建"两江"上游生态安全屏障、扎实推进生态保护与建设的指导方针下，贵州省 2012 年出台的《关于加快创建全国扶贫开发攻坚示范区的实施意见》中明确提出建立健全生态补偿、赔付和监督机制，2012 年以来，贵州省在红枫湖流域试行水污染防治生态补偿办法，并与世界自然基金会合作在赤水河流域实施以生态补偿、水资源服务付费、参与式水管理等为主的流域综合管理项目。此外，贵州省还规定将生态补偿资金纳入当年本级财政预算并予以保障。获得补偿的地方人民政府需将补偿资金纳入同级环保专项资金进行管理，专项用于污染防治、生态修复和环保能力建设，不得挪作他用。为探索重点区域综合性生态补偿办法，在黔东南进行了生态补偿示范区建设，争取从国家层面建立协调机制，建立跨地区流域生态补偿机制，尽快启动长江和珠江流域生态补偿。

在森林生态补偿方面贵州制定了《贵州省中央财政森林生态效益补偿基金管理办法实施细则》（黔财农〔2011〕4 号），于 2007 年启动了地方财政森林生态效益补偿（对地方公益林实施补偿），制定了《贵州省地方财政森林生态效益补偿基金管理办法》。在流域生态补偿方面，贵州省从 2009 年开始，在清水江流域实施了流域水污染生态补偿机制。2012 年又在红枫湖流域开展了生态补偿。为促进红枫湖流域水污染防治，贵州省制定了《红枫湖流域水污染防治生态补偿办法（试行）》并于 2012 年 9 月 1 日起执行。在矿产资源开发生态补偿方面，贵州省人民政府发布了《贵州省矿产资源补偿费征收管理实施办法》和《贵州省人民政府修改废止部分规章的决定》。在城镇水源地生态补偿方面，2011 年 9 省环保厅组织贵阳市、安顺市、黔南州政府及省发改委、水利、财政、农委、住建、两湖一库管理局等有关部门对省环境科学学会编制的《红枫湖百花湖水资源环境保护总体规划（2011~2015 年)》（以下简称《规划》）进行了评审，《规划》全面评估了水源地生态供给者经济行为成本，即系统分析、全面统计改善、恢复"两湖"生态功能目标的支出，在科学评估"两湖"作为水资源供给地所提供的生态服务功能价值基础上，由水源供给方和水源受益方通过博弈确定补偿标准和补偿方式，在全面衡量水资源生态保护所产生的效益前提下，由受益方按支付意愿补偿。清镇根据贵阳市依法治理"两湖一库"，确保百姓饮水安全。在水土保持生态补偿方面，贵州省累计完成水土流失综合治理面积达 2.84 万平方公里，水土流失区生产生活条件得到了较大改善，生态建设取得较大进展。省政府还颁布了《贵州省水土保持设施补偿费征收管理办法》，进一步完善了法规体系。

2.4　制度法规机制探索创新

近年来，贵州省不断推进生态文明制度建设和体制机制创新，在生态保护和环境治理、节能减排和循环经济发展、人口资源管理和石漠化治理、生态旅游业的发展等方面推出一系列政策、法规和措施，正在初步建成绿色、循环、低碳发展的制度体系。围绕生态保护和环境治理，省委、省政府先后制定出台了《关于加强林业建设改善生态环境的决定》《关于加快林业发展的意见》《贵州省绿化条例》《贵州省森林条例》《贵州省林地管理条例》《贵州省森林采伐限额管理办法》《贵州省陆生野生动物保护办法》《贵州省育林基金管理办法》等政策决定。围绕节能减排和循环经济发展，出台了《贵州省节约能源条例》《关于促进循环经济发展的若干意见》《关于贯彻国务院做好建设节约型社会近期重点工作通知的实施意见》《关于贯彻国务院加强节能工作决定的意见》《关于加快推进节约用水和水价改革促进水资源可持续利用的意见》《贵州省地质环境管理条例》《贵州省矿山环境治理恢复保证金管理暂行办法》。围绕人口资源管理和石漠化治理问题，出台了《关于贯彻落实科学发展观进一步做好新形势下人口资源环境工作的意见》《关于加强石漠化综合防治工作的意见》

等实施意见。围绕生态旅游业的发展，省委、省政府先后出台了《关于加快旅游业发展的意见》《关于加强旅游基础设施建设的意见》《关于深化旅游管理体制改革的意见》《关于大力发展乡村旅游的意见》等政策措施。

在组织结构上，贵州省政府批准成立省节能减排领导小组办公室，明确为省政府管理节能的综合工作机构，增加人员编制，设节能、资源综合利用、清洁生产与循环经济三个业务处和贵州省节能监察总队。

贵州省各地也在省委省政府的统一部署下积极开展生态文明建设的探索工作，省会城市贵阳市在生态文明建设诸多领域进行了卓有成效的实践，在思想建设和宣传推广方面贵阳市连续四年举办"生态文明贵阳国际论坛"，这是我国唯一以生态文明为主题的国家级国际性论坛。在立法方面，贵阳市编制全国首部建设生态文明的地方性法规——《贵阳市促进生态文明建设条例》，成立了贵阳市中级人民法院环境保护审判庭，负责按照省高院下达的指定管辖决定书，依法审判涉及"两湖一库"水资源保护、贵阳市所辖区域内水土、山林保护的排污侵权、损害赔偿、环境公益诉讼等类型的一、二审民事、行政、刑事案件和相关执行案件；在组织机构方面，贵阳市在原市环境保护局、市林业绿化局（市园林管理局）、市两湖一库管理局基础上整合组建生态文明建设委员会，并将市文明办、发改委、工信委、住建局、城管局、水利局等部门涉及生态文明建设的相关职责划转并入。该委员会作为市政府的工作部门，负责全市生态文明建设的统筹规划、组织协调和督促检查等工作，主要职责包括：贯彻执行生态文明建设相关法律、法规、规章和政策，牵头起草和监督实施全市生态文明建设的地方性法规、规章草案，拟定和组织实施全市生态文明建设总体规划及相关专题规划；推动落实科学合理的城镇空间布局、产业发展布局、生态功能区布局；组织指导资源节约工作；统筹负责自然生态系统、环境保护、林业和园林绿化等工作；负责生态文明制度建设、生态文化建设等工作。创建生态文明建设委员会，增强了生态文明建设的整体性、系统性，使贵阳市生态文明建设有了更有力的统筹领导机构和更科学的顶层制度设计，创新生态文明体制机制[①]。

表 2-1　贵州省生态文明建设相关主要法律法规

法律法规类别	生态文明建设有关法律法规目录
贵州省省级环境保护地方立法	贵州省环境保护条例
	贵州省红枫湖百花湖水资源环境保护条例
	贵州省赤水河流域保护条例
	贵州省夜郎湖水资源环境保护条例
	贵州省生态文明建设促进条例
	贵州省大气污染防治条例
贵州省省级环境资源地方立法	贵州省水土保持条例
	贵州省气候资源开发利用和保护条例
	贵州省防震减灾条例
	贵州省土地整治条例
	贵州省气象条例
	贵州省森林公园管理条例
	贵州省气象灾害防御条例
	贵州省风景名胜区条例
	贵州省地址环境管理条例
	贵州省实施《中华人民共和国水法》办法
	贵州省节约能源条例
	贵州省土地管理条例
	贵州省矿产资源条例
	贵州省森林条例
	贵州省绿化条例
	贵州省生态文明建设促进条例
	贵州省出台饮用水水源环境保护试行办法

2.5　生态文明先行示范区建设

贵州省在生态文明先行区方面的研究和实践走在全国前列。二十世

---

① 《贵阳市筹备成立生态文明建设委员会》，《贵阳晚报》2012 年 11 月 23 日。

九十年代，贵州明确提出要实施"可持续发展"战略，对于促进贵州省经济社会与人口、资源、环境协调发展起到了重要的指导作用。2004 年 7 月，贵州省九届五次全会确立实施"生态立省"发展方略，明确提出要把"生态立省"作为"十一五"期间经济社会发展的四大战略之一加以实施。"生态立省"方略的提出，是贵州的经济社会发展走向理性的回归。到 2006 年底，全省建立自然保护区 130 个，面积达 96 万公顷；创建国家级生态示范区建设试点 12 个、省级生态示范乡镇建设试点 15 个。通过努力，全省的生态环境质量优良以上面积占全省面积的 75% 以上。在 2007 年召开的贵州省第十次党代会上，省委正式提出了"环境立省"发展战略，并将"保住青山绿水也是政绩"纳入新的执政理念之中。这一战略是对可持续发展战略、"生态立省"发展方略的基础和提升，是对生态文明内涵完整而深层的解读和挖掘，使得贵州理性发展的思路更加明晰，目标更趋完善。2013 年编制《贵州省创建全国生态文明先行区规划（2013～2020 年）》。2013 年 1 月 9日，省第十二届人大常委会第六次会议审议《贵州省生态文明建设促进条例（草案）》。2013 年 7 月，生态文明贵阳国际论坛 2013 年年会召开，开展"携手瑞士绿色赶超"对话活动，加强生态文明建设和山地经济方面的交流合作，努力推进生态文明先行区建设。随后贵州省委、省政府高度重视生态文明建设，坚持以生态文明理念引领经济社会发展。2013 年 7 月，省委、省政府明确提出打造生态文明先行区、走向生态文明新时代，相关规划编制工作旋即启动。

全省各地都把生态文明建设作为区域发展整体战略来推进，形成了多层级、多特色试验区同时试验、相互促进的格局。例如，环境污染强责保险试点；将生态环境纳入同步小康创建活动和市县经济发展综合测评的核心约束指标；开展赤水河流域生态补偿，启动"三州"（黔东南、黔南、黔西南）生态补偿示范区建设。基于上述探索，2014 年 6 月 5 日，国家发改委等六部门联合批复《贵州省生态文明先行示范区建设实施方案》，标志着贵州建设中国生态文明先行示范区正式启动，贵州成为继福建之后第二个以省为单位的全国生态文明先行示范区①。

3　新常态下贵州后发赶超的机遇与挑战

习近平第一次提及"新常态"是在 2014 年 5 月考察河南的行程中。当时，他说："中国发展仍处于重要战略机遇期，我们要增强信心，从当前我国经济发展的阶段性特征出发，适应新常态，保持战略上的平常心态。"新常态主要表现在经济发展的速度、结构和动力方面，即经济发展速度从高速增长转为中高速增长，经济结构不断优化升级，经济增长动力从要素驱动、投资驱动转向创新驱动。新常态给中国的发展带来新的发展机遇：（1）经济增速虽然放缓，实际增量依然可观，即使是 7% 左右的增长，无论是速度还是体量，在全球也是名列前茅的。（2）经济增长更趋平稳，增长动力更为多元。我国正在协同推进新型工业化、信息化、城镇化、农业现代化，这有利于化解各种"成长的烦恼"。中国经济更多依赖国内消费需求拉动，避免依赖出口的外部风险。（3）经济结构优化升级，发展前景更加稳定，中国经济结构"质量更好，结构更优"。（4）政府大力简政放权，市场活力进一步释放②。

新常态下，贵州省同时面临着巨大的发展机遇。第一，贵州省发展相对滞后，在新常态下将呈现后发优势，这有利于贵州省实现跨越式增长，最终实现与全国同步进入小康的宏伟目标。第二，在全国经济结构重点调整的大背景下，中东部产业将呈现大规模空间转移，西部地区面临承接东部产业转移的重要机遇，如何完善自身基础，构建承接产业的良好环境，有针对性地吸纳贵州发展利益的产业将成为一个重大的现实问题。第三，生态文明建设的重要性被提升到新的高度，贵州省作为长江、珠江上游的生态屏障，在生态建设方面理应受到重视，可借机探索生态补偿机制，为贵州省发展输

---

① 王斌：《国家发展改革委等六部门联合发文批复〈贵州省生态文明先行示范区建设实施方案〉，《贵州日报》2014 年 6 月 9 日。

② 硕钱江等：《习近平首次系统阐述"新常态"》，新华网，http://news.xinhuanet.com/world/2014－11/09/c_1113175964.htm。

入新的血液，另外经济结构转型与优化的战略方向不仅仅是科技驱动型，更是生态驱动型，由于贵州省拥有丰富的生态资源，在生态驱动型产业发展方面具有极大的潜力，有利于贵州省自身造血能力的不断提升。

然而，必须清醒地认识到，贵州省要在新常态下实现后发赶超，在生态文明建设方面仍然面临诸多挑战，主要表现如下。

3.1 贵州生态文明建设面临特殊的艰巨性和复杂性

贵州生态文明建设面临实现经济社会发展、提高生活水平和保护生态环境三重任务，必须面对发展与保护的选择，贵州属于"欠发达、欠开发"地区，贵州经济与全国的水平相比不仅生产总值总量小，而且人均生产总值、劳动生产率偏低，第三产业所占比重远低于全国平均水平，2013 年城镇人口比重为 38.2%，远低于全国 53.73% 的平均水平。在发展相对落后的情况下，贵州面临着有限的财力、物力和人力是优先投入到发展经济还是优先用于生态保护的选择，面临着在发展遇到生态障碍时，是放弃发展还是牺牲生态的选择。

同时贵州的生态建设不仅是关乎自身的重大举措，更是一个跨区域、跨流域的重大问题。贵州处在长江和珠江两大水系上游交错地带，是两江上游重要的生态安全屏障区。同时，贵州又是生态环境脆弱地区，石漠化面积、水土流失面积分别占全省面积的 17.2%、31.4%。森林资源质量不高，亩均森林蓄积量约为全国平均水平的 3/4，受威胁植物占全国的 10% 以上。水土流失较为严重，自然灾害时有发生，在生态脆弱环境中谋求发展的难度远远大于其他发展环境，在贵州这样的生态脆弱地区推进生态文明建设要面临更多更大的困难，必须投入更多的精力和努力处理好发展与保护之间的关系、资源优势与生态脆弱之间的关系，经济社会发展、提高生活水平与保护生态环境之间的关系，也需要国家对贵州省的生态文明建设给予更多的关注和支持。尽管其他地区受益于贵州省生态环境的保护，但其受益程度难以估算，即便给予生态补偿，补偿主体、补偿方式等问题仍然需要进一步厘清。

3.2 提升民生福祉任务紧迫

习近平同志在谈到贵州省保护生态时特别谈到人民群众的幸福感。他指出，无论是加快发展还是保护生态环境，说到底都是为了提高人民群众的生活质量和幸福指数，为人民群众创造良好的生产生活生态环境。发展如果不以百姓富裕为价值取向，不但失去意义，也会失去动力，生态环境保护如果不能让人民受益，也是不可持续的[①]，要让人民群众共享"生态红利"、分享"绿色福利"。

发展是改善民生和保护环境的必要支撑，从统计资料上看，贵州省经济发展水平和人均消费水平低于全国平均水平而且位列后端，如果认为这是因为保护生态环境而付出的代价，这样就无法解释贵州省的人均预期寿命却显著地处于全国的最低水平（71.1 岁，排第 28 位），可见，经济发展低水平与环境保护之间没有必然联系，经济发展低水平并不意味着生态环境得到了保护，发展和保护是应该得到共同推动的。寿命不仅是衡量健康水平的重要标志，也是检验人民福祉水平的最重要指标，可见牺牲发展的保护并不能带来人民群众福祉的显著增加，这样的数据显示，贵州省发展经济、提高人民福祉的任务十分迫切，这就越发使得在发展中保护生态的任务变得更加艰巨。

3.3 生态经济发展内生动力不足，未形成支撑生态文明发展的产业体系

3.3.1 产业结构总体低端，转型升级压力大

贵州第一、二、三次产业增加值占地区生产总值的比重由 1978 年的 41.6∶40.2∶18.2 变化为 2013 年的 12.9∶40.5∶46.6，产业排序由一、二、三变化为三、二、一，表明第二产业发展相对较弱。但是与发达地区和全国平均水平相比，贵州在工业化进程中的水平明显偏低。从三次产业构成

---

① 陈敏尔：《既要金山银山也要绿水青山——深入学习习近平同志参加人大贵州代表团审议时的重要讲话精神》，《人民网－人民日报》，2014 年 3 月 18 日。

的分析可以看出目前贵州省工业发展滞后，对经济的拉动较弱。

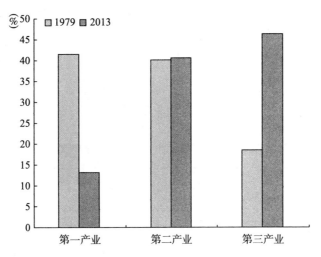

图 3 - 1　三次产业增加值占地区生产总值比重

数据来源：《贵州统计年鉴》。

3.3.2　第二产业以资源型产业为主，且效率低下，结构不合理

工业经济总量小，发展速度慢。贵州省工业发展基础差、底子薄、起点低、总量小，自我发展能力和资本积累严重不足，工业增加值在全国排名靠后，并且与东部及其他省区差距仍在扩大。

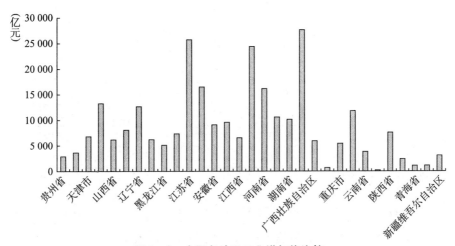

图 3 - 2　全国各地区工业增加值比较

数据来源：《中国统计年鉴》。

工业结构性矛盾突出，产业链短、产业幅窄。贵州现有的优势产业为资源密集型产业。第二产业内部能矿产业比重比较大，加工工业、高技术产业比重较小。而且矿产资源利用方式粗放，产业链偏低端，技术落后，产业整合不足。这种单一的资源密集型主导产业和初级加工方式极大地限制了产业链拓展，影响了主体协同效应，产品附加值有待发掘。传统优势加工产业（烟酒茶药等行业）现状规模偏小、投资不足、产业组织低效。

表3-1　第二产业主导类型及其总产值

现状主导类型	行业	现状总产值（亿元）	比重
能矿产业	采矿业	900	18.99%
	电力供应	1000	21.10%
资源深加工	化工产业	478	10.08%
	有色金属	220	4.64%
	黑色金属	390	8.23%
	建材工业	150	3.16%
农特加工	烟	220	4.64%
	饮料加工	200	4.22%
	中医药	160	3.38%
	食品加工	120	2.53%
现代制造业	装备制造业	322	6.79%
	新兴产业	320	6.75%
其他制造业	纺织服装	10	0.21%
	木材家具	27	0.57%
	造纸印刷	36	0.76%
	橡胶塑料	90	1.90%
	金属制品	55	1.16%
	电器设备	42	0.89%

数据来源：《贵州统计年鉴》。

工业技术投资不足，技术创新能力弱，工业整体技术装备水平不高。贵州工业技术起点低，生态技术投入特别是研发投入有限，生态环保设备制造缺乏成套化、标准化、自动化和电子化的技术支撑，制约了贵州工业

化与生态文明协调发展。根据贵州统计年鉴，2012 年贵州研发经费为 41.7
亿元，占 GDP 比重为 0.61%，仅为全国平均水平的 30.8%。在能源利用效
率、清洁技术方面整体水平不高①。

资源型产业大企业大集团少。贵州省的资源型产业主要以小型企业为
主，大型龙头企业数量较少，产品结构单一、产业集中度低。根据 2009 年
的数据可以看出，在贵州 13 种矿产开发企业中，小型企业比例高达
95.47%，而大中型企业仅占 4.53%②。

3.3.3　战略性新兴产业总体规模较小、发展滞后

企业主体创新能力不强、产业发展滞后。（1）企业规模小，运行成本
及风险大，微观主体力量不足。截至 2014 年 6 月底，航空航天设备制造、
电气机械、电子、仪器仪表等行业企业数分别为 38 个、76 个、33 个和 8
个，合计占比仅为 4.4%。2013 年，航空航天设备制造、电气机械、电子、
仪器仪表等行业的户均主营业务收入、户均利税总额、户均利润等明显低
于全省规模以上工业企业平均水平。（2）缺乏核心技术，产品附加值低，
市场竞争力低下。包括国有企业、民营企业为主的企业主体创新动力不足，
实力亟须增强。大多数企业以技术引进为主，具有国内外领先技术水平和
自主知识产权的高新技术产品和终端、成套产品不多，甚至有相当一部分
企业从事产品的简单加工和组装活动，处于整个产业链的低端环节；缺少
具有创新活力、行业领先的龙头企业。（3）产业链条不完整，结构混乱。
由于缺乏核心技术等原因没有形成完整的产业链条，造成产业结构混乱，
没有形成合理的产业体系。（4）产业布局分散，产业关联度和集中度低。
战略性新兴产业发展中由于建设规划、运行机制体制、保障措施不够健全，
造成在进行产业规划时存在"各自为政""盲目建设"等现象，未形成以骨
干企业为核心，以配套企业为支撑的完整产业链和产业群，制约了高附加
值、高技术含量产品的开发生产。

---

① 贵州统计局信息公开，http：//www.gz.stats.gov.cn/PublicInfo/Detail.aspx？id = 1741.2014
-09-28。
② 廖文华：《贵州省资源型产业生态化发展路径研究》，贵州财经大学硕士学位论文，2012。

市场开发不足、未形成良好产业发展环境。（1）科研优势未转化为产业优势，潜力市场未得到有效拓展。由于尚未形成完整的技术成果发现、评估、筛选、转移机制，科技成果转化率不高，没能形成研产需的良性市场开发循环机制；（2）缺乏全社会范围内的产品需求意识。市场需求萎缩，市场空间缩小。

政府机制体制不尽完善。未形成完善的政策引导、激励、保障体系。投入机制有待创新，风险投资和担保机制不完善。金融优势对于创新创业发展的支撑作用尚待加强。增加研发投入所需的资金来源渠道单一、狭窄，没有形成完善的资金链整合。部分领域管理体制改革滞后，不能满足战略性新兴产业发展的需要，支持新技术新产品准入政策规定不健全；人才激励机制亟须完善，战略性新兴产业高端人才引进和培育的力度需进一步加大。

3.3.4　农业生产方式粗放，先进技术应用率低，现代农业所占比重过小

贫困人口众多，素质低，增收压力大，推广生态农业的积极性不高。（1）贵州是贫困问题最突出的省份，处于全国的"经济洼地"。2013 年全省 GDP 为 4593.97 亿元（位列全国第 25 位），人均为 13221 元（位列全国第 31 位），是全国唯一没有进入总体小康的省份。从全国横向比较而言，贵州贫困人口多且贫困发生率高。2013 年全省农村贫困人口为 745 万人（按人均收入 2300 元人民币的国家扶贫标准），有 50 个国家扶贫开发工作重点县、70 个片区县，涉及武陵山、乌蒙山和滇桂黔石漠化三大片区。贵州省受区域整体贫困与民族地区发展滞后并存、经济建设落后与生态环境脆弱并存、人口素质偏低与公共服务滞后并存"三重矛盾"的制约，一直是全国扶贫开发任务最重、难度最大的省份①。（2）农业优质人力资源短缺。农村劳动力大量外流，留守农民普遍年龄偏大、文化素质较低、缺乏经验、技术及相关管理理念，制约现代农业发展。

---

① 《中国贵州 2014 年将减少贫困人口 170 万人》，中国新闻网，2014 年 10 月 17 日。

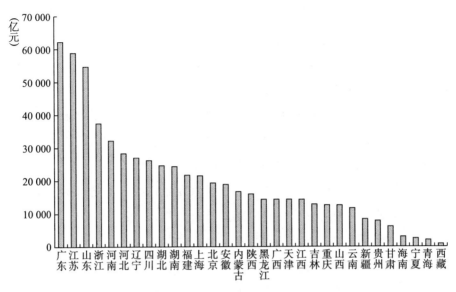

图 3 – 3　2013 年全国 31 个省（市、区）GDP 总量

数据来源：《中国统计年鉴》。

农业基础条件差、产业结构不合理、产业化水平不高。（1）受特殊生态环境制约，贵州省可耕地总量有限且耕地质量总体较差。2012 年全省耕地总量为 455 万公顷。占农业用地的 30.74%，占全省面积 1760.99 公顷的 25.84%，占全国耕地总面积的 3.7%。中低产田占 82%，坡度在 6 度以下，集中连片、面积 1 万亩以上的耕地大坝仅 47 个，面积仅占耕地的 2.05%。农田地块形态比较破碎、坡耕地面积大、耕地中田少土多，且受水资源分布不均及其他因素限制。一些耕地还存在土壤污染，如主要城市周边、部分交通主干道以及江河沿岸耕地的重金属与有机污染物超标等[①]。（2）农业产业结构不合理，粮食生产比重大，特色产业优势未充分发挥。第一产业内部农、林、牧、渔构成中，农业所占比重大（60%），且以种植业为主，经济作物比重低。（3）农民组织化程度低，物流不发达，产业化水平不高。农业小规模分散经营与大市场集约化产生矛盾。缺少功能齐全、设施先进、

---

① 于开锋：《贵州工业化、城镇化加快推进时期耕地保护研究》，《贵州商业高等专科学校学报》2014 年第 1 期。

辐射能力强的批发市场和大型农产品流通企业、现代物流中心，使得农产品物流成本高，农业集约化程度低，削弱了农产品的市场竞争力。

科技创新不足、技术转化能力低。农业生产方式粗放，先进技术应用率较低，现代农业所占比重过小。（1）科技创新不足。农技人员素质不高、人才梯队不完善、科技创新机制不灵活。（2）科技转化为农业现实生产力能力不足。贵州省农业科技对农业增长的贡献率在50%左右，低于我国发达地区10个百分点，更未达到发达国家水平（75%以上）。

农业资金短缺、农村资金不断流出。农业生产投入不足。由于长期处于贫困状态，地方财力和农民自身都缺乏自我投入建设的能力，其进一步发展也受制于不完善的农村金融服务体系。同时，农村资金也由于农业生产效益低下及市场落后而流向城市。

管理落后、相关政策法规不完善。（1）发展路径不清晰、管理松散；（2）缺乏支持生态农业的相关的资源和环境法规和政策，生态农业的技术规范和生产标准还有待与国际接轨。

3.3.5 现代服务业还处于起步阶段，产业层次低

现代服务业发展总量不足，对国民生产总值的贡献率与拉动率不高。贵州经济整体落后，造成生产性服务业总体有效需求和对知识密集型生产性服务业有效需求不足，制约了生产性服务业整体发展和转型升级。贵州省2013年服务业增加值占GDP比重为46.6%，人均服务业增加值为10663元，只有全国平均水平的55.33%，服务业发展水平仍显滞后。

现代服务业内部结构不合理。从服务业内部结构来看，贵州服务业结构层次低，传统服务业占比依然较高，生产性服务业增长乏力。从就业结构与增加值结构来判断，位居前列的仍然以传统服务业为主，而金融、保险、通信等现代服务业所占比重小，产业发展缓慢。旅游资源利用层次不高、设施不足，优质资源开发利用低效，旅游资源的国际价值远未充分发挥。

现代服务业开放程度低，竞争力弱。现代服务业中市场准入受到的限制多，政府垄断经营现象严重。新的发展观念并未真正用于认识服务业发

展规律、路径和手段。生产要素的市场定价机制和途径尚未真正形成，现代服务业市场发育不足，资源优化配置不够，中小企业发展不充分，不利于服务业的进一步发展壮大。现代服务业发展的软硬件条件尚需优化和规范。

现代服务业地区发展不平衡。贵州省现代服务业发展呈现东、中、西三大片区域发展差异，表现在现代服务业发展总体水平、公共基础设施条件、现代服务业发展制度环境等几方面。中部地区不仅经济总量最大，且服务业增加值也高。贵阳、遵义、六盘水三市服务业增加值总和占全省的54.3%，服务业增加值占 GDP 的比重分别为54.1%、44.3%和33.1%，超过其他地区总和，且这一特征具有不断增强的趋势，区域发展极不平衡，与国民经济持续、健康、稳定、和谐发展的现实目的不相适应。

就业比重偏低。从三次产业就业人员比重来看，2013 年贵州省第三产业就业吸纳人员比重约为 22.54%，服务业还没有成为贵州吸引专业人才、吸纳劳动者就业的主要渠道。

3.4 资源能源节约利用不足，未形成资源能源综合利用体系

3.4.1 土地开发利用难度大、后备资源不足

耕地质量差，适宜耕种面积小。贵州省土地总面积为 1760.99 万公顷（26414.79 万亩），其中耕地面积为 455.26 万公顷（6828.84 万亩），占土地总面积的25.85%。人均耕地为 0.1115 公顷（1.67 亩），略高于全国人均0.101 公顷（1.52 亩），但耕地质量明显低于全国水平。全省耕地总体呈现出坡耕地多、坝区耕地少、中低产耕地多、优质耕地少"两多两少"的特点。耕地中坡耕地和石漠化耕地比重大，耕地质量差。五千亩以上的集中连片耕地仅有 165 块（其中万亩大坝 47 块 80 万亩）175 万亩，占全省耕地的 2.5%。根据国家耕地质量 15 个自然等级标准，贵州省没有 1~7 等级的上等、中上等级耕地，8、9 等级耕地 652 万亩。除此之外，耕地被城市建设占用现象较为严重。

土地利用结构不尽合理，利用效率低。贵州省土地利用机构中建设用

地面积小（占全省土地总面积的 3.6%）、布局分散、地均生产总值低。2013 年贵州省地均生产总值为 455 元/平方公里，仅相当于珠三角平均水平的 4%，长三角平均水平的 8.8%。

土地开发利用难度大，后备资源不足。贵州山多坡陡，喀斯特地貌覆盖面广，土地开发利用难度大。加上经济落后，交通基础设施建设滞后，丰富的水能、矿产、旅游资源优势处于难开发、欠开发状态。

3.4.2 水资源综合利用水平低

水资源使用尚显粗放，节水潜力较大。农业灌溉方式传统、水量损失大，微喷灌、薄露灌溉方式有待推广。工业用水重复使用率低。城市供水系统漏损率高。在水资源利用上整体粗放，节约用水潜力较大。

水资源时空分布不均，调蓄能力不足。全省水资源时空分布不均，同时受到人口分布、经济布局与水资源条件影响，出现"资源型""水质型""工程型"供水紧张现象，且蓄水工程建设和跨流域、跨区域的引调水工程等的调蓄能力不足。

水资源管理还要加强，改革力度仍需加大。在现行的水资源管理体制下，各地区往往从局部利益出发，过度利用区内水资源，导致上下游、地区间、部门间在水资源开发利用方面存在诸多矛盾。未形成"水资源价格－水资源使用效率－地区或行业效益三挂钩"机制。水资源配置的市场机制尚未完善，分级分类供水水价机制亟待建立。

3.4.3 资源依赖型粗放式发展方式导致能源消耗大，节能减排绩效低

资源约束矛盾逐渐凸显，生态和环境压力增大。贵州资源型产业的工业产品以原材料和初级加工产品为主，仅经济效益较低，能源消耗量巨大，对生态环境造成污染（例如磷化工产业所产生的环境污染）。近年来政府推进发展方式转型，尽管能源消费强度逐年递减，但和全国的平均水平相比，万元生产总值能源消耗仍然保持量高、强度大的状态。

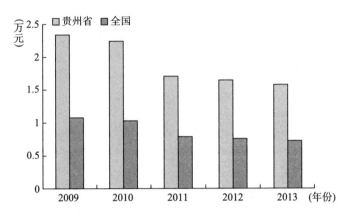

图 3 – 4 贵州与全国能源消费强度对比

数据来源：《中国统计年鉴》、《贵州统计年鉴》。

3.5 生态建设与环境保护不足，生态资源本底脆弱

尽管资源丰富，但贵州省生态资源本底却极为脆弱。占全省面积61.9%的喀斯特地貌使得其生态系统的环境承载力较低，并且具有"易破坏，难恢复"的特点。近几十年，随着贵州省的城镇化和经济快速发展，在政府环保制度相对欠缺、环保措施相对滞后、生态环境的产权制度不明确的情况下，贵州省的生态环境问题日趋严峻，其生态脆弱性具体体现在以下几方面。

3.5.1 森林生态系统与社会经济发展不适应

森林总量不足、分布不均、质量不高，生态承载力与经济社会发展的需求不相适应，林业产业发展长期滞后，对地方经济和农民增收的贡献率较低。林业投入不足，林业基础设施薄弱。由于贵州省地方财力有限，林业建设长期依赖于中央投入，省级投入严重不足，地县配套多数不能落实。制约林业发展的体制机制性障碍尚未根本消除。贵州省林业总体上还处于计划经济向市场经济的转型期，体制不顺、机制不活依然是制约林业发展的深层次原因，适应社会主义市场经济体制要求的林业宏观调控体系、支撑服务体系和现代林业产权制度尚未完全建立①。

---

① 《贵州省"十二五"生态建设和环境保护专项规划》。

3.5.2 石漠化程度深，水土流失严重

贵州省是全国石漠化面积最大、等级最齐、程度最深、危害最重的省份。石漠化敏感性地区比例居周边省份之首，石漠化地区占全省的20%。区域内部土壤贫瘠、地表组成疏松，加上外部环境大，又受到人类活动的影响，导致农牧交错区草地退化、沙化和盐碱化。贵州岩溶分布面积比重和石漠化面积比重均处于全国各省区之首。根据《贵州省石漠化状况公报》，2011年贵州全省石漠化面积302.38万公顷，占全省面积的17.16%，岩溶出露面积占全省总面积的61.92%。在石漠化分布区，轻度石漠化面积106.49万公顷，中度石漠化面积153.41万公顷，重度石漠化面积37.50万公顷，极重度石漠化面积4.97万公顷[①]。

水土流失严重。贵州是一个以喀斯特生态环境为主的生态脆弱区，生态系统的承载能力较弱，薄弱的土壤层容易受到外界因素干扰而导致流失。境内山高坡陡、暴雨多且强度大，加上人口密度大、垦殖率高、民众环保意识较弱，是我国水土流失严重、治理难度大、群众生活贫困、迫切需要开展水土保持生态建设的地区之一[②]。根据2010年全省第三次水土流失遥感调查结果，全省水土流失面积占国土面积百分之三十多，形势依然严峻。

3.5.3 湿地资源萎缩，生态功能减退

不合理开发时有发生，湿地资源不断萎缩。贵州近年来快速城镇化、工业化进程引发了突出的土地供需矛盾，造成了建设用地不断增加、湿地面积逐年减少的现象。截止到2012年底，全省湿地面积为20.97万公顷，湿地率为1.19%，比全国湿地率5.58%低4.39个百分点。其中自然湿地面积为15.16万公顷，占湿地总面积的72.31%；人工湿地面积为5.81万公顷，占湿地总面积的27.69%。

湿地超容量纳污、生态功能整体下降。贵州省地表水环境质量总体良好，但也存在不少问题。无计划过量利用水资源以及饮用水水源地森林过

[①] 《贵州省石漠化状况公报》，http://www.gzgov.gov.cn/zxfw/ztfw/gysy/yllh/557375.shtml. 2014－10－15。

[②] 罗龙皂、范成五等：《贵州水土保持研究现状及展望》，《中国水土保持》2012年第6期。

度采伐，加剧湿地污染、减少湿地面积，使湿地景观丧失，湿地资源受损、生物多样性衰退，最终导致湿地生态功能整体下降。

湿地生物资源的过度利用，湿地生态功能减退。河流上游水源涵养区的森林遭到过度砍伐，水土流失加剧，造成河流泥沙含量增多，流域内水库淤积，湿地面积和蓄水能力不断缩小，功能逐渐衰退。

湿地保护管理体制不健全。湿地保护经费投入严重不足、湿地保护法规建设滞后、湿地保护与合理利用的科技水平不高、公众保护湿地的意识不强。湿地保护重大事项协调、鼓励社会力量参与湿地公益保护、湿地生态补偿、湿地保护管理评估等长效机制还没有建立和完善。各地湿地管理机构还不健全，管理技术人才缺乏，保护经费投入严重不足，湿地科技支撑滞后。

3.5.4　草地生态系统服务功能下降、经济效益低

草地退化，生态系统服务功能下降。长期的自然灾害与人类开发活动导致贵州省草地出现不同程度的退化。表现为草地植被群落出现逆向演替，毒杂草数量不断增加，土壤有机质下降、鼠虫害加重，草地生物多样性受到威胁，草地生态系统服务功能大大降低[1]。一些草场（如龙里草场）退化率已达80%以上。

利用不合理，草地生态系统经济效益低。草地不合理利用现象表现为局部利用过度，全局利用不足。贵州草地主要是天然草山坡地，大多零星分布在农地、林地、河谷、山岭之间，总面积为428.67万公顷，其中成片草地总面积203.86万公顷，占草地面积的47.55%；零星草地总面积22418万公顷，占草地面积的52.44%；还有0.2万公顷灌木林地和林下草地，其中可利用草地362.53万公顷，占草地总面积的84.4%[2]。然而，利用方式的不合理以及牲畜分布与草地分布不一致，往往使得在人口密集、牲畜密

---

[1] 贾慧、周国富、李守乾：《贵州省草地资源可持续利用评价及保护对策研究》，《安徽农业科学》2010年第33期。

[2] 贾慧、周国富、李守乾：《贵州省草地资源可持续利用评价及保护对策研究》，《安徽农业科学》2010年第33期。

度大、垦殖指数较高的地区出现蓄多草少，而在其他人口疏散、垦殖指数低的地区则出现草地载畜量严重不足的现象，较大程度地降低了草地生态系统的经济效益①。

3.5.5　生物多样性下降趋势持续、管护水平有待加强

生物多样性下降趋势未得到根本控制。贵州省近年来在城市化快速发展，资源过度利用的背景下，森林植被破坏，局地生态功能退化，陆生野生动植物栖息地分布破碎化程度加剧，生物物种资源流失严重的形势没有得到根本改变。水体污染直接影响水生和河岸生物多样性及物种栖息地。陆域野生动物与水生动物种群普遍偏小且分布较为孤立，基因交流较少，遗传多样性未得到有效保护。

居民经济发展与生物多样性保护之间产生矛盾。贵州省生物多样性保护目前主要以建立自然保护区、就地保护为主要方式。就地保护一刀切的硬性规制式保护方式与贵州广泛存在的贫困现象之间产生了矛盾冲突，居民在保护过程中不能获得相应的有效生态补偿，其生产生活发展的诉求与国家生态保护诉求之间产生尖锐的矛盾，其结果是对野生动植物资源进行过度乃至掠夺式开发，保护地实际保护效率低。

外来物种入侵对生物多样性构成威胁。紫茎泽兰等入侵植物在本省范围内的分布面积还在扩大，外来入侵物种对本地生物多样性构成严重威胁。

生物多样性管护水平有待进一步加强。生物多样性保护法律和政策体系尚不完善，生物多样性监测和预警体系尚未建立，生物多样性保护政策与管理机制体系尚待进一步完善，全省范围的生物多样性监测和预警体系尚未建立，生物物种资源分布仍需继续调查排摸。生物多样性管护的体制机制不完善，未形成全社会生物多样性共管共护的局面。

3.5.6　污染防治力度还需加强

主要河流、地表水水质基本保持稳定，河流水质总体良好，但城市及

---

① 贾慧、周国富、李守乾：《贵州省草地资源可持续利用评价及保护对策研究》，《安徽农业科学》2010年第33期。

工业区的江段和内河污染依然存在。河流水质总体良好，纳入监测的河流监测断面中有83.6%水质达到Ⅲ类水质类别标准，14个出境断面水质状况良好，达标率为92.8%。工业废水和生活污水排放、农业面源污染、城镇化进程造成河道上下游交叉污染，削弱河道水体自净能力，使部分河段水质不能满足水体功能要求。特别是乌江水体水质综合评价为中度污染。主要污染指标为总磷、氨氮、化学需氧量。湖（库）主要污染物指标为总磷、高锰酸盐指数、溶解氧①。

酸雨污染状况未得到有效遏制。全省开展酸雨监测的11个城市年均降水pH值范围在5.80～7.80。其中，都匀、凯里、仁怀、兴义和贵阳5个城市不同程度出现过酸雨。贵阳市、遵义市、仁怀市、赤水市、安顺市、凯里市、都匀市和兴义市8个酸雨控制区城市年均降水pH值范围在5.80～7.06。其中，都匀市和凯里市出现酸雨频率超过10%，存在一定程度的酸雨污染②。

固体污染成为导致河流污染的主要原因。2012年，全省工业固体废物产生量为7835万吨。综合利用量为4839万吨（其中利用往年量为20万吨）；贮存量为938万吨；处置量为2067万吨（其中处置往年量为3万吨）。目前，全省工业固体废物"产多用少"，对生态环境形成了严重的威胁，工业渣场、尾矿库渗漏已成为贵州省河流污染的主要环境问题③。

大气污染防治工作还需加强。2013年全省可吸入颗粒物年均浓度值平均水平为0.078毫克/立方米，比2012年上升0.010毫克/立方米，意味着贵州省大气污染防治工作仍需进一步加强④。

农村的面源污染逐年升高。对于化肥与农药的长期依赖所造成的农业面源污染成为耕地质量退化和农村环境恶化的主要因素。

---

① 贾慧、周国富、李守乾：《贵州省草地资源可持续利用评价及保护对策研究》，《安徽农业科学》，2010年第33期。
② 贵州省环保局：《二〇一三年贵州省环境状况公报》，2014。
③ 贵州省环保局：《二〇一三年贵州省环境状况公报》，2014。
④ 贵州省环保局：《二〇一三年贵州省环境状况公报》，2014。

3.6　生态补偿机制亟待完善和落实

尽管贵州省在生态补偿领域进行了大量卓有成效的探索和尝试，但是生态补偿相关的法律、法规体系尚未建立，现有包含有生态补偿相关内容的法律、法规大部分属于行政规章，立法层次比较低，缺乏针对性、系统性和可操作性。还有一些自然资源和生态系统类型在补偿过程中无法可依，无章可循，补偿过程中的补偿依据、补偿标准、补偿对象、补偿方式、补偿程序等缺乏明确的法律、法规指导和可操作性方案，使得生态补偿难以合理有效进行。

贵州省积极实施了林权制度改革，但是目前林权证地不符、一证多山、一山多证等现象还普遍存在，移民搬迁等遗留问题尚未彻底解决，林权纠纷的调处存在很大难度，林农难以根据市场需求有效开展经营活动，林农发展林业产业，保护生态的积极性尚未充分发挥。贵州省公益林面积为7993.7万亩，其中国家重点公益林面积为4621.1万亩，地方公益林面积为3372.7万亩。尽管国家和省级都对公益林进行了补偿，但是补偿标准偏低使得生态补偿的作用并不明显，有必要有针对性地进行生态补偿测算并制定相应的补偿办法。

在生态补偿机制建立的过程中，生态补偿的价值用货币进行衡量存在难度，因此使得生态补偿的具体操作也存在相应的难度。此外，在生态资源产权明晰方面也存在困难，例如，贵州作为"两江"上游重要的生态屏障，为保护"两江"做出了巨大的贡献和牺牲，但水的产权难以明晰，使得流域水资源的效益和成本分摊难以落实。此外，贵州省实施生态补偿还存在生态补偿标准偏低、补偿范围过窄、多元化补偿方式尚未形成、生态补偿的资金管理不到位、生态补偿资金投入缺乏持续性、生态补偿效率偏低、不同区域间缺乏协调的生态治理机制、缺乏统一的管理机构等诸多问题。

生态补偿机制的构建是一项较为复杂的系统工程，需要政府、社会、企业和公民的广泛参与，需要各利益相关方的协调配合和相互监督。贵州省的生态补偿机制需要尽快从试点中汲取经验，遵循谁开发、谁保护，谁受益、谁补偿的利益调节机制，尽快建立起适合贵州独特省情的生态补偿机制，开创贵州保护和发展并进的新局面。

3.7　生态文化培育落后，未形成完整体系

3.7.1　生态文化研究滞后

传统生态文化挖掘及其现代价值拓展不足。贵州位处西南古代百越族系、氐羌族系、百濮族系和苗瑶族系等族系族际分布的交汇处，其特殊的文化区位条件奠定了贵州多元民族、多元文化并存的基础。各民族在数千年的发展过程中积淀了多种多样的乡土知识，创造并保护了各具特色的民族生态环境。然而，上述传统原生态智慧与文化，包括民歌民谣、地方风物传说、人类起源神话、民间信仰、生活生产习俗和历史故事等并未得到系统深入的研究。地方性生态知识及生态智慧尚未与生态文明建设的现代化理论有效整合。

现代生态文化研究理论体系不完善。一是生态文化研究理论创新不足，对传统文化中的生态文化理论与思想发掘不足，对马克思主义理论中有关生态文明、生态文化的论述阐释不足，对现实中遇到的问题理论解答不足。二是生态文化理论的研究队伍比较零散，力量比较薄弱，与其他省份相比，贵州省的研究队伍还呈自发状态，没有整合为一个整体。

3.7.2　生态文明教育传播体系尚未形成

生态文明教育体系有待完善。尚未形成完整的学院教育、社会公益教育、企业教育、社区教育体系。生态文明教育的针对性有所欠缺。生态文明教育的生活化有所欠缺。生态文化教育内容显得较为空泛，降低了生态文化教育的亲和性，欠缺对生活中生态知识的传播，制约了公众对生态知识的了解与实践。

生态文明宣传途径有待进一步改进和扩展。生态文化教育还未普及到日常生产生活中，且宣传方式与公众可接受和希望接受的方式还存在一定的差异，主要集中于单向性的实地教育、宣传教育、展馆综合教育等方面，

缺乏更具参与性的宣传方式。

3.7.3　生态文化载体投入与建设不足

用于生态文化建设的投入还比较薄弱。传统生态文化载体挖掘和保护不力，大量包含生态文明内涵的传统物质文化遗存没有得到有效保护与利用。生态文化知识宣传的基础设施建设滞后，需要进一步新增扩建生态文化科普教育基地、生态文化博物馆、生态民族文化保护园等。生态文化知识传播载体如生态文化知识专业性资料、普及性读物等出版物量少、质低，需要进一步发展。

3.7.4　生态文化产业发展缓慢，发展理念有待明确

贵州省的文化产业建设处于起步阶段，生态文化产业起点低、规模小、结构单一、产品市场竞争力不强等问题突显，大多数生态文化企业目前还停留在对文化产品进行外加工阶段，对文化价值的深入挖掘不够，生态文化产业建设投入也不足。一些地方领导还未充分认识到生态文化意识在提高全民素质中的引领作用，投入的时间和精力有限，财政支持乏力，制约生态文化产业建设向纵深发展。民族生态文化的生态旅游价值未能得到有效挖掘。

3.8　生态建设体制机制滞后，未形成完善的保障体系

3.8.1　生态行政管理体制还需完善细化

在管理体制方面，尚未全面建立目标责任制考核机制、监督机制、奖惩机制。缺乏生态安全保障的统领性法规。生态文明建设相关法规存在"碎片化"甚至相互抵消的情况。同时，生态文明建设相关法规刚性约束力相对较弱，在执行中自由裁量空间大，法规执行随意性强，处罚不力执法不严。对于涉及生态文明建设的重大问题缺乏部门间的互动与协调机制。以法律规制为主要手段，行政激励机制尚未建立。

3.8.2　多元化投入机制和生态补偿机制尚未形成

环境保护的融资来源和方式相对单一，主要还是依靠银行贷款、土地受益和财政收入盈余来应对环境问题。利用外部环保基金、吸收民间资本

和运用绿色证券、绿色信托等市场化融资工具尚未有实质性进展。

解决环境问题采取的经济手段主要包括财税手段、排污权交易、生态补偿机制，等等，其中财政主要从提供环境这一公共产品的角度出发利用财政支出、财政投资、财政补贴、财政政策、政府采购等手段改善环境质量，而税收的相关税种在制定时就不是以环境保护为出发点，因此即使是财税手段在保护环境领域的应用也很不够。

生态补偿机制中还未给予代内和代际补偿机制明确的法律定位和法理依据。排污权交易和生态补偿机制这两种手段在贵州省现在都处于起步阶段。

3.8.3　公众参与广度与深度有待提高

环境信息公开制度不完善，表现在：环境信息公开的权利义务主体界定不完全，公众参与机制不完善，企业环境信息与产品环境信息公开不充分，环境检测与监测立法疏漏，环境知情权与公众参与制度衔接不紧密，责任机制和救济机制缺失。环境立法的公众参与未得到法律切实保障，公众参与环境立法缺乏程序性规定。环境行政参与制度立法缺乏系统性。环境行政参与制度立法缺乏可操作性。环境行政参与制度立法缺乏激励性。环境行政参与制度立法缺乏保障性。公众环保意识较低，参与环境管理的深度浅，基本上还停留在对环境污染、生态破坏做出反应的被动阶段，属事后参与。

4　贵州坚守两条底线的科学界定

4.1　正确认识发展与底线的关系

生态与发展的关系不是简单的此消彼长的关系。正确地认识生态与发展的关系，有助于理解生态价值的多元性，并找到对应的利用模式。一方面，生态环境的保护是以牺牲发展为代价的，其他主体在享受这一生态外部性并实现经济价值的同时，理应通过转移支付等形式给予生态补偿。另一方面，生态环境的保护与某些特定发展模式可以是相互兼容的，有些甚至是相互促进的，要破解生态与发展相互协调的难题，单纯依靠生态有偿使用和生态补偿机制是不够的，必须找到能够促进生态环境保护的发展模式。对于环境负外部性较大的产业类型，一是要借助科技进步的力量，降低资源消耗强度和污染物排放量，二是要采用循环经济发展模式，推动生产过程的低消耗、低排放、高效率，将环境负外部性较大的产业向资源节约型和环境友好型产业转变。对于环境负外部性小甚至能够推动生态环境优化的产业类型，如特色生态农业、民族文化旅游、休闲度假旅游等生态驱动型产业，要优先发展。这些产业类型的开发不仅依赖于良好的生态环境，也能够促进生态环境的保护。

事实证明，发展的低水平与环境保护之间没有必然关系，发展水平低不意味着环境保护就好，更不意味着人民福祉得到提高，良好的生态环境仅是人民福祉的一个方面但不是全部，一个只有良好生态环境而没有发展起来的贵州省无益于居民整体福利水平的提升。因此，贵州省既要保护好原有的优质生态环境，又要在此基础上实现发展和跨越式赶超。

党的十八大提出：必须树立尊重自然、顺应自然、保护自然的生态文明理念，把生态文明建设放在突出地位。然而对于贵州省而言，生态文明建设已经不仅具有突出地位，还具有如下两个特点：（1）生态文明建设对本省具有基础性地位，这与贵州省极为脆弱的生态承载力和有限的环境容量有关，因此贵州省生态文明建设的地位较其他省区更为重要；（2）贵州省地处我国西南山区，经济发展严重滞后，如何实现区域发展、摆脱落后局面是长期以来的焦点。在发展滞后的现状约束下，如何正确处理好发展与生态的关系，严守发展和生态两条底线，对于贵州省而言尤为迫切。贵州省要实现可持续赶超，必须明确"发展"和"生态"两条底线所在，树立对"发展"和"生态"关系的科学认知观，必须根据贵州省情，探索一条使"发展"与"生态"相容、互促、共生的新型发展模式。

4.2　坚守发展与底线的重大意义

加强生态文明建设，是贵州省发挥生态优势、实现后发赶超的基本途径，是增进人民福祉、造福子孙后代的客观要求，是提升贵州形象、建设多彩贵州的重要支撑。在全省开展生态文明建设先行示范，守住发展和生态两条底线，努力实现经济发展与资源环境相协调，具有重要的现实意义和深远的历史意义[①]。

第一，有利于探索资源能源富集欠发达地区绿色发展新道路。近年来，尽管贵州经济发展速度位居全国前列，但总体滞后的局面没有根本改变。2013 年，人均地区生产总值仅为全国平均水平的 54.7%，贫困人口占全国的 9%。发展方式粗放，经济发展主要依托煤炭、磷矿、铝土矿等资源，煤炭、电力、化工、有色、冶金等重化工业占工业增加值的 60% 以上，能耗强度是全国的 2.15 倍，工业固体废物综合利用率低于全国平均水平。通过生态文明先行示范区建设，大力推行绿色、循环、低碳发展，形成节约资源、保护环境的产业结构和生产方式，提高发展的质量和效益，贵州在实现经济跨越发展、全面建成小康社会的同时，将继续保持天蓝地绿水净。

第二，有利于筑牢两江上游生态安全屏障。贵州境内河流众多，处在长江和珠江两大水系上游交错地带，是两江上游重要的生态屏障区。同时，生态环境脆弱，修复难度很大，石漠化面积、水土流失面积分别占全省面积的 17.2%、31.4%。森林资源质量不高，亩均森林蓄积量约为全国平均水平的 3/4。通过生态文明先行示范区建设，优化国土空间格局，加大生态建设和环境保护力度，划定并严守生态红线，实施水利建设、石漠化治理、水土流失综合治理、污染防治等重点工程，将进一步筑牢长江、珠江上游生态安全屏障。

---

① 王斌：《生态文明建设引领贵州可持续发展——〈贵州省生态文明先行示范区建设实施方案〉解读》，《贵州日报》2014 年 6 月 11 日。

第三，有利于形成可借鉴推广的生态文明制度建设新成果。近年来，贵州省不断推进生态文明制度建设和体制机制创新，在节能减排、循环经济、生态环境保护等方面推出一系列政策、法规和举措，初步形成了绿色、循环、低碳发展的制度体系。

4.3　"发展"的底线："两个90％"目标

贵州省第十一次党代会描绘了到2020年与全国同步实现全面建成小康社会的时间表和路线图。党的十八大报告首次提出全面"建成"小康社会后，贵州省根据会议指示精神，在省委十一届二次全会上作出了《关于认真学习贯彻党的十八大精神为与全国同步全面建成小康社会而奋斗的决定》（黔党发〔2012〕30号），并出台了《关于以县为单位开展同步小康创建活动的实施意见》（黔党发〔2013〕3号），部署在全省以县为单位开展同步小康创建活动。《意见》提出到2020年，全省全面建设小康社会实现程度超过90％，同步小康创建达标的县（市、区）超过90％，即"两个90％"的目标。具体目标有：到2020年，全省各县（市、区）以县为单位实现人均生产总值达31400元（约合5000美元）以上，其中城镇居民人均可支配收入达20000元（约合3000美元）以上，农村居民人均可支配收入达7000元（约合1000美元）以上的"531"指标要求；强调努力使全省人民有更好的教育、更稳定的工作、更满意的收入、更可靠的社会保障、更高水平的医疗卫生服务、更舒适的居住条件、更优美的环境、更幸福的生活，人民群众认可度达80％以上。

对于小康社会的实现标准，表4-1列举了完整的监测指标体系。根据《贵州省以县为单位全面建设小康社会统计监测指标解释及计算方法》，贵州省小康社会的评价体系包括经济发展、社会和谐、生活质量、民主法治、文化教育和资源环境6大项25个指标，缺一不可，其中经济发展是实现小康社会的核心指标，这不仅仅是因为经济发展在小康社会评价中所占的权重最大，更是因为经济发展水平的提高有利于促进其他各项指标的实现。

表 4 - 1　贵州省以县为单位全面建设小康社会统计监测指标体系

监测指标	单位	权重（%）	标准值（2020 年）
一、经济发展		29	
1. 人均 GDP	元	8	≥31400
2. 科技进步贡献率	%	3	≥45
3. 工业和服务业增加值占 GDP 的比重	%	3	≥85
4. 农业发展指数	%	3	= 100
5. 城镇化率	%	3	≥45
6. 就业水平指数	%	4	= 100
7. 县域经济发展活力指数	%	5	= 100
二、社会和谐		15	
8. 城乡居民收入比	以农为 1	4	≤3
9. 贫困乡镇发生率	%	3	= 0
10. 基本社会保险覆盖率	%	4	≥90
11. 民族团结和睦指数	%	4	≥90
三、生活质量		21	
12. 城镇居民人均可支配收入	元	6	≥20000
13. 农村居民人均可支配收入	元	6	≥7000
14. 恩格尔系数	%	2	≤40
15. 住房指数	%	2	= 100
16. 居民出行便捷指数	%	2	= 100
17. 医疗卫生发展指数	%	3	= 100
四、民主法制		11	
18. 城乡社区基层民主自治建设完善率	%	3	≥90
19. 社会安全指数	%	4	= 100
20. 县级政府行政服务群众满意度	%	4	≥80
五、文化教育		14	
21. 文化发展指数	%	5	= 100
22. 高中及以下阶段教育指数	%	5	= 100
23. 每万人人才资源数	人	4	≥1000
六、资源环境		10	
24. 耕地面积指数	%	5	≥94
25. 环境质量指数	%	5	= 100

综上所述，确定贵州省"发展"的底线是"到2020年，全省全面建设小康社会实现程度超过90%，同步小康创建达标的县（市、区）超过90%"，即"两个90%"的目标。本报告针对经济发展指标中的人均GDP和城镇化率两项重要子指标进行了分析。

4.3.1 人均GDP

近年来贵州省人均GDP呈现高速增长态势。2007～2012年贵州省实际人均GDP年均增长率达到14.0%，远高于全国平均的8.7%（如图4-1所示），为贵州省实现经济发展跨越式赶超提供了强劲的动力。

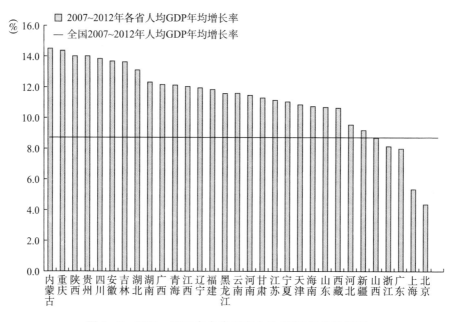

图4-1　2007～2012年各省区市人均GDP年均增长率

按照近年来的增长态势，以2000年价格为基准，对贵州省人均GDP进行估算，到2020年贵州省人均GDP将达到32832元人民币（如图4-2所示），超出小康社会标准所需的31400元人民币，全省整体能够达到小康所需标准。

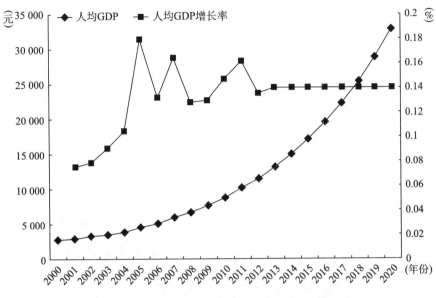

图 4-2　贵州省人均 GDP 估测（以 2000 年不变价格）

但是，由于贵州省"不以省的全面小康代替县县建成全面小康，不以平均数代替大多数"作为小康社会考核的基本原则，因此贵州省整体人均 GDP 能够达到小康水平不能有效反映各区县的发展差异，还必须从各区县

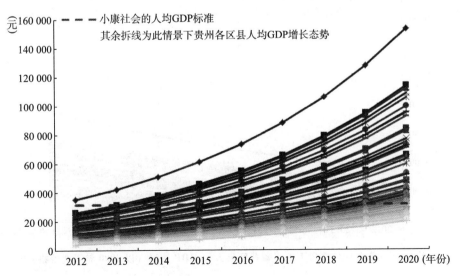

图 4-3　增速 20％情景下贵州省各区县人均 GDP 估测（以 2000 年不变价格）

的角度对人均 GDP 进行估测。按照人均 GDP 增长速度的不同，分为 20%、14%，10% 和 5% 共 4 种情景估测贵州省 88 个区县人均 GDP 增长情况（如图 4-3～图 4-6 所示）。

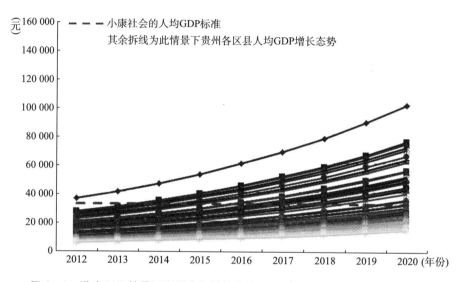

图 4-4　增速 14% 情景下贵州省各区县人均 GDP 估测（以 2000 年不变价格）

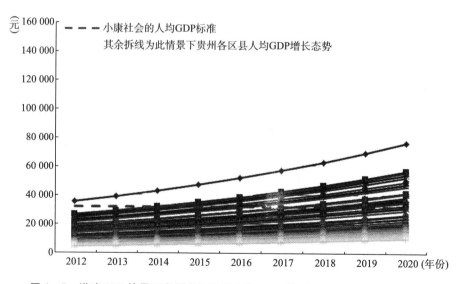

图 4-5　增速 10% 情景下贵州省各区县人均 GDP 估测（以 2000 年不变价格）

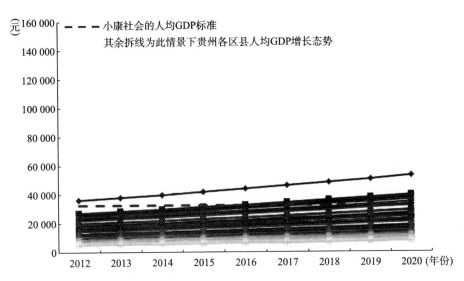

图 4-6　增速 5% 情景下贵州省各区县人均 GDP 估测（以 2000 年不变价格）

20% 是一种超高增长情景，在此情境下，到 2020 年，有 66 个区县的人均 GDP 达到 31400 元，占区县总个数的 75%；14% 是与当前增长态势较为吻合的一种情景，在此情景下，到 2020 年，有 30 个区县的人均 GDP 达到 31400 元，占总区县个数的 34.1%；同样在较低增速的 10% 和 5% 两种情景下，到 2020 年，人均 GDP 达到 31400 元的区县分别有 21 个和 18 个，分别占区县总数的 23.9% 和 20.5%。由上可知，尽管贵州全省在 2020 年前能够实现人均 GDP 达到 31400 元的目标，但各区县的经济发展水平存在较大的差异，一些落后区县由于发展基础较差，即使在高速增长条件下也难以达到小康所需的标准，因而到 2020 年确保 90% 的区县达到 31400 元的任务非常艰巨。根据估算，如果全省各区县按照相同的增长速度，那么必须要保证人均 GDP 的年均增速达到 23.2%，才能够实现 90% 的区县的人均 GDP 达到 31400 元的目标。

贵州是我国劳务输出大省，全省户籍人口较常住人口多 765 万，有超过 800 万人在省外务工。大规模的劳务输出，有效地缓解了贵州省资源和环境压力，对于其小康社会的实现具有积极意义。如果出现农民工大规模反流现象，不仅对贵州省资源承载力和环境容量构成巨大压力，在不能提供充足就业和返乡创业机会的情形下，还会影响到人均 GDP 的增长。因此，大规模的人口返流不利于增长目标的实现，建议采取生态补偿的跨区域联动机制，通过农业转移人口的异地城镇化等措施，为外出务工人员提供新的生活工作空间，减少人口返流数量。

4.3.2　城镇化率

城镇是指人口向城镇集中的过程。这个过程表现为两个方面，一方面是城镇数目的增多，另一方面是城市人口规模不断扩大。城镇化进程中，第一产业比重逐渐下降，第二、三产业比重逐步上升，同时伴随着人口从农村向城市流动这一结构性变动。建设以城乡统筹、城乡一体、产城互动、节约集约、生态宜居、和谐发展为基本特征的城镇化，是城镇发展的基本诉求。城镇化率是城镇发展最重要的指标。

2000～2012 年，贵州省整体的城镇化率由 23.9% 上升到 36.4%，平均每年提升约 1 个百分点。按照这种态势，预计到 2020 年，贵州省整体城镇化率将达 45.9%，超出小康社会所需 45% 的标准（见图 4 - 7）。

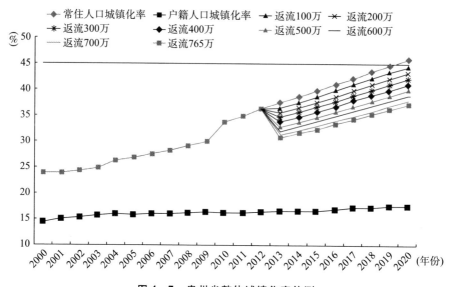

图 4 - 7　贵州省整体城镇化率估测

但同时必须看到，贵州省内部各区县城镇化水平存在巨大的差异。按照目前的城镇化实现情况，预计到 2017 年，仅有 17 个区县的城镇化率达到45%，不到区县总数的 20%，到 2020 年时，仅有 24 个区县的城镇化率能够达到 45%，仅占区县总数的 27.3%（见图 4-8）。这意味着，如果按全省整体城镇化发展态势，到 2020 年要 90% 的区县实现小康社会所要求的城镇化标准，仍然存在巨大的压力。此外，如果出现大规模人口返流现象，将更加不利于小康社会中城镇化目标的实现。根据估算，返流 100 万~700 万人口情景下，贵州省整体城镇化率将较不返流情景下降 1.3%~8.0%，全部返流的话，全省整体城镇化率仅为 37.3%，较不返流降低 8.6%。当然，这一估算是假定返流人口全部回到农村地区，事实情况是反流人口必然有部分流动至城市地区。即便如此，贵州省实现小康社会所要求的城镇化目标仍具有很大的挑战性。

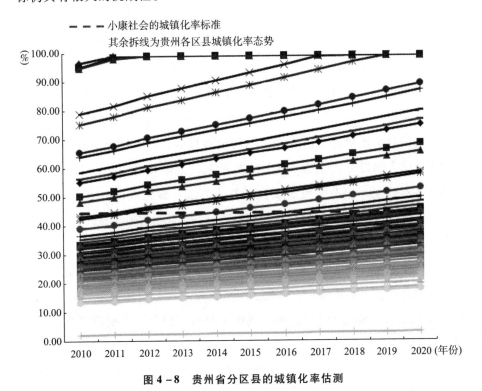

图 4-8 贵州省分区县的城镇化率估测

上述分析从人均 GDP 和城镇化率两个角度，阐述了贵州坚守发展底线、在 2020 年前实现"两个 90%"目标所面临的严峻形势。因此，需要认识到贵州省对生态环境的保护绝不是放弃发展、停止发展，而是要通过两条底线战略的实施，加快贵州省的发展速度、缩小区域间的发展差距。同时还必须注意到，小康社会的标准当中还包括资源环境目标，这要求贵州应充分发掘生态环境优势，培养新的经济增长引擎，并将生态环境优势转变为经济优势、发展优势。

4.4　"生态"底线：完成《贵州省生态文明先行示范区建设实施方案》目标任务

贵州省要认真贯彻党的十八大、十八届三中全会和贵州省委十一届四次全会精神，探索资源能源富集、生态环境脆弱、生态区位重要、经济欠发达地区生态文明建设有效模式，坚守"生态"底线是基本要求。"生态"的底线总体上是指确保贵州生态功能不退化、资源环境不超载、排放总量不突破和环境准入不降低四条红线。

具体而言，要致力于实现《贵州省生态文明先行示范区建设实施方案》提出的目标：到 2020 年，与全国同步建成全面小康社会，生态文明理念深入人心，符合主体功能定位的开发格局全面形成，产业结构更趋合理，资源利用效率大幅提升，生态系统稳定性增强，人居环境明显改善，生态文化体系基本建立，生态文明制度体系基本形成，绿色生活方式普遍推行，全面完成生态文明先行示范区建设各项目标，使贵州省成为资源能源富集、生态环境脆弱、经济欠发达地区转型发展和绿色崛起的先进典范。

——经济发展质量明显提升。人均地区生产总值达到 5.83 万元，产业结构更趋合理，工业结构显著优化，战略性新兴产业增加值占 GDP 比重由 2012 年的 2.42% 提高到 8%，农产品中无公害、绿色、有机农产品所占比例达到 50%。

——资源能源节约利用水平显著提高。超额完成国家下达的节能降耗、碳强度下降目标，资源利用效率显著提升，资源循环利用体系基本建立。水资源开发利用率达到 15%，非化石能源占一次能源比重提高到 21%，工业固废综合利用率达到 80%，绿色矿山建设格局基本形成。

——生态环境保持优良。超额完成国家下达的化学需氧量、氨氮、二氧化硫、氮氧化物等主要污染物减排目标任务，空气质量指数（AQI）优良天数的占比达到 85%，水功能区水质达标率达到 86.4%，森林覆盖率达到 52%，历史遗留矿山地质环境恢复治理率、矿山废弃土地复垦率分别达到 35% 和 30% 以上。

——生态文化体系基本建立。党政干部参加生态文明培训的比例达到 100%，节水器具普及率达到 70%，有关产品政府绿色采购比例达到 90%。

——生态文明体制机制日趋完善。体现生态文明建设要求的政绩考核、自然资源资产产权和用途管制、资源环境生态信息公开等制度全面落实，能源、水、土地节约集约利用制度更加完善，生态补偿机制更加健全，市场化交易机制基本形成。

因此，坚守"生态"底线，需要从经济发展质量、资源能源节约利用、生态建设与环境保护、生态文化培育、体制机制建设等方面开展生态文明建设工作，落实好 2020 年的目标任务，具体指标如表 4-2 所示。

表 4-2 贵州省生态文明先行示范区建设目标体系

类别	标号	指标名称	单位	2012 年	2020 年	变化率（%）
经济发展质量	1	人均生产总值	元	19170	58315	195.87
	2	城乡居民收入比例	—	3.93∶1	3.13∶1	—
	3	三次产业增加值比例	—	13∶39.1∶49.7	7.3∶48.3∶44.4	—
	4	战略性新兴产业增加值占生产总值比重	%	2.42	8	230.6
	5	农产品中无公害、绿色、有机农产品种植面积比例	%	12.44	50	301.93
资源能源节约利用	6	国土开发强度	%	3.4	4.1	20.59
	7	耕地保有量	万公顷	455.54	437	-4.07
	8	单位建设用地生产总值	亿元/平方公里	1.1178	1.3	10
	9	用水总量	亿立方米	91.52	134.39	46.84
	10	水资源开发利用率	%	9.3	15	61.29
	11	万元工业增加值用水量	吨水	111	88	-20.72
	12	农田灌溉水有效利用系数	—	0.434	0.47	8.29
	13	非常规水源利用率	%	2	6	200

类别	标号	指标名称	单位	2012 年	2020 年	变化率（%）
	14	单位生产总值能耗	吨标煤/万元	1.644	1.359	−17.34
	15	单位生产总值二氧化碳排放量	吨/万元	4.012	3.048	−24.03
	16	非化石能源占一次能源消费比重	%	10.5	21.76	107.24
	17	能源消费总量	万吨标煤	9878	17290	70.03
	18	资源产出率	万元/吨			15
	19	绿色矿山比例	—	7	25	257.14
	20	工业固体废弃物综合利用率	%	60.9	72	18.23
	21	新型绿色建筑比例	%	0	60	—
	22	农作物秸秆综合利用率	%	51.18	75	46.54
	23	主要再生资源回收利用率	%	63	73	15.87
生态建设与环境保护	24	森立覆盖率	%			
	25	森林蓄积量	万立方米			
	26	湿地保有量	万公顷			
	27	禁止开发区域面积	万公顷			
	28	水土流失面积	万公顷			
	29	本地物种受保护程度	%			
	30	石漠化土地治理面积	万公顷			
	31	人均公共绿地面积	平方米			
	32	主要污染物排放总量： 化学需氧量（COD） 二氧化硫 氮氧化物	 万吨 万吨 万吨	 33.3 104.1 56.36	达到国家下达的控制目标	 — —
	33	空气质量指数（AQI）达到优良天数占比	%		21.15	
	34	河湖水域面积保有量	公顷	20.98	86.4	0.81
	35	水功能水质达标率	%	63.4	100	36.27
	36	供水水源地水质达标率： 城市供水水源地水质达标率 乡镇供水水源地水质达标率	 % %	92.45	100	8.17

续表

类别	标号	指标名称	单位	2012 年	2020 年	变化率（%）
	37	城镇污水集中处理率	—	67.88	85	25.22
	38	城镇生活垃圾无害化处理率	%	24.28	50	105.93
生态文化培育	39	生态文明知识普及率	%	80	90	12.5
	40	党政干部参加生态文明培训的比例	%	20	100	400
	41	公共交通机动化出行分担率	%	16	32	100
	42	二级以上能效家电产品市场占有率	%	60	90	50
	43	节水器具普及率	%	55	70	27.27
	44	有关产品政府绿色采购比例	%	56.34	90	59.74
体制机制建设	45	生态文明建设占党政绩效考核的比重	%	5	10	100
	46	环境信息公开率	%			100

由表 4-2 可见，生态文明建设的目标不仅在于生态建设和环境保护，同时也涉及经济发展质量调控、资源能源节约利用等发展问题，坚守"生态"底线同时需要对发展模式进行调整，并在调整当中力求形成新的经济增长点，促进经济增长，为实现小康社会奠定基础，从而最终实现"生态"与"发展"和谐互促的模式。

5 以生态引领推动可持续赶超

在充分认识贵州发展和生态环境的现状及相互作用机制的关系上，本报告提出"以生态引领推动可持续赶超"的新思路。这要求转变传统思维方式，强化生态环境优势，并化生态资源为发展优势。

5.1　主体功能区划

全国主体功能区规划将国土空间划分为以下主体功能区[①]：按开发方式，分为优化开发、重点开发、限制开发和禁止开发区域；按开发内容，分为城市化地区、农产品主产区和重点生态功能区；按层级，分为国家和省级两个层面。

优化开发、重点开发、限制开发和禁止开发区域，是基于不同区域的资源环境承载能力、现有开发强度和未来发展潜力，以是否适宜或如何进行大规模、高强度工业化城镇化开发为基准划分的。其中，国家层面的优化开发、重点开发、限制开发和禁止开发区域，由国家主体功能区规划确定，国家层面的主体功能区不覆盖全部国土空间；国家层面主体功能区以外的区域由省级层面主体功能区划分确定。优化开发、重点开发和限制开发区域原则上以县级行政区为基本单元，禁止开发区域按照法定范围或自然边界确定，分布在其他类型主体功能区域之中。

城市化地区、农产品主产区和重点生态功能区是以提供主体产品的类型为基准划分的。其中，城市化地区是以提供工业品和服务产品为主体功能的地区，也提供农产品和生态产品；农产品主产区是以提供农产品为主体功能的地区，也提供生态产品和服务产品及部分工业品；重点生态功能区是以提供生态产品为主体功能的地区，也提供一定的农产品、服务产品和工业品。

贵州省主体功能区划分为国家层面的主体功能区和省级层面的主体功能区[②]。

5.1.1　国家层面的主体功能区划

——国家重点开发区域是指具备较强经济基础、科技创新能力和较好发展潜力；城镇体系初步形成，具备经济一体化条件，中心城市有一定辐射带动能力，有可能发展成为新的大城市群或区域性城市群；能够带动周

---

① 《全国主体功能区规划》，2011。
② 《贵州省主体功能区规划》，2013。

边地区发展，并对促进全国区域协调发展意义重大的区域。贵州省划为国家层面重点开发区域的是黔中地区。

——国家限制开发区域。国家限制开发区域分为两类：一类是农产品主产区，即耕地较多、农业生产条件相对较好，尽管也适宜工业化城镇化开发，但从保障国家农产品安全以及全民族永续发展的需要出发，必须把增强农业综合生产能力作为发展的首要任务，从而应该限制进行大规模高强度工业化城镇化开发的地区；一类是重点生态功能区，即生态系统脆弱或生态功能重要，资源环境承载能力较低，不具备大规模高强度工业化城镇化开发条件，必须把增强生态产品生产能力作为首要任务，从而应该限制大规模高强度工业化城镇化开发的区域。贵州省划为国家农产品主产区的共有 35 个县级行政单元，同时还包括整体划为重点开发区的 5 个县的 90 个乡镇；划为国家重点生态功能区的共有 9 个县级行政单元。

——国家禁止开发区域。国家禁止开发区域是指有代表性的自然生态系统，珍稀濒危野生动植物物种的天然集中分布地、有特殊价值的自然遗迹所在地和文化遗址等，需要在国土空间开发中禁止进行工业化城镇化开发的重点生态功能区。贵州省划为国家层面禁止开发区域的是省域范围内的国家级自然保护区、世界和国家文化自然遗产、国家级风景名胜区、国家级森林公园、国家级地质公园。

5.1.2 省级层面的主体功能区划

贵州省省级层面主体功能区划分为重点开发、限制开发和禁止开发区域三类，没有优化开发区域。

——省级重点开发区域。省级层面重点开发的应是具有一定经济基础的资源环境承载能力较强、发展潜力较大、集聚人口和经济的条件较好的区域，从而应该重点进行工业化城镇化开发的城市化地区。贵州省划为省级重点开发区域的共有 8 个县级行政单元，同时还包括划为国家农产品主产区县（市、区）中的中心城区、县城关镇和部分重点建制镇。

——省级限制开发区域。省级层面重点生态功能区生态系统脆弱、生态系统重要，资源环境承载能力较低，是不具备大规模高强度工业化城镇化开发条件的地区。贵州省省级层面的限制开发区域只有重点生态功能区。贵州省划为省级重点生态功能区的共有 12 个县级行政单元。

　　——省级禁止开发区域。省级层面的禁止开发区域是依法设立的省级和市（州）级自然保护区、省级风景名胜区、省级森林公园、省级地质公园、国家重点文物保护单位、重要水源地保护区、国家重要湿地、国家湿地公园、国家级和省级水产种质资源保护区等，点状分布于重点开发区域和限制开发区域。各类主体功能区在全省经济社会发展中具有同等重要的地位，只是主体功能不同，开发方式不同，保护内容不同，发展的首要任务不同，国家和省支持的重点不同。对城市化地区主要支持加快工业化城镇化集约优化发展，集聚经济和人口；对农产品主产区主要支持农业综合生产能力建设；对重点生态功能区主要支持生态环境保护和修复，同时支持其加强公共服务能力和相应的基础设施建设。

　　贵州省主体功能区分类统计情况如表 5 - 1 所示，据表可知，贵州省重点开发区域主要集中于中部地区，涉及面积 43919.25 平方公里，人口1540.55 万，分别占全省土地面积和人口总数的 24.93% 和 36.77%，该区域内发展基础较高，人口密度相对较高，工业化和城镇化水平在贵州处于领先地位。贵州省国家农产品主产区主要包括以县级行政区为基本单元的国家农产品主产区和纳入国家农产品主产区的农产品主产乡镇，共涉及面积83251.01 万平方公里，人口 1839.35 万人，分别占全省土地面积和人口总数的 47.26% 和 43.91%。贵州省重点生态功能区共包括 21 个县，涉及面积48997.70 万平方公里，人口 809.15 万人，分别占贵州省土地面积和人口总数的 27.81% 和 19.32%。

表 5 - 1　贵州省主体功能区分类统计表

序号	主体功能区域类型	县级行政单元数（或乡镇数）	面积		人口	
			面积（平方公里）	占全省面积比重（%）	2010 年末总人口（万人）	占全省总人口比重（%）
一	重点开发区域	32 个县	43919.25	24.93	1540.55	36.77

续表

序号	主体功能区域类型	县级行政单元数（或乡镇数）	面积		人口	
			面积（平方公里）	占全省面积比重（%）	2010 年末总人口（万人）	占全省总人口比重（%）
1	国家重点开发区域（黔中地区）	24 个县	30602.06	17.37	1140.29	27.22
2	省级重点开发区域	8 个县	13317.19	7.56	400.26	9.55
二	国家农产品主产区	35 个县和90 个镇	83251.01	47.26	1839.35	43.91
1	以县级行政区为基本单元的国家农产品主产区	35 个县	74233.07	42.14	1610.17	38.44
2	纳入国家农产品主产区的农产品主产乡镇	90 个镇	9017.94	5.12	229.18	5.47
三	重点生态功能区	21 个县	48997.70	27.81	809.15	19.32
1	国家重点生态功能区	9 个县	26441.00	15.01	449.43	10.73
2	省级重点生态功能区	12 个县	22556.70	12.8	359.72	8.59
合计		176168	100	4189.05	100	

注：1. 县指县（市、区、特区），镇指镇（乡）；2. 人口数为户籍人口。

5.2　生态引领推动发展

生态与发展不是简单的此消彼长关系，某些特定的产业类型一方面必须依赖于良好的生态环境，另一方面又能进一步优化生态环境，这些产业即为生态驱动型产业。以生态引领推动发展，一方面是要建立资源有偿使用和生态补偿制度，促进生态红利释放，另一方面则必须将生态优势作为除人力资源、资本、科技之外的另一项重要生产要素，优先发展生态驱动型产业，这样能够避免单纯依赖生态补偿机制，充分利用和开发贵州省良好的生态环境，是实现自身造血功能、推动生态文明建设的必经之路。

（1）积极推进生态文明建设，促进释放生态红利，共享绿色福利。十八届三中全会决定的六十项改革任务中，对生态文明建设的实施思路有明确的表述。加快建立资源有偿使用制度和生态补偿制度，体现出生态资源的重要价值。加快自然资源及其产品价格改革，全面反映市场供求、资源稀缺程度、生态环境损害成本和修复效益。坚持使用资源付费和谁污染环境、谁破坏生态谁付费原则，逐步将资源税扩展到占用各种自然生态空间。稳定和扩大退耕还林、退牧还草范围，有序实现耕地、河湖休养生息。建立有效调节工业用地和居住用地合理比价机制，提高工业用地价格。坚持谁受益、谁补偿原则，完善对重点生态功能区的生态补偿机制，推动地区间建立横向生态补偿制度。发展环保市场，推行节能量、碳排放权、排污权、水权交易制度，建立吸引社会资本投入生态环境保护的市场化机制，推行环境污染第三方治理。要全力贯彻执行十八届三中全会关于生态文明建设任务的指示、细化工作办法，最终使贵州省从根本上确立"生态即价值"的发展理念，建立贵州省资源有偿使用和生态补偿制度，真正将生态资源的价值体现在经济发展过程当中。

（2）以生态资源引领现代生态农业发展。生态农业是运用生态学原理和经济学原理，以现代科学技术成果和现代管理手段，吸取传统农业的有效经验发展起来的，能获得较高的经济效益、生态效益和社会效益的现代化农业[①]。以生态优势引领贵州现代生态农业发展，贵州省需要从如下环节着手：第一，创新农业发展理念。各级政府应切实把推进农业全面、协调、可持续发展作为工作重点，及时对全省生态农业发展进行长远规划，研究制定生态农业的发展政策措施，在政策措施上采取有利于生态农业发展的政策取向。要创新理念，改变贵州省农民传统的农业与粮食、土地等要素划等号的偏颇思维，树立农业资源有限的理念，鼓励农民因地制宜实现多元化的农业发展，认识到贵州省优良的生态环境是贵州农业发展的最大宝贵资源，并积极将这种生态资源转化为农业产品优势，力求农业经济效益与生态效益实现双赢。第二，积极推动农业经济转型升级。继续实行最严格的耕地保护制度、严守耕地保护红线，在确保基本农田总量不减少、用途不改变、质量不退化的前提下，积极利用生态优势，探索农业经济转型

---

① 黄建宏：《贵州生态农业发展研究》，《理论与当代》2008 年第 4 期。

升级之路。加快特色生物资源转化为农业经济效益的步伐，努力发展药材种植与加工、特种林业培植与加工等新型农产品开发，拓展种植业的产品附加值，贯通第一产业与第二产业协同发展。基于良好的环境和气候条件，积极发展生态农业观光、果蔬采摘、农村养生养老等旅游业态，实现第一产业与第三产业的融合发展。第三，加大农业科技投入力度，加快农业技术转化速度。围绕提高用水率、农业垃圾清理与回收、农村新型能源、循环农业技术等关键领域，提升贵州省农业科技化水平，以科技农业促进生态农业发展。

（3）以生态文明理念引领贵州工业可持续发展。贵州省实施工业强省战略，必须要以生态文明的理念引领工业经济的发展，既要加快新型工业化进程，不断推进贵州省工业转型升级，又要注重资源节约和环境保护，实现贵州新型工业化和生态相容、协调和可持续发展。要始终以实现新型工业化、绿色城镇化目标，努力走出一条科技含量高、经济效益好、资源消耗低、环境污染少、人力资源优势能够得到充分发挥的新型工业化之路。为此，要做到以下四点：第一，大力发展循环经济模式，提升工业废弃物的再回收与利用效率，以生态产业园为基本空间载体，加大工业企业空间聚集力度，使生态产业园区形成相对封闭、内部循环的现代工业生产体系；第二，大力施行节能减排，提升工业企业能源利用效率，进一步优化贵州省能源投入结构，大力发展风电、水电等新能源项目，降低企业 CO_2 等温室气体排放量；第三，依托优越的生态环境优势，进一步加快发展农产品深加工、生物资源提炼与加工等产业，拓展第一产业的价值链条，基于独特的地貌特征和气候条件，致力于发展对低温环境要求较高的云计算产业，一方面使其形成新的工业经济增长点，另一方面以大数据技术手段全面支撑现有工业体系的改进与提升；第四，充分发挥贵州省气候舒适期长的气候特征，将贵州打造为"宜居"的现代工业省区，以此加大对高科技人才的吸引力度，提升现有工业的知识密集度与技术含量。

（4）以生态文明理念引领贵州现代服务业发展。全力推进贵州省生态服务业的发展，重点打造绿色商业服务业、生态旅游业、现代物流业、绿色公共管理服务等部门。在充分合理开发、利用贵州生态环境资源基础上发展现代服务业体系，进一步降低城乡经济的资源和能源消耗强度，为循环经济正常运转提供纽带和保障。为此，要重点从如下四点进行突破：第一，以第一产业为基点，积极发展乡土旅游、农村休闲与养老养生等新型旅游业态，实现一、三次产业的互通；第二，加大宣传推广力度，树立贵州在全国的"国家公园省"形象，提升对旅游产业的重视力度，吸引西南乃至全国各地区游客赴黔观光、休闲、养老或安置第二居所，致力于将旅游产业培育成贵州省新的支柱产业；第三，以生态文明贵阳国际论坛为契机，进一步巩固贵州省在生态文明会展行业的主导地位，积极开拓会议、展览行业类型，将贵州省打造成西部会展服务大省；第四，加快占据绿色金融服务行业领先地位，加大绿色金融政策引导，健全绿色金融法律法规，积极吸收和借鉴国际先进经验，并有效引导绿色金融行业服务于贵州省的生态文明建设。

5.3　积极融入国家区域发展大格局

作为长江上游地区的重要资源供给地和生态屏障，贵州省应积极融入长江经济带发展格局。《国务院关于依托黄金水道推动长江经济带发展的指导意见》指出，长江经济带将全面推进新型城市化发展：提升长江三角洲城市群国际竞争力，培育发展长江中游城市群，促进渝蓉城市群一体化发展，推动黔中和滇中区域性城市群发展，优化沿江城镇化格局，科学引导沿江城市发展，强化城市群交通网络建设，创新城镇化发展体制机制。由此可见，贵州在长江经济带中占有重要地位，为此要做好以下工作。

5.3.1　加快建设长江上游生态安全屏障，努力将贵州建成长江经济带的生态文明建设先行区

1. 构筑生态安全战略格局

一是要大力建设生态工程项目。全面提升天然林资源保护工程、退耕还林工程、长江防护林体系建设工程、珠江防护林体系建设工程、植被恢复等造林项目、石漠化综合治理植被保护和建设工程等建设水平；二是要

加强森林经营管理。以低效林改造和中幼林抚育为重点，不断优化森林结构，提高森林质量；三是要加强自然保护区建设。重点开展省级和国家级自然保护区基础设施和能力建设；四是要加大湿地恢复和保护。加强对金沙冷水河、紫云翠河、道真大沙河、赫章雨帽山、赫章癞蛤宝大山、黔西沙坝河水库、黔西附廓水库、余庆飞龙湖、石阡鸳鸯湖、威宁草海等重要湿地系统的保护管理、科研监测、宣教等基础设施建设。

2. 加强科学与支撑技术研究

开展长江上游重要生态安全屏障保护和建设关键技术研究与示范。认真分析长江上游生态安全屏障区域类型及其功能定位，优先在"西部生态综合治理区、中部生态环境保护区、东部生态经济建设区"等关键区域，构建生态屏障功能监测与评价的指标体系，筛选关键指标因子并确定其变化阈值，做到及时掌握这些关键区域的生态安全屏障功能的变化过程。

3. 全面部署长江上游"生态屏障功能变化监测系统"建设

建成集监测、评价和预警为一体的长江上游生态安全屏障功能变化监测系统。重点加强各地的环境监测能力建设，建成符合标准化要求，形成覆盖全省的环境监测体系，向社会提供保障性的环境监测服务。努力在全省各县（区）建设"环境质量监控与预警平台"和"污染源自动监控平台"，在全省范围内建立适当数量的水质自动监测站。强化对水、土壤、大气、生物等过程的监测，根据不同的生态功能区情况，构建监测网络、增设野外观测台站等，全面开展长江上游各种生态系统类型的地面监测和遥感监测，以确保准确地获取森林、草地、湿地等生态系统的动态信息，构建长江上游生态监测数据库以及生态与环境信息综合分析查询系统。

4. 大力实施生态补偿政策

采取多种补偿形式，包括政策补偿、资金补偿、实物补偿和智力补偿等。对生态补偿尤其是在生态脆弱比较严重的民族地区，要加大资金投入，确保各民族在生态保护上获得经济上的补偿。同时要提供对生态系统服务的广大的乡村地区实施"以奖促治"的财政激励政策。着力建立建设项目、多元化投资的机制，培育生态建设产业和市场。

5.3.2　守住发展和生态两条底线、推进产业转型升级，把贵州建成长江经济带的能源、资源深加工基地和产业转移重要承接区①

1. 加快推进工业结构调整升级

强化优先保护环境的意识，按照传统产业生态化、特色产业规模化、新兴产业高端化的总体思路，全力推进"四个一体化"。结合贵州实践情况，加快推进"五大产业"发展，做大做强"五张名片"，大力培育发展战略性新兴产业，以千亿级园区和百亿级园区为核心，着力引导生产要素向产业基地和产业园区聚集，强化集成配套。要把生态环境目标和经济发展目标结合起来、统筹考虑、综合决策。在实施工业化、城镇化带动战略的同时，要从源头上解决对生态的危害问题。培养一套能被政府、企业和社会公众普遍接受生态文化价值观，引导产业发展方向。

2. 加快推进山地特色新型城镇化，发展以山地经济为特征的现代高效农业

一是要不断优化城镇空间布局。要加快建设贵阳市和贵安新区，推动贵安一体化发展。要重点抓好贵阳市以外的 8 个市（州）所在地城市建设，不断完善其功能，增强其对小城镇和县城的辐射带动作用。打造一批绿色小镇；二是要不断壮大茶叶、中药材、蔬菜等特色农产品基地规模，努力把贵州省打造成为长江经济带绿色优质农产品供应基地。

3. 加快发展以文化旅游为重点的现代服务业

加快建设"十大产业基地"和"十大文化产业园区"，把贵州省打造为全国最佳避暑度假基地、原生态民族文化体验基地和休闲养生基地。加快建设一批专业性和综合性的物流基地和物流园区，把贵州省打造成为长江上游重要的商贸物流中心。在民族地区建立文化产业为主导的生态示范区。

4. 积极参与区域产业分工与协作

全力打造承接发达地区产业转移的平台和载体，借鉴长江经济带相关

---

① 贵州省发展和改革委员会：《依托长江经济带推动贵州跨越发展》，《贵州日报》，2014 年 7 月 23 日。

省份的经验，积极推动区域产业合作的体制机制，促进资源要素合理有序流动，以及实现资源配置效率最大化。

5. 积极发展以大数据为重点的电子信息产业

积极推进互联网、广播电视网和电信网"三网融合"，推进物联网、云计算和大数据的研发运用，促进工业化、信息化与城镇化三者之间的深度融合，努力形成以贵阳和贵安新区为核心的大数据及关联产业聚集区。

5.3.3 健全生态文明建设体制机制，开创长江上游生态建设新格局

1. 建立省级生态文明综合决策和协调机制

成立贵州省生态文明委，由省政府领导直接分管，负责全省生态文明建设的统筹、指导、推进工作，各市州成立生态文明委（办公室），负责各地区生态文明的实施工作，形成纵向的工作机制和横向的跨部门协调机制，协调环境保护、国土资源、水利、林业、气象等部门有关生态文明建设的职能。

2. 建立和完善生态管理的法制化和制度化

严格执行自然资源资产确权制度，加强自然资源资产用途管理，按照生态产品有偿使用的原则，通过生态补偿和赔偿的方式，使其外部效应内部化。制定生态产品使用权交易制度，充分发挥市场化机制的作用。

3. 建立健全市场化机制

探索建立贵州省生态基金，将"两河一库"和赤水河基金等纳入专项基金，逐步建立政府、社会、企业多元化投入机制，探索商业银行根据赤道原则设立生态信贷业务，支持生态修复与开发工程贷款，引导民间资金、外来资金和金融信贷资金增加对生态文明建设领域的投入。

4. 建立完善领导干部生态绩效考核机制

按照不同区域主体功能定位实行差别化的评价考核制度，对限制开发区域和生态脆弱的地区取消地区生产总值的考核，增加生态文明相关指标权重，对各级领导干部实行自然资源资产和资源环境考核体制，建立生态环境破坏损害责任的终身追究制。

5.3.4 充分发挥传统知识在生态保护和建设中的价值，走传统与现代知识相结合的生态文明建设之路

1. 积极开展传统生态知识的调查、整理与编目

开展对传统生态知识的调查、整理与编目。加大对少数民族传统生态知识的调查研究，整合省内外专家学者对贵州各少数民族传统生态知识进行一次大调查，摸清底数，并研究制定传统生态知识推广利用等方面的方案，有效激活传统生态知识在当代生态文明建设中的功能，使传统生态知识能够弥补现代科技在生态文明建设中所存在的短板。在实施全省少数民族传统生态知识调查、普查的基础上，建立少数民族传统生态知识登记制度，记录整理传统生态知识的原产地区、知识持有者（社区）、惠益分享实践、传承与变迁等。

2. 鼓励并复兴传统生态知识的应用

合理利用少数民族传统生态知识来维护长江上游的生态安全。例如，合理利用侗族、布依族、苗族、水族等民族"议榔制"中有关保护森林、土地、山川河流等方面的内容，并且将这些知识纳入制度与法律建设中来。同时，在长江上游重要生态安全屏障建设中，充分发挥各民族特色的文化产业对生态维护的作用，在旅游产品、文化产品、民族工艺商品等方面进行合理开发利用。

3. 继承、发展和有效保护传统生态知识

将各民族传统生态知识纳入知识产权保护战略中来，建立利用传统生态知识、创新和实践所获得惠益的公平分享机制，并在适当范围内有效推广利用各少数民族的传统生态知识。要建立传统生态知识的数据库，以及时掌握传统生态知识发展和受威胁的动态趋势，对那些濒临消失的传统技术与做法，要激活其功能，积极利用，使其得以稳定地传承。

4. 环境影响评估中纳入传统生态知识

在长江上游环境评估中，应该充分考虑到各少数民族传统生态知识所产生的影响，各种项目开发，都应该将各传统知识持有者的意志考虑进去，政府与企业的意志不能完全代表或取代传统知识持有者的意志。

5. 加强少数民族传统生态知识的宣传与教育

要通过各种宣传手段，充分反映长江上游民族地区生态文化和生态文明的相关内容与建设成效，使生态文化概念深入人心，获得社会普遍认同并积极参与其中。

6 小结

针对贵州建设生态文明，实现可持续赶超的发展思路，既要充分肯定其前瞻性、全局性、战略性的重要意义，也要客观分析政策设计、执行与实施中面临的具体困难，制定科学合理、综合全面、可操作性强的配套措施，方能全面推动贵州"坚守两条底线，推动可持续赶超"重大发展战略的落地，在国家生态文明建设大潮中抢得先机。以生态引领推动可持续赶超，一是要积极推动发展理念变革。经济发展与环境保护并不对立的矛盾关系，反而是相辅相成、彼此依赖的共生关系。经济发展了，才能为环境保护提供物质支撑，在更高的层次上实现环境保护，建设生态文明。环境保护好了，经济发展才能有保障，贵州有特色、有优势的产业，才能得到更好的发展。二是坚持"底线"发展思维，守住"发展"和"生态"两条底线，实现经济发展与资源环境的协调发展。经济发展底线要实现"两个90%"目标，即到2020年，全省全面建设小康社会实现程度超过90%，同步小康创建达标的县（市、区）超过90%。使全省人民有更高的收入、居住与公共服务水平。生态发展底线要确保贵州生态功能不退化、资源环境不超载、排放总量不突破和环境准入不降低四条红线，到2020年全面完成生态文明先行示范区建设各项目标，使贵州省成为资源能源富集、生态环境脆弱、经济欠发达地区转型发展和绿色崛起的先进典范。三是积极推进制度创新。要把健全生态文明建设长效机制作为工作重点，推动生态文明建设与经济、政治、文化、社会建设高度融合，在生态文明建设绩效考核评价、自然资源资产产权管理和用途管制、自然资源资产领导干部离任审计、生态环境损害责任终身追究、资源有偿使用制度、生态补偿机制、生态文明国际交流合作等方面大胆实践、先行先试，深化改革创新，完善体制机制，探索可复制可推广的有效模式。四是积极融入国家区域发展大格局。贵州省作为长江、珠江上游的生态屏障，在生态建设方面理应受到重视，可借机探索生态补偿机制，为贵州发展输入新的血液。推进产业转型升级，积极参与区域产业分工与协作，把贵州建成长江经济带的能源、资源深加工基地和产业转移重要的承接空间。全力打造承接发达地区产业转移的平台和载体，借鉴长江经济带相关省份的经验，积极推动区域产业合作的体制机制，促进资源要素合理有序流动。

设计篇

绿色和谐创新发展

当前和未来的一段时期，是贵州省全面建成小康社会的决战时期，是全面深化改革、加快经济发展方式转变的关键时期，经济社会发展迈入新常态，生态环境管理面临重大转型，因此也是环境治理、生态发展的重要机遇期。贵州省贯彻落实党中央关于生态文明建设的总体部署，以战略思维、问题导向、统筹谋划其生态文明建设，生态引领全省转型升级、提质增效，可持续赶超，意义重大而深远。本篇主要是针对贵州省"十三五"时期的生态文明建设总体思路、主要目标、重点任务等进行研究设计。

1 贵州省生态文明建设的总体思路

1.1 指导思想

以党的十八大，十八届三中全会、四中全会和习近平总书记系列重要讲话精神为指导，根据国家《生态文明先行示范区试行方案》和《贵州省生态文明先行示范区实施方案》的要求，坚持以人为本、"五位一体"的协调发展，适应经济社会新常态，抢抓新一轮的发展机遇，改革创新驱动，以生态文明示范区建设和全面建成小康社会为目标，以资源有偿使用和生态补偿为抓手，充分发挥市场机制的作用，形成节约资源能源和保护生态环境的空间格局、产业结构、生产方式、生活方式，通过生态引领、质速兼取、后发赶超，提升经济发展质量、优化城乡生态环境、改善人民生活，走出一条具有贵州特色的生产发展、生活富裕、生态良好的绿色跨越式可持续赶超道路，并在此基础上，更好地发挥其生态文明先行示范区的作用效应，以点带面地全面推动我国的生态文明建设，建设美丽中国，实现可持续发展。

1.2　基本原则

1.2.1　坚持绿色发展、质速兼取

把生态文明建设放在突出地位，融入贵州经济建设、政治建设、文化建设、社会建设的各方面和全过程，用生态文明的理念和方法转变发展方式、提升发展质量、改善人民生活，推动贵州从工业文明迈向生态文明，促进工业化、信息化、城镇化、农业现代化同步发展，实现社会生产力的跨越发展和发展质量的全面提升。

1.2.2　坚持双轮驱动、三效统一

把握长江经济带建设开发和"一带一路"建设契机，以开放和创新为驱动力，形成转型发展的倒逼机制和强大动力，推动开放式创新与创新型开放相结合、体制机制创新与科技创新相结合、自主创新与引进创新相结合，形成以开放促改革、以改革促创新、以创新促发展的良好局面，将发展贵州经济、改善城乡居民生活和全面建成小康社会结合起来，努力实现环境效益、经济效益、社会效益的有机统一。

1.2.3　坚持因地制宜、分类指导

科学制定规划和政策，因地制宜，分类指导，按照主体功能区划，有针对性地深化水、气、土壤污染防治，突出重点区域、重点领域、重点任务，体现地域特色，加强绿地和水源生态屏障保护，严守两条底线，把保护和发挥生态资源优势与各区域经济发展结合起来，促进科学发展。

1.2.4　坚持依法防治、多元善治

以新修订的《环境保护法》实施为龙头，完善相关地方性法规规章，加强专项立法，用严格的法律制度保护生态环境。加强环境司法建设，加大环境信息公开，引导社会公众有序参与环境决策、环境治理和环境监督，多元善治，建成环境保护和治理的统一战线，为贵州省生态文明建设注入动力源泉。

1.3　发展思路

围绕"以人为本、生态优先，科技先导，标本兼治"的总体战略方针，结合贵州省当前自然生态环境特色与经济社会发展阶段，以经济结构优化调整和生产生活方式转变为核心，通过体制机制创新激发内生动力，生态建设和环境保护并举，脱贫致富和提高生态环境质量有机结合，绿色、循环、低碳、高质发展，生态富民，生态强省，形成生态文明建设的空间支撑体系、经济运行体系、资源循环利用和环境保护体系、生态文化体系以及体制机制保障体系，使贵州省在西部地区乃至全国文明建设中发挥积极引领作用。

具体来说：在国土空间开发格局上，严守资源消耗上限、环境质量底线、生态保护红线，细化贵州省主体功能区规划，形成功能定位明晰、产业布局合理、体现区位优势特色，与资源环境承载能力相适应的科学合理的战略格局。

在产业结构调整和发展上，对两高产业加大关停并转力度，按照环境友好型、生态友好型的要求，着力发展能够发挥生态环境优势的产业，积极发挥市场机制的作用，培育壮大电子信息、医药养生、新型建筑建材、现代山地高效农业、特色文化旅游业等新兴产业，以产业生态化推进产业结构有序转型升级，实现绿色引领、循环低碳发展、生态富民。

在生态系统和环境保护上，严格实施资源能源消耗总量控制，强化节地、节水、节能、节材和资源的综合利用，提高资源利用效率。进一步加大自然生态系统和环境保护力度，推进绿色城镇和美丽乡村建设，改善城

乡人居环境和发展环境，深化水、气、土壤污染防治，加强绿地和水源生态屏障保护，构建生态安全支撑体系。

在生态文化的培育上，通过宣传教育、经济刺激和政策引导等手段，积极培育崇尚自然、节约资源、保护环境的生态文化，全面提升全民生态文明素养，加强大力倡导绿色、健康、低碳的生产、生活方式，引导全社会参与生态文明建设，使生态伦理、环保责任深入人心，努力形成共建共享生态文明的良好氛围，为贵州省生态文明建设指引方向并注入动力。

在体制方面，理顺关系，加强贵州省各职能部门间的协调，打破条块分割，使政令目标一致，形成合力，转变工作作风，减少中间环节，简化工作流程，加强对生态文明建设的社会经济效益的评估，切实提高政府工作效率。

在机制建设上，完善相关地方性法规规章，加强专项立法，明确自然生态资源权属，划定生态红线，加强生态资源用途管制。充分发挥市场机制的作用，进行资源能源价格改革，深化排污权交易和进行碳交易试点。完善生态补偿机制与政策，明确生态补偿重点领域，平衡不同地区发展和环境权益，做好生态移民安置工作，扩大生态补偿的范围，丰富补偿的形式，编制自然资源资产负债表，建立体现生态文明要求的目标体系、考核办法、奖惩机制，为实现绿色赶超、永续发展提供强大制度保障。

2　贵州省生态文明建设的主要目标和实施路径

2.1　主要目标

2.1.1　总体目标

到 2018 年，贵州省生态文明建设取得显著成效，全社会生态文明观念牢固树立，全员参与生态文明建设，形成共建共享生态文明的良好氛围，经济结构持续优化，资源循环高效利用体系初步建立，生态环境质量明显改善，生态文化体系建设迈出坚实步伐，体制机制创新取得新的突破。

到 2020 年，贵州省生态文明综合水平与全面小康社会相适应，经济结构基本优化完成，资源循环高效利用体系广泛应用，生态环境质量全国领先，主体功能区布局基本形成，生产生活、生态空间协调合理，生态系统的稳定性增强，形成符合贵州省资源环境承载能力、生态特点和气候容量的保护生态环境和节约能源资源的空间格局、产业结构、生产方式以及生活方式，生态文化体系建设迈上新台阶，体制机制创新成为全国标杆，建设成一个生产发展、生活富裕、生态良好、社会和谐、人民幸福美好的贵州省。

2.1.2　相关指标

为了实现上述战略目标，贵州省"十三五"时期，在经济发展质量、资源能源节约利用、环境保护与生态建设、生态文化培育以及机制体制构建等方面需要达到以下目标。

- 经济发展质量方面

——人均 GDP 增长保持年均 10% 左右增速；通过技术升级、多元发展和创新，提高经济生产力，侧重发展高附加值和资源密集型行业；支持小微企业和中小企业成长，补充市场价值链和产业链，提升社会生产力，创造就业和创业机会，鼓励创新和发明；在消费和生产领域提高资源利用效率，参照联合国可持续性消费和生产计划十年框架协议，努力促使经济发展与环境污染脱钩；促进旅游业发展，创造就业机会，提升当地文化产品和旅游产品产量和质量。

——到 2020 年，随着结构调整的持续推进，三次产业增加值比例达到 15：43：42，战略性新兴产业增加值占 GDP 比重达到 30%。

- 资源能源节约利用方面

——超额完成国家下达的节能降耗、碳强度下降目标，能源利用效率显著提升，资源循环利用体系基本建立。

——提升可再生非石化能源占一次能源消费的比重至 21.76%。到 2020年，风电总装机容量达到 600 万千瓦，建设生物液体燃料能源林 60 万公顷，产量达 30 万吨，生物质能发电总装机容量达 30 万千瓦。

● 环境保护与生态建设方面

——维持贵州省连续 13 年实现森林覆盖率年均增长 1 个百分点的增长速度，在"十三五"期间，全省森林覆盖率提升 5 个百分点。林地保有量819.2 万公顷，森林覆盖率 52%，森林蓄积量不低于 4.71 亿立方米，单位面积森林蓄积量达到 72 立方米/公顷。到 2020 年，水土流失面积减少 10%。

提升对所有类型森林可持续管理的成效，停止砍伐森林、修复退化的林地，"十三五"时期，进一步增加造林和二次造林。

——在"禁止生态倒退"的前提下，按照 GB3838－2002《地表水环境质量标准》，保持全省水生态系统Ⅲ类标准的法定基础水质；中心采取水源地（红枫湖、百花湖、啊哈水库）和省内重点流域（赤水河）的地表水环境质量达到国家Ⅱ级水平。

水源保护区面积 66.38 万公顷。水功能区水质达标率达到 86.4%，用水总量控制在 134.39 亿立方米以内，县城以上集中式饮用水水源地水质达到 95% 以上。

——完成国家下达的化学需氧量、氨氮、二氧化硫、氮氧化合物等主要污染物减排目标任务，加强水污染、大气污染的防治，"十三五"时期确保贵州省空气质量指数（AQI）优良天数占比达到 85%，PM2.5 及 PM10 在"十二五"平均浓度的基础上下降 5%，环境空气质量显著改善。

——从源头上控制重金属污染，加强对废弃工矿企业含重金属废渣三废的回收利用。新建项目严格执行环境影响评价和"三同时"制度。"十三五"期间，治理污染土地工作 12000 亩。

——开展小流域水土流失综合治理，构建水土保持可持续发展机制，规范生产建设项目水土保持工作，实现水土保持方案审批率、验收率达到 100%。

——减少石漠化面积 126 万公顷，修复退化的耕地和土壤，包括受到石漠化和洪涝灾害影响的土地。大力实施石漠化综合治理工程，实施封山育林育草、人工造林、建设草地坡改梯等有效措施。根据联合国可持续发展新千年目标，到 2020 年，努力成为零土地退化的省份。

——在条件许可的区域加大湿地建设，到 2020 年使贵州省内湿地面积增加到 21.34 万公顷。通过打造国家公园省，增加自然保护区的面积，减少自然栖居地的退化，阻止生物多样性的流失，保护生存受到威胁的物种免于灭绝。

——提升碳汇林科技水平，提高森林特别是人工林的生产力和固碳能力，营造碳汇林。"十三五"时期，全省设立碳汇试点 2～3 个，引导多家企业参与，实现碳汇交易。

- 社会发展与生态文化方面

——发展高质可靠、环保达标，具有抗灾害功能的区域性的和跨区域的基础设施建设，为经济发展和人民生活水平提高提供物质保障；进行基础设施升级和工业的节能改造，提高资源利用效率，使用清洁能源，采用对环境零伤害的技术和工艺流程。

——提升科研水平，进行工业技术能力升级，鼓励创新，提高创意阶层人口占比 10%～20%，增加公共和私人部门的研发预算；支持本地技术发展、研究和创新，为工业多元化发展和商业附加值提高创造良好的政策环境；拓展信息通信技术的使用范围和可及性，普及互联网，降低上网成本，提高信息化程度。

——构建生态和谐社会。将贵州省人均预期寿命提升至 75 岁，社会和医疗保险拥有率达到 90%，城镇人均住房面积 20 平方米，成人识字率 85%，教育娱乐支出占比 15%，恩格尔系数和基尼系数分别降至 35% 和 0.3。

——生态文化体系基本建立，生态文明知识普及率达到 90%，党政干部参加生态文明建设培训的比例达到 100%。

- 机制体制建设方面

——创新机制体制，完善生态立法，完成生态红线划定，建立健全资源有偿使用制度和生态补偿制度。

——在贵州省 60% 的地区推行自然资源资产负债表的干部绩效考核。环境信息公开率 100%。资源节约和生态环保投入占财政支出比例达到 7%。

——解决跨省和跨区域的生态补偿问题，多渠道筹集资金，通过市场化手段推动激励机制的建立。

表 2-1　贵州省"十三五"时期生态文明建设的相关指标

指标分类	目标设计
经济发展质量	• 人均 GDP 保持年均 10% 左右增速。 • 通过技术升级、多元发展和创新，提高经济生产力。 • 支持小微企业和中小企业成长，补充市场价值链和产业链，提升社会生产力。 • 三次产业增加值比例达到 15∶43∶42，战略性新兴产业增加值占 GDP 比重达到 30%。
资源能源节约	• 超额完成国家下达的节能降耗、碳强度下降目标，能源利用效率显著提升，资源循环利用体系基本建立。 • 可再生非石化能源占一次能源消费的比重达 21.76%。风电总装机容量达到 600 万千瓦，建设生物液体燃料能源林达到 60 万公顷，产量达到 30 万吨，生物质能发电总装机容量达到 30 万千瓦。
环境保护与生态治理	• 全省森林覆盖率提升 5 个百分点。林地保有量达到 819.2 万公顷，森林覆盖率达到 52%，森林蓄积量不低于 4.71 亿立方米，单位面积森林蓄积量达到 72 立方米/公顷。到 2020 年，水土流失面积减少 10%。 • 水源保护区面积 66.38 万公顷。水功能区水质达标率达到 86.4%。用水总量控制在 134.39 亿立方米以内，县城以上集中式饮用水水源地水质达到 95% 以上。 • AQI 优良天数占比达到 85%，PM2.5 及 PM10 在"十二五"平均浓度的基础上下降 5%，环境空气质量显著改善。 • 从源头上控制重金属污染，治理污染土地工作 12000 亩。 • 减少石漠化面积 126 万公顷，大力实施生态综合治理工程，努力成为零土地退化的省份。 • 湿地面积增加到 21.34 万公顷。增加自然保护区的面积，减少自然栖居地的退化，阻止生物多样性的流失，保护生存受到威胁的物种免于灭绝。 • 提升碳汇林科技水平，全省设立碳汇试点 2~3 个，引导多家企业参与，实现碳汇交易。
社会发展与生态文化	• 进行基础设施升级，发展高质可靠、环保达标，具有抗灾害功能的区域性的和跨区域的基础设施建设。 • 提升科研水平，进行工业技术能力升级，鼓励创新，提高创意阶层人口占比 10%~20%，增加公共和私人部门的研发预算，研究与试验发展经费占 GDP 比重达到 3.5%。 • 构建生态和谐社会，人均预期寿命提升至 75 岁，社会和医疗保险拥有率达到 90%，城镇人均住房面积 20 平方米，成人识字率达到 85%，教育娱乐支出占比达到 15%，恩格尔系数和基尼系数分别降至 35% 和 0.3。 • 生态文化体系基本建立，生态文明知识普及率达到 90%，党政干部参加生态文明建设培训的比例达到 100%。

续表

指标分类	目标设计
机制体制建设	● 创新机制体制，完善生态立法，完成生态红线划定，建立健全资源有偿使用制度和生态补偿制度。 ● 在全省60%的地区推行自然资源资产负债表的干部绩效考核。环境信息公开率达到100%。资源节约和生态环保投入占财政支出比例达到7%。 ● 解决跨省和跨区域的生态补偿问题，多渠道筹集资金，通过市场化手段推动激励机制的建立。

2.2　路径选择

2.2.1　走保护与发展并重的生态文明建设道路

生态保护和开发发展是贵州省生态文明建设的主轴，要破解生态与发展相互协调的难题，单纯依靠生态治理、生态有偿使用和生态补偿机制是不够的，必须找到能够促进生态环境保护的良性发展模式，寓生态建设于资源开发之中，融资源开发于生态建设之内，增创生态环境新优势，提升资源环境的承载能力，走出一条资源节约、环境美好、产业开发与生态建设良性互动的新路子。

一个只有良好生态环境而没有发展起来的贵州无益于居民整体福利水平的提升，"十三五"时期，贵州省既要保护好原有的优质生态环境，又要在此基础上实现发展和跨越式赶超，走保护与发展并重的生态文明建设道路。

2.2.2　走借资源优势实现后发赶超的道路

贵州省蕴含着有待开发的特色优势资源和保存良好的自然环境与原生态文化，具有依托"青山绿水"发展富民产业，进而推进跨越发展的比较优势。

"十三五"时期，贵州省不能盲目以GDP为目标进行赶超，而是要立足贵州省自然生态资源的优势，爱护"绿"、懂得"绿"、用好"绿"，营造宜居宜业宜游的发展环境，向绿色要红利，让绿水青山带来金山银山，依据环境友好型、生态友好型的要求，着力发展能够发挥生态环境优势的产业，促进绿色城镇化和乡村生态化，加速发展、加快转型、推动跨越。

2.2.3　走科学技术引领生态文明建设的道路

生态文明建设离不开绿色科技的发展，通过实施科技创新工程，努力引领创新趋势，全面提升经济发展的质量、效益、竞争力，加快经济发展方式的转变和经济发展质量的提高；同时，通过科技创新支撑能源资源可持续利用，促进社会管理创新，支撑生态环境安全保障。

贵州省"十三五"期间，应进一步加大科技的投入和激励，加快重点技术创新、加大先进技术推广运用、加强信息平台建设，构建生态大数据，确保环保科学、生态科学和专门技术的有机结合以及在实践中的切实运用，走以科技进步引领生态文明建设之路。

2.2.4　走市场化推进生态文明建设的道路

扭转过去以政府"唱独角戏"的生态文明建设方式常态，建设生态文明，要注重发挥市场的作用，用市场化手段推进生态文明建设。长期以来，我们生态价值没有得到应有回报体现和重视的主要原因，是因为生态资产产权不明晰和存在价格扭曲，因此无法发挥市场的作用。

贵州省"十三五"期间，应通过生态资源资产的确权、资源性产品的价格改革、生态污染治理责任的明确、生态补偿机制的构建等市场体制的建设，使生态能和所有其他市场要素一样平等地参与资源配置，用市场化的手段推进生态文明建设。

2.2.5　走全民参与共建生态文明的道路

生态文明建设仅仅依靠政府单方面的努力还远远不够，需要全体公民的积极参与支持，全体公民应该是生态文明建设的主角。

"十三五"时期，贵州省要进一步加大生态文明宣传和生态教育的力度，培养公民的生态意识，确立绿色消费和绿色经营理念，并转化为保护生态环境的自觉行动，形成合理的消费方式，绿色经营以及低碳节俭、减少污染、有益健康的生活方式，促进公众参与生态文明的建设、评估及监督，走全民参与共建的生态文明道路。

2.2.6　走以制度法规保障生态文明建设的道路

建设生态文明需要建立完整的制度体系，生态保护、污染控制和资源可持续利用等方面的制度建设，需要将源头、过程和终端全覆盖，需要形成一整套法律、标准、政策以及监管、执行的制度体系。

贵州省"十三五"期间，需要进一步创新体制，通过健全自然资源资产产权制度和用途管制制度，建立畅销的生态补偿机制，完善评价考核体系和法律法规制度建设来为生态文明建设保驾护航。

3　贵州省生态文明建设的主要任务

3.1　优化国土空间开发，深化推进生态保护

结合《贵州省生态文明建设促进条例》等政策法规，加快优化国土空间开发格局，坚守生态红线，构建良好的生态空间。在加强生态保护与建设的基础上，维护生态平衡，保障生态安全，不断增强生态产品的生产、供给和服务能力。

3.1.1　突出优化生态空间

（1）构建生态安全格局。根据贵州省主体功能区规划和生态文明建设规划以及相关技术规范划定生态保护红线，加快实施主体功能区战略，落实并进一步细化主体功能区规划，厘清国家、省、市、县各自的责任，对重点开发、限制开发、禁止开发等明确不同的发展目标，设定并严守资源消耗上限、环境质量底线、生态保护红线，实行差别化的政策安排，构建可持续的空间发展格局，形成生态空间、生产空间、生活空间的合理布局。

空间红线：根据主体功能区划，进行不同类型功能区的红线划定，包括耕地红线。

可持续利用红线：包括森林采伐量（查林业部门资料）、水量等。

介质容量红线：废弃排放总量、碳排放总量、水质等。

（2）形成新型城镇化建设格局。优化城镇空间布局，严格保护城市及周边自然山水资源，形成"紧凑型城镇、开敞型区域"的城镇空间结构，引导人口、产业布局与资源环境承载能力相适应。开发和推广应用循环利用和治理污染的先进环保节能新技术，实施生态城建设示范工程。

（3）完善森林、湿地及生物多样性保育空间规划。一是，认真落实造

林绿化责任制，在生态脆弱和区位重要区域，优化林业生产力布局，促进森林生态功能发挥；二是，重视湿地生态系统的维护，完善湿地保护空间规划，加强沙地、石漠化等土地的综合治理。三是，完善生物多样性保育空间规划，加强保护示范区和监测网络建设，提升生物多样性保育水平。

3.1.2 加强生态保护与建设

（1）加强森林保护与建设。坚持生态优先，以森林资源保护、生态修复、林分质量提高、林地保护、城乡绿化建设为重点，以工程为载体，增加森林资源总量，提高森林资源质量，构筑以森林生态系统为主体的区域生态安全体系，建立具有生态经济特色的林业产业体系，营造绿色人居环境。如表3-1所示。

表3-1 森林生态系统保护与建设战略行动计划

战略空间	战略行动计划
毕节、贵阳市、遵义市、铜仁、六盘水市、安顺市、黔东南州、黔南州部分县，共67个县	1. 实施天然林资源保护工程 2. 推进公益林规划建设 3. 实施森林抚育工程 4. 森林质量提升工程 5. 城乡绿化美化工程，交通走廊绿色通道建设 6. 林业产业提升工程 7. 防护林体系建设工程 8. 林业生态文化建设工程

（2）加强湿地保护与恢复。落实《全国湿地保护工程规划（2002~2030）》《贵州省湿地保护与发展规划（2014~2030）》等有关要求，坚持"全面保护、重点突出、生态优先、合理利用、促进发展"原则，以保护湿地生态多样性和提高湿地生态服务功能为主要目标，着力开展湿地恢复工作。以保护与恢复工程为重点，加强对自然湿地的保护监管，通过湿地自然保护区、湿地公园等方面的建设，湿地污染控制及其生物多样性保护、湿地的恢复与治理等措施，恢复湿地的自然特性和生态功能，提高湿地的水源涵养能力，保护湿地功能和湿地生物多样性，实现湿地资源可持续利用。如表3-2所示。

表 3 - 2 湿地生态系统保护与建设战略行动计划

战略重点	行动计划
1. 把湿地保护管理工作纳入法治化的管理轨道。 2. 构建全省湿地保护体系,确保湿地保护所需的人、财、物,提高湿地保护率。 3. 提升湿地保护管理的科技支撑水平 4. 提高公众的湿地保护意识 5. 加强湿地生态系统保护,提升湿地功能。	1. 湿地保护工程 2. 湿地植被、动物与栖息地恢复工程 3. 湿地可持续利用示范工程 4. 湿地保护管理能力建设工程 5. 湿地生态保护补助工程

(3)加强水生态系统保护与恢复。立足于保护水生态系统的动态平衡和良性循环,加强水资源的科学规划、合理配置、高效利用、全面节约、有效保护,遏制局部地区水生态系统失衡趋势,推进水生态文明建设。例如,加快解决贵州工程性缺水问题,把农田水利作为农村基础设施建设的重点任务,从根本上增强抵御自然灾害的能力;大力发展民生水利,更好地服务和改善民生;把严格水资源管理作为加快转变经济发展方式的战略举措,使水利更好地服务于贵州"加速发展、加快转型、推动跨越"的主基调和实施"工业强省、城镇化带动"战略(见表 3 - 3)。

表 3 - 3 河湖管理及保护战略行动计划

战略空间	战略重点	行动计划
贵阳市 六盘水市 遵义市 安顺市 铜仁地区 黔西南州 毕节地区 黔东南州 黔南州	1. 水资源开发利用 2. 民生水利 3. 防洪抗旱减灾 4. 水资源节约保护 5. 水土保持与河湖生态修复 6. 水利行业能力建设	湖泊综合整治行动 河网水质提升行动 节水减排与控源截污行动 生态河道建设行动 清水涵养行动 防洪排泄达标行动 城乡供水安全升级行动 水域经济生态发展行动 现代水管理体系建设行动 水文化与水意识提升行动 河湖管理动态监控平台建设行动 建立占用水域补偿制度 水域岸线登记和确权划界行动

(4)加强石漠化治理与修复。结合《贵州省水利建设生态建设沙漠化治理综合规划》等政策文件,坚持"综合治理,经济与生态效益相结合,

因地制宜"的原则，采取生物和工程措施相结合，恢复和重建岩溶地区生态系统，控制水土流失，遏制石漠化扩展趋势。在生态修复重建基础上发展生产，培育经济林、中药材等生态经济型特色产业和岩溶地区生态旅游，增加当地农民收入，促进石漠化地区经济社会可持续发展。相关治理工程计划如表3-4所示。

表3-4　石漠化综合治理战略行动计划

战略空间	战略重点	行动计划
岩溶峡谷石漠化综合治理区岩溶断陷盆地中度（包括六盘水市钟山、六枝、水城，安顺市关岭和黔西南州晴隆、兴仁、贞丰，毕节地区的威宁、赫章等9个县）	重点开展以封山育林、人工造林种草为主的植被建设，提高植被覆盖率；加强水源工程建设和坡改梯；对陡坡耕地实施退耕还林还草制度，积极发展特色农林产业和草食畜牧业；加大水土资源保护和开发力度，提高水土资源综合利用能力；积极发展特色经果林、早熟蔬菜和种养结合的庭院经济；依托良好的景观资源。	林草植被保护与建设工程草地建设和草食畜牧业发展工程基本农田建设工程石漠化综合治理示范工程小流域水土流失综合治理工程易地扶贫搬迁工程
强度石漠化综合治理区（范围包括六盘水市的盘县和黔西南州的普安县）	在保护好现有林草植被的基础上，重点加强封山育林育草、人工造林和特色产业开发；积极营造生态林和薪炭林，发展人工种草和草地改良，提高植被覆盖度；加强水资源的开发利用，保障人畜饮水和生产用水；充分发挥区域光热资源优势，大力发展林果、中草药、草食畜牧业等产业，拓宽经济发展渠道。	
岩溶高原石漠化综合治理区［贵阳市全部、毕节地区东部、安顺市大部、黔东南州西部和黔南州北部等地的34个县（市、区）］	加强林草植被保护，重点保护和建设水源涵养林，开展封山育林育草、人工造林种草、退耕还林，提高植被覆盖度；实施坡改梯、改造中低产田、建设稳产高产基本农田，扩大耕地面积，提高土地生产力；积极发展草食畜牧业等特色农业，优化农业产业结构，推广高效现代农业模式。	
峰丛洼地石漠化综合治理区（包括黔西南州的兴义、安龙、册亨、望谟和黔南州的罗甸、平塘、独山、三都、荔波等9个县市）	重点发展人工造林、人工种草、草地改良、封山育林育草，保护和增加林草植被，提高植被覆盖度；加强基本农田设施建设，开发利用坡面径流、岩溶表层泉水资源，满足灌溉用水、人畜饮水需求；建设排涝沟渠，防治洪涝灾害；充分利用水资源，实施小水电代燃料工程，拓宽农村能源渠道；实施坡改梯，蓄水保土，增加耕地面积，提高土地利用率；适度开展生态移民。	

续表

战略空间	战略重点	行动计划
岩溶槽谷石漠化综合治理区［铜仁地区全部和遵义市桐梓、绥阳、正安、道真、务川、凤冈、湄潭、余庆、习水和黔东南州凯里、镇远、施秉、黄平、岑巩等24个县（市、区）］	加强水资源保护，合理调配水资源，保持水土，完善水利设施；调整农业产业结构，发展草食畜牧业和经果林，实施坡改梯，建设稳产高产基本农田，提高耕地生产力。	

（5）加强草地保护与治理。以保护草地生态安全为前提，以系统生物多样性的保持、植被结构功能的稳定、系统的可持续发展和系统服务功能的良性循环为目标，坚持草畜平衡原则，加快转变草地经济发展方式，运用生物治理方法，进一步加大草地生态保护和退化草原修复、治理力度，建设与恢复岩溶草地生态，防治草地石漠化和水土流失。建立长期、有效治理退化草地的技术体系，建立、健全技术推广与服务体系。加强牧草种质资源保护与合理开发利用，提高草地保有量。如表3-5所示。

表3-5 草地生态系统保护与建设战略行动计划

战略空间	战略重点	行动计划
毕节地区、黔西南州、遵义市、铜仁地区、安顺市、黔南州、六盘水市等地区的60多个县	1. 系统生物多样性保护 2. 植被结构功能稳定 3. 系统可持续发展	1. 高产优质人工草地规划建设工程 2. 退化草地治理工程 3. 推广岩溶地区草地治理试点经验，逐步扩大草地治理试点范围

（6）加强生物多样性保护。以实现保护和可持续利用生物多样性、公平合理分享利用生物多样性资源产生的惠益为目标，针对生态系统、生物物种和遗传种质资源3个层次，进一步加大生态系统、物种和基因多样性、景观保护力度，全面实现生物多样性的有效保护与可持续利用，构建人与自然和谐、美丽的生态省（见表3-6）。

表 3-6 生物多样性保护战略行动计划

战略重点	行动计划
1. 完善生物多样性保护与可持续利用的政策与法规体系 2. 开展生物多样性调查、评估与监测，建立生物多样性保护基础信息系统 3. 保护野生生物及其栖息地 4. 科学开展生物多样性迁地保护 5. 加强外来入侵物种和转基因生物安全管理 6. 加强生物多样性保护的科技支撑体系建设 7. 促进生物遗传资源及相关传统知识的合理利用与惠益共享 8. 建立生物多样性保护公众参与机制与伙伴关系	1. 地方法规建设工程 2. 省域生物多样性资源信息库及管控平台建设工程 3. 多层级（国家级、省级、地区级）自然保护区生物多样性保护示范工程 4. 重点物种及其栖息地保护工程 5. 生物物种资源迁地保护体系建设工程 6. 外来入侵物种监测、预警及应急系统建设与转基因技术研究工程 7. 畜禽遗传、作物种质资源保护与开发利用工程 8. 生态旅游示范项目建设工程 9. 自然保护区周边地区社区可持续发展示范工程 10. 生物多样性保护宣传和公众参与机制建设工程

（7）实施自然生态系统休养生息。强化农田生态系统休养生息，科学开展封山育林和退耕还林。

3.2 严控环境污染，持续改善环境质量

结合新修订的《环境保护法》《贵州省环境保护条例》等政策法规，严控主要污染物排放总量，深入实施大气、水、土壤污染防治，加强环境基础设施建设，加强监管，建立完善的风险防范体系。

3.2.1 综合治理大气污染

（1）加大机动车污染控制力度。加快提升燃油品质，大力推广使用清洁能源汽车，继续加强在用车检测及监督管理，不断扩大黄标车限行区域。

（2）加快工业烟粉尘治理。加快对钢铁、电力等烟尘治理设施的改造，加强水泥行业粉尘治理和监控，全面推进燃煤锅炉（炉窑）达标整治。

（3）深化挥发性有机物污染防治。加大对挥发性有机物污染的调查与治理，大力开展汽车、家具等涂料使用行业挥发性有机物污染防治，建立重点行业排放清单。

（4）加强城市扬尘污染控制。全面推行"绿色施工"，控制道路、交通等扬尘的污染。

（5）加强大气治理的区域联防联控。统筹区域环境容量资源，在加大空气污染治理力度的同时，深化与完善区域联防联控管理机制与手段，促进大气多污染物的协同控制，以及多污染源的综合治理。

3.2.2　全面提升水环境质量

（1）加大水污染治理。积极落实《贵州省水利建设"三大会战"实施方案》等政策文件，加大水污染治理力度，提升水环境质量。

（2）持续改善流域水质。坚持铁腕治污，突出应急防控与长效治理并举、控源截污与生态修复并重，确保饮用水安全，实现流域水质持续改善，生态持续恢复。

（3）全面推进流域水污染的联防联控。以控制氮、磷为重点，加强跨省界河流的达标治理工作。建立流域上下游水域的联动工作机制，加强沟通和监控，有效防范突发性水污染事件。

3.2.3　积极防治土壤污染

（1）加强土壤环境监管力度。继续开展重点地区土壤污染状况加密调查，加强土壤环境监管能力建设，完善土壤环境风险控制机制。

（2）严格控制新增土壤污染。严格执行国家规划环评和项目环评的有关政策，加强土壤环境影响的评估和监督，防止调整或新增产业布局中项目发展所带来的新的土壤污染问题。

（3）加强土壤、重金属和固体废物污染的综合治理。重点加强对重污染工矿企业、重金属污染防治重点区域等土壤修复工作，加快高风险污染场地的修复工作。

3.2.4　加快环境基础设施建设

（1）完善污水处理系统建设。重点开展城镇污水处理设施建设，大力推进农村生活污水处理设施和收集管网建设。

（2）提高生活垃圾处理水平。完善城乡生活垃圾收转运系统，加快城乡生活垃圾的无害化处理设施建设和改造，推进餐厨废弃物资源化利用和无害化处理。

（3）重视危险废物安全处置设施建设。加强对积极推进危险废物集中填埋和焚烧处置等设施的建设，加强医疗废弃物处置等设施建设。

3.2.5 完善监管和风险防范体系

（1）完善防灾减灾体系。建立健全自然灾害的防御体系，加强事前预警、事中救援和事后恢复的灾害处理能力建设；加强防灾减灾的宣传教育，增强公众抗灾意识及自救能力建设；创新发展灾害保险，构建社会救助体系。

（2）加强环境风险预警与管控。加强环境风险管理，对工业点源、农业面源、交通移动源等全部污染源排放的所有污染物，以及大气、土壤、地表水、地下水等所有纳污介质，都要加强监管；完善污染物排放许可制度，实行企事业单位污染物排放总量控制，推进排污权交易制度，推行环境污染第三方治理等。

（3）加大重金属污染风险防范力度。加强重金属行业的环境监管，在重金属重点防控区开展专项整治，修复重金属污染场地，促进土壤恢复和环境改善。

（4）认真落实危险废物与化学品全过程管理。加强危险废物产生和经营单位规范化管理，严格实施危险废物全过程管理，监控重点单位。

3.3 发挥生态优势，大力发展绿色经济

牢固树立"保护环境就是保护生产力，改善环境就是发展生产力"理念，深刻认知并积极落实"经济社会发展与环境保护相协调"理念，在经济发展与环境冲突时实施环境优先。优化调整产业结构，加强能源资源节约集约利用，推进节能减排，发挥生态资源优势，以生态为支点，大力发展循环经济、绿色经济，提升生态文化产业竞争力。要紧紧围绕"建设生产发展、生活富裕、生态良好、社会和谐、人民幸福美好的贵州省"这一总体目标，调整产业结构、转变发展方式。

3.3.1 优化产业结构和布局

（1）调整产业结构。加快发展现代服务业，绿色低碳产业，节能环保产业，推进工业转型升级，提升生态农业水平，在产业生态系统构建产业

生态化与产业结构优化和产业集群良性互动过程中充分发挥战略性新兴产业的带动作用。为生态文明建设提供产业支撑和物质基础。结合贵州省得天独厚的自然资源和生态环境，建议优先发展生态驱动型产业，这不仅能够保护生态环境，建设生态贵州，为建设美丽中国和生态文明做出独特贡献，更是贵州省产业结构转型升级、提升产业竞争力、增强自身造血功能、避免单纯依赖生态补偿机制、全面推动生态经济协调发展的必经之路。

- **改造提升传统产业**

一是基于新兴技术和循环经济理念，推动传统产业生态化。例如，设立负面清单制度，限制高污染、高耗能等产业进入，淘汰落后产能，优化能源结构，推进煤电磷、煤电铝、煤电钢、煤电化等资源深加工产业一体化等。

二是加大传统工业污染的监测和治理力度。加强重点工业企业污染治理、面源污染治理和移动源污染防治，大力解决燃煤烟尘、工业粉尘和建筑扬尘；加强从源头上控制新的污染和隐患，加快推进工业废水、废气、废渣整治，提升固体废弃物的综合利用程度；构建现代电网，推广洁净燃煤技术。

三是结合技术创新及信息化融合，对酒、烟、茶、药等特色优势轻工业产业进行技改，创建品牌工程。

- **积极培育高端新兴产业**

一是实施创新驱动战略，重点培育节能环保、新信息技术、新材料、新能源、高端制造等战略性新兴产业（例如，以大数据为引领的电子信息产业，以大健康为目标的医药养生产业，以节能环保低碳为主导的新型建筑建材业等），实施一批引领性项目，做到抢占先机、后发先行。

二是加大风电、物联网、云计算等技术研发和应用推广，引导战略性新兴产业与现有产业融合发展。

三是推广生态工业园区这一新型的工业组织方式，根据工业生态学和循环经济理论，加强园区内部企业在生产、销售、消费等方面的联系，着力建设生态链和生态网，最大限度地提高资源的利用率、多层次利用废弃物、减少环境污染和生态破坏。

● **加快现代农业发展和生态化**

一是传统农业生态发展。充分发挥农业生态系统的整体功能，采用先进农业生产技术，实施清洁化生产模式，构建循环农业园区网，调整和优化农业结构，提高农业综合生产能力，打造现代化的生态农业。

二是特色生态农业产业化经营。根据比较优势的原则，遵循山地经济规律，大力发展石斛、竹木、特色果品等山地高效特色生态农业，并进一步拓展产业链，大力发展其深加工、物流和销售，通过物质循环和能量多层次综合利用和系统化深加工，实现特色农产品的深度价值挖掘和废弃物资源化利用，提高农民收入水平及维护生态环境。

● **推进服务业发展和生态化**

一是逐步提高服务业发展比重，依托贵州丰富的生物资源和气候资源，推动贵州休闲农业与乡村旅游业的快速发展，促进农业和旅游业的一体化，传统第一、第二产业向服务业的升级。

二是针对有环境强胁迫性的服务行业，依靠清洁技术创新、环境管理和制度创新，通过节能、降耗、减污、增效和企业形象建设，建立生态服务产业的生产、消费、还原等过程的产业生态链。

三是大力发展生态文化产业、信息文化产业、会展经济等。根据贵州省独特的自然与人文资源，打造国家公园省，着力推动休闲、养生、养老、会展等产业发展，分挖掘生态文化培训、咨询、网络、传媒等信息文化产业，打造森林氧吧、森林游憩和生态农业体验等特色品牌，改变传统的以观光旅游为主的旅游产业格局，既能够缓解观光游客给景区带来的过载问题，又利于对生态环境和重点景区的保护，同时加大贵州的生态名片效应。

（2）优化产业布局。根据主体功能区规划和资源环境承载能力，积极引导区域间产业转移和产业协作，实施协同发展、错位发展、联动发展。由于历史原因，贵州省工业化走了一条重型工业化道路，轻工业在工业中所占比重过低，近几年园区建设加速，但"散、小"和低水平重复建设，成为很多园区发展的一个普遍现象和主要问题。

"十三五"期间，贵州省一是要重视发掘各自地区经济特色，加强产业的空间布局规划，突出地域、资源优势，形成自己的竞争优势。二是，要打破在自家一亩三分地里闭门建设的思维，加强区域协调，优势互补，避免内耗。三是，对于新开工项目要加强生态资产评估，要从更大的空间和时间尺度进行环境评价，对于不满足工业园区落户标准的工业企业，坚决不予进驻。

（3）严格落实产业政策与节能环境标准。根据国家、省市产业政策，严控高耗能、高污染项目，实施行业产能总量控制、能耗等量替代和污染物排放总量控制等。制定或修订化工、造纸等重点行业污染物排放地方标准，形成功能定位明晰、产业布局合理、体现区位优势特色，与资源环境承载能力相适应的国土空间格局。

（4）按照国家规定逐步淘汰落后产能。结合省情编制实施严于国家要求的贵州省产业结构调整指导目录，严格控制高耗能、高排放项目，加强环境准入与产业政策的高效配合，逐步淘汰落后生产技术及材料，鼓励企业技改，在承接发达地区产业转移时，设置合理门槛，实行"负面清单制度"。

（5）建设生态文明试验区。结合《贵州省生态文明先行示范区建设实施方案》，以改进消费模式为着力点，以见行见效为抓手，加快推进生态文明试验区建设。

3.3.2 推行循环清洁生产方式

（1）按照减量化、再利用、资源化的要求，逐步构建覆盖全社会的资源循环利用体系、再生资源回收体系。大力发展循环经济，促进资源的集约利用，提高资源的使用效率。

（2）发展绿色低碳经济。积极建设低碳城市、低碳园区、低碳企业、低碳社区、低碳港口，积极发展碳资产、碳基金等新兴业务，强化碳汇能力建设。

（3）深化工业园区生态化循环化改造。提高各类工业园区环境基础设施建设水平，加快园区生态循环化改造，推动园区以环境优化促进经济增长。

（4）强化工业污染防治与清洁生产。继续深化工业污染防治，建立健全企业自愿和政府支持相结合的清洁生产机制。

3.3.3　深化推进节能减排工作

（1）进一步推进节能减排和资源产品价格改革。节能减排是生态文明建设的重要抓手，"十三五"期间贵州省要进一步推动工业、建筑业、交通运输、公共机构等重点领域和重点单位的节能减排，加快能源等自然资源及其产品价格改革，全面反映市场供求、资源稀缺程度、生态环境损害成本和修复效益。

（2）探索和建立能源消耗强度与能源消费总量"双控"制度。实行能源消费总量和能耗强度"双控"考核，强化节能评估审查，对能源消费增量超出控制目标的地区新上高耗能项目，实行能耗等量或减量置换。

（3）优化能源消费结构。严格控制煤炭消费总量，结合贵州省新能源的资源优势，推广使用风能、太阳能、生物质能等绿色能源，降低化石能源使用比例，优化能源使用结构。

（4）加大节能改造项目的建设和全面实施污染物减排工程。继续推行余热发电、余热利用，建立全省节能量和碳排放总量控制及其分解机制。深入推进城镇污水处理设施建设，加强重点工业行业水污染控制，不断加大畜禽养殖污染防治力度，大力削减大气污染物排放量。

（5）建立碳汇试点。建立和完善相关交易平台，开展碳市场建设的试点。

3.4　发展生态科技，全面提升创新能力

结合《中共贵州省委、贵州省人民政府关于加强科技创新促进经济社会更好更快发展的决定》等政策法规，积极创新污染控制和预防技术、源头削减技术、废物最少化技术、循环再生技术、生态工艺、绿色产品、净化技术等绿色技术，建立与生态环境系统相协调的绿色、低碳技术系统，促进经济绿色转型。

3.4.1 推动绿色科技创新

（1）提高绿色科技创新能力。针对贵州省人才队伍面临的问题及挑战，有针对性地加强人才队伍建设，提升科技创新能力。

（2）加强绿色科技创新研究平台建设。围绕新能源、环境保护与资源综合利用等绿色低碳技术领域，建设一批绿色科技创新平台。

（3）加强基础研究与前沿技术研究。根据生态文明建设的重大战略需求，设立相关研究课题，充分发挥高校和科研机构原始创新作用，加强基础研究和前沿技术探讨。

（4）推进重点领域关键技术突破。在跟踪国际新技术新进展的基础上，针对循环经济、节能减排、污染防治等重点领域，加大对生态文明建设重点领域技术攻关的支持力度，集聚优势科研力量，推进关键领域和核心技术的创新。

3.4.2 加强绿色科技成果扩散

（1）加强绿色科技成果转化载体建设。建立科技成果的绿色评价体系，加快多层次、多渠道、多元化的科技与市场对接平台和技术交易市场建设，促进绿色技术在重点领域的应用。

（2）建立和完善产学研结合体系。加强高校、科研机构以及企业之间的协作，打造一批具有产业技术研发、专业技术服务、创新能力建设等产业集聚功能的产学研联合创新载体。

（3）建立和发布先进技术推广目录和汇编，将先进适用技术推广应用纳入生态建设模范县（市）的创建考核内容，根据推广成效省相关部门进行表彰和奖励。

3.4.3 完善信息平台支撑建设

在部门户网站开设先进技术信息共享平台，各行业协会、高等院校、科研单位，同时还有部分生态治理的企业广泛参与，建立联络员制度，及时发布行业先进技术信息，打破技术分散和封闭的状态。

依托中关村技术和人才支撑，构建生态大数据，先建设整个贵州省的生态数据平台，再逐步推行到全国，构建全国性的生态大数据，促进大数据在生态文明建设中的应用。

3.5　引导绿色消费，深入推行低碳生活

结合贵州省建设生态文明的相关政策法规，积极倡导和深入推行绿色低碳生活方式，以及消费模式，构建生态社会。

3.5.1　引导绿色生活方式

（1）形成绿色生活习惯。引导公众改变不符合生态文明要求的生活习惯，牢固树立人与自然和谐理念，积极倡导节约简朴、保护自然的绿色生活理念。并通过运用价格或税费等杠杆，引导、激励居民绿色生活习惯，拉动节能、低碳、环保的绿色产品消费。

（2）倡导绿色居住。推广绿色建筑、绿色建材以及可再生能源在建设中的使用，促进低碳社区建设。

（3）推行绿色出行。落实公交优先战略，建设城市公共交通、自行车、步行相互补充城市交通模式。

3.5.2　培养低碳消费模式

（1）逐步推广绿色产品。综合运用财税、市场和法律手段，激发各类企业生产绿色产品，以及消费者使用绿色产品的动力，不断提高绿色产品生产与消费比例。

（2）积极推行绿色采购。认真落实《节能产品政府采购实施意见》和《关于环境标志产品政府采购实施的意见》，提升绿色采购在政府采购中的比重，并引导公众优先采购绿色标识产品。

（3）全面推进绿色办公。全面营造绿色办公环境，推行绿色办公方式。

3.5.3　提高健康生活保障

（1）保障公众饮水安全。深入开展集中式饮用水源地达标建设，提高区域供水覆盖率。

（2）保障公众食品安全。改革完善食品安全监管体制，加强食用农产品标准化基地建设，完善食品安全风险监测和检验检测体系，建立完善食品安全溯源体系，依法从严从重打击各类食品安全违法犯罪活动，推进食

品行业诚信体系建设，建立健全食品安全责任追究制。

（3）建立环境与健康监测预警体系。完善环境与健康风险评估体系和公害病监测预警体系，逐步建立环境健康损害医疗救济制度。

3.6 均衡资源配置，提高公共服务能力

改变贵州省社会资源高度集中在贵阳和一些核心城区的布局，结合新型城镇化建设，促进资源的均衡配置，既可以避免由于社会公共资源的高度垄断集中所带来的城市问题和生态矛盾，又可以解决贫穷偏远山区公共服务资源匮缺的难题。

3.6.1 构建资源共享和均衡配置机制

联合"十三五"规划，构建贵州省各市州及城乡之间多种教育、医疗等资源灵活共享和均衡配置的机制。

对于教育资源，可以创新办学模式和办学体制，采取开办分校、整体搬迁、联合培养、校企合作、专业化集团办学等多种方式，促进贵州省各市州及城乡优质高等教育资源合理流动和协调发展。开发有利于学生、教师、研究人员在贵州省各市州区域内流动的跨校选修与学分认可转换制度，服务贵州省各市州教育发展与从业人员的终身学习需要，实现贵州省不同地区间产教融合，高等教育与职业教育机会平等，城乡教育一体化发展新格局。

对于医疗资源，可由政府与医院联手用政策引导、激励的方式，鼓励贵阳的三甲医院到偏远的市州去开分院。同时，通过优惠政策支持在贵州省的一些贫穷和偏远地区，重新组建新的独立医院，吸收社会资本，促进社会资本办医，打破大型公立医院的垄断地位，促进医院产业间的良性竞争和发展。

另外，可通过将一些交通枢纽站的建设分流到贫穷地区，促进交通、会展等其他资源的均衡配置。社会资源均衡配置了，人流也就得到了分流，生态环境也就得到主动适应性的保护。

3.6.2　完善生态等相关基础设施

贵州作为一个山区省份和富水地区，必须坚持把以交通和水利为重点的基础设施建设作为生态文明建设的重要内容、作为事关全局的重大战略任务，高起点、高标准、高质量地建设适应经济社会发展需要、促进人与自然和谐的交通运输网络和水利设施，从而打破交通、水利等对生态文明建设的瓶颈制约，以及建立和完善一些其他环境保护和环境治理的基础设施，营造一个良好的生态文明建设环境。

对于一些贫穷和偏远地区，长期以来，基础设施建设落后，公共服务能力较弱，因此贵州省要加大财政支持力度，同时积极探讨多种融资模式，广泛吸纳社会资本，加强生态基础设施建设，提高公共服务能力，确保经济发展和生态建设的有力支撑。

3.7　弘扬生态文化，切实促进文明共建

结合每年6月举办的"贵州省生态文明宣传月"，以及世界地球日、环境日、湿地日、低碳日、节水日、全国节能宣传周等相关主题宣传活动，广泛宣传生态文化，提高公众对生态文化的认知，积极主动加入生态文明建设。

3.7.1　更加深刻地认识生态与发展的相互关系

（1）生态与发展在某种程度上彼此有一定的制约。生态与发展的关系不是简单的此消彼长的关系。生态环境的保护、资源的限制性开发必然会限定区域开发，从而造成区域发展滞后，其他区域和主体在享受这一生态外部性并实现经济价值的同时，理应对贵州省通过转移支付等形式给予生态补偿。

（2）生态与发展可以通过合理选择彼此促进。生态环境的保护与某些特定发展模式可以是相互兼容的，有些甚至是相互促进的，贵州省要破解生态与发展相互协调的难题，单纯依靠生态有偿使用和生态补偿机制是不够的，必须找到能够促进生态环境保护的发展模式。对于环境负外部性较大的产业类型，其一是要借助科技进步的力量，降低资源消耗强度和污染

物排放量，其二是要采用循环经济发展模式，推动生产过程的低消耗、低排放、高效率，将环境负外部性较大的产业向资源节约型和环境友好型产业转变。而对于环境负外部性小甚至能够推动生态环境优化的产业类型，如特色生态农业、民族文化旅游、生态旅游、新型生态工业等生态驱动型产业，要优先和鼓励发展。这些产业类型的开发不仅依赖于良好的生态环境，也能够促进生态环境的保护，同时也是贵州省在保护生态环境的前提下，实现自身造血功能与可持续发展的必然选择。

3.7.2 建立有限使用和有偿使用的生态价值观

（1）生态价值观的确立。要以生态的经济价值或消费性价值为基础，将生态本质上视为一种资本，生态资本具有资本的一般属性，即稀缺性、有用性和价值性，这三种属性决定了生态资本同劳动力和投资一样，是一种经济资源，其使用具有有限性、有偿性。这要求贵州省在做重大规划、城镇化布局、项目选址中，一定要考虑资源利用效率是否最高、环境影响是否最小、生态是否得到有效保护，严守生态保护红线，将各种活动限制在资源环境承载能力之内，以最小的资源环境代价取得最大的发展成效，并将资源消耗、环境损害、生态效益纳入贵州省经济社会发展评价体系。

（2）资源有偿使用。贵州省具有水体、植被等良好的生态环境和煤炭、水能等多种自然资源，作为生态涵养地、能源供给地，贵州省让周边省区乃至全国的个人、企业、政府等主体从中受益，但自身却做出了发展上的牺牲，从而需要受益的企业、个人和区域给予应有的生态补偿，建立和执行生态补偿机制，促进生态资源的有偿使用。

3.7.3 培育贵州特色生态文化

（1）丰富生态文化内涵。紧密联系贵州生态文明建设的实践，丰富内涵，提升层次，与时俱进，开拓创新，形成具有时代特征、贵州特色的生态文化体系。

（2）培育生态文化新载体。抢救性发掘和保护一批具有生态内涵的历史文化遗存；加强非物质文化遗产保护传承和开发利用，扶持建设一批非物质文化遗产保护示范基地和传承展示馆；在生态文化遗产丰富、保持较完整的区域，划定、建设并申报一批国家级生态文化保护区；以及建设一批以绿色企业、绿色社区、生态村为主体的生态文化宣传教育基地。

3.7.4 强化生态文明宣传教育

（1）全面推进生态文明教育。从生态文明学院教育体系、企业教育体系、生态社区教育体系等方面构建生态文明教育体系。全面推进大中小学小学生生态文明教育。开展"绿色企业"创建活动，从企业生态文化建构，企业的生态化设计与建设，企业的清洁生产、企业生态文化教育和培训制度等方面构建企业的生态文明教育体系。制定社会生态教育网络和制度，以社区生态文化为指导，强调社区公众参与。

（2）深入开展生态文明宣传。开展大众宣传活动，以广覆盖、慢渗透的方式逐步提高公众生态道德素养。建立多元化的生态文明宣传渠道，除传统的设立宣传日、宣传周、举办生态论坛外，还应积极创新生态宣教手段，借助移动互联技术，采用线上线下相结合的宣传方式，持续开展资源短缺、环境脆弱的省情宣传和深度教育，强化全省人民的生态意识。

（3）打造生态文明宣传教育品牌。围绕生态文明建设的目标任务，打造一批具有贵州特色的生态文明宣传教育品牌。将生态驱动型产业的发展与贵州省"生态立省"、"国家公园省"等品牌建设相捆绑，提升贵州省生态环境保护的整体形象。

3.7.5 推进生态文明共建工作

（1）深入推进公众参与。支持各类组织开展生态文明公益活动，鼓励、引导环保志愿者扎实有效推进环境保护和生态公益活动。建立政府部门与公众、企业有效沟通的协调机制，切实保障公众环境知情权、参与权和监督权。

（2）积极开展各行业生态文明创建活动。通过"抓示范、抓典型、抓机制"，在推进绿色社区创建工作的同时，进一步开展绿色宾馆、绿色商厦、绿色医院、绿色工厂等创建工作。

（3）全面提升区域生态文明建设水平。加大生态市（县）、环保模范城市的创建力度，推进生态文明和生态文化教育示范基地建设。

3.8　深化制度改革，创新完善机制体制

3.8.1　构建综合管理高效机构

生态文明建设首先需要理顺机构设置，打破部门的利益藩篱和条块分割，设立生态文明建设综合管理机构，统筹贵州省生态文明建设。因此，"十三五"时期贵州省首先应理顺已有相关机构的责权，加强专门领导机构建设，建立科学的决策和责任制度，包括综合评价、目标体系、考核办法、奖惩机制、空间规划、管理体制等，加快职能转变，深化简政放权，提高服务水平，创新行政管理方式，提高政府生态环境治理的水平和能力。

（1）建立省级生态文明综合决策和协调机制。成立贵州省生态文明领导建设小组，设立在省委政府，负责全省生态文明建设的统筹、指导、推进工作，各州、省市成立生态文明委（办公室），负责各地区生态文明的实施工作，形成纵向的工作机制和横向的跨部门协调机制，协调环境保护、水利、国土资源、林业、气象等部门有关生态文明建设的职能。在此基础上明确机构组织结构和职责，梳理各部门涉及生态文明建设的职能，制定生态文明委（办公室）的组织结构和职责分工，主要包括生态文明建设的规划、统筹、项目审批和考核监督等，同时负责跨部门协调和综合指导。

（2）加强州（市、县）环保机构建设。贵州省生态文明建设的要求和实际情况赋予了环保机构新的职责和新的任务，建议在省内生态文明示范区"一州八县"的环境保护部门的内设机构进行整合，突出环境保护的公共服务职能，增强环保机构人员配备力量，进一步强化环保执法和监督力量，发挥其环境监管作用，为生态文明建设提供坚实的保障。

（3）提高生态管理治理的水平和能力。建立和完善生态管理的法制化和制度化，以法律和制度保障生态文明建设的管理和运行。严格执行自然资源资产确权制度，加强自然资源资产用途管理，按照生态产品有偿使用的原则，通过生态补偿和赔偿的方式，使其外部效应内部化。同时，制定生态产品使用权交易制度，充分发挥市场化机制的作用。

同时，生态文明建设应倡导多元善治，不仅要依靠政府，同样要依靠

企业、个人、NGO 和学界精英共同努力。在某些阶段，政府可以起"主导作用"，但应该重点在制定规则和标准，并充分听取各界意见，而不能包办一切。企业也要履行它的社会责任，比如污水达标排放等。个人更需积极参与，从而形成全社会参与生态文明建设的良好氛围。在建设生态文明村、生态示范区、生态示范镇时，政府行为一定要符合生态文明和可持续发展的理念，发挥多元善治的作用。

3.8.2 健全自然资源资产产权制度和用途管制制度

"十三五"期间，贵州省应进一步完善水流、森林、山岭、草原、湿地等自然资产的确权，明确中央和地方对于自然资源资产的权责利，并深入研究和分析这些生态产品价值的测算方法和效用水平，建立能够反映贵州省经济发展和人民生产、生活需求的价值体系。

在毕节、荔波两个编制自然资源资产负债表的地区开展试点，逐步扩大试点范围，建立贵州省自然资源资产评估体系，并以适当的形式对社会发布，增强人们对自然资源公共物品提供生态产品和生态服务的认识，推进生态资产市场交易平台的构建。

3.8.3 完善生态产品的定价与建立自然资源资产评估体系

全面实施生态产品有偿使用制度，推动生态产品价格改革，建立符合市场导向、体现生态效益和生态附加值的价格形成机制。探索贵州省"西水东调"、"西电东送"、"西煤东用"的水资源和煤矿资源的定价改革，充分考虑贵州省为其他区域提供能源的直接成本和机会成本，反映生态产品的真实价值。

全面实施水流、森林、山岭、草原、荒地、湿地等自然生态空间统一确权登记，组建自然资源资产产权管理机构，建立自然资源资产所有权人和自然资源管理者权责明确、监督有效的机制。根据不同功能区自然资源开采和利用，科学划定生态红线和保护边界，按照自然资源数量、质量及等级，实施资源使用阶梯化和效用最大化。

3.8.4 推动建立长效的生态补偿机制

（1）计量生态补偿成本。生态补偿的总成本包括直接成本和机会成本。

首先，以地区财政数据为支撑，测算用以开展生态保护和建设而直接投入的人力、物力、财力等直接成本。例如，量化测算西电东送中贵州省为治理和修复发电造成污染的投入，以及西水东调用以压咸补淡所调动的水资源的资本价值和实施成本。其次，通过选取与被补偿区自然条件、社会经济发展状况相当，但未收生态保护和建设影响地区作为参照对象，比较并估算机会成本，即为保护生态环境所放弃的经济收入和丧失的发展权。贵州作为两江上游重要生态屏障，同时又属于桂滇黔喀斯特地貌生态脆弱区，为保护环境、涵养水源，执行更严格的环保标准而限制了本地工业企业发展，对于所导致的发展机会损失和水源涵养区进行生态建设而造成的机会成本损失理应给予补偿。

（2）明确补偿和受偿主体。区分补偿的责任和边界，激励和协调不同利益相关者参与生态补偿。积极争取和实施国家生态建设工程，妥善使用中央政府纵向财政转移支付经费；统筹安排省内各级政府用于生态修复和补偿的财政专项和配套资金；完善生态补偿的市场机制，根据谁污染谁治理、谁开发谁保护、谁利用谁补偿、谁破坏谁恢复的原则，对于开发利用中可能占用和破坏环境资源的企业征收生态保证金，试点污染防治强制责任保险；鼓励和引导企业、社会组织和个人对修复生态环境破坏和增益生态服务价值的主体实施奖励和补偿；加强跨流域、地域的横向补偿，建立省际生态补偿的长效协调机制，试点先行，逐步推进。立足代内公平和代际公平原则，兼顾经济、生态和社会效益，建立一种各个利益相关方公平负担环境负外部性义务并分享环境正外部性惠益的机制，提高公共福祉，实现可持续发展。

（3）进一步明确补偿范围。开展自然资源资产调查，摸清贵州环境质量、污染物排放状况。选择科学合理的模型，准确核定贵州省各个主体功能区的水环境容量、大气环境容量。依据调查统计数据，明确生态补偿的范围，既包括森林、流域、矿产能容易量化的生态产品，也包括气候资源、生物多样性等难以界定产权的公共产品。

（4）确立多元化的补偿方式。探索资金补偿、实物补偿、政策补偿、智力补偿等多元化的补偿方式，在资金转移支付的基础上，开展生态受益地区对生态保护地区的对口协作、定向硬件和软件基础设施支援建设、产业转移和产业链延伸型补偿、异地开发、共建园区等多种补偿方式，建立跨省区域（流域）生态补偿长效机制。

- **建立飞地工业园，异地开发**

为补偿因保护环境而失去的发展机会，努力争取在下游流域工业产业集聚区建立"飞地工业园"，迁移企业和移民异地开发，共享园区税收和发展红利。同时，在迁出产业和人口的水源地或重点生态功能区发展生态修复型的第三产业、旅游业、绿色农业、山地特色产业等，打造新的生态经济高地，变"单向输血"为"双重造血"，真正把建立生态补偿制度与扶持重要生态功能区发展有机结合，实现保护生态功能区环境、集聚产业、促进节能减排、推进经济结构绿色转型的多方共赢。

- **定向硬件和软件基础设施支援建设**

为弥补基础设施建设滞后的"短板"，积极引导生态补偿实施方在贵州受补偿地区投资建设道路等基础设施，或者学校、医院、体育场馆、文化设施等社会性基础设施，兑现生态补偿。

- **产业链延伸型生态补偿**

为统筹发展循环经济，鼓励同区域生态补偿利益相关方，通过签订定向采购合同、合作建厂等方式，承接产业链的补充和延长。譬如，毕节作为仁怀县的上游地区，为保持下游流域水质达到茅台酒厂酿造的标准，牺牲了发展机会。2014 年作为生态补偿，茅台酒厂向上游各市县提供 5000 万元环保资金。除资金补偿以外，可以考虑通过签订定向采购协议，引导上游地区承接酿酒的产业链，种植高粱作为酿酒原料、制作酒箱包装等。

- **治理补偿**

为提高生态补偿资金的使用效率，责成环境破坏方向环境治理成本较低或者地位更重要的保护区域提供同价值或超价值的治理，利用泡泡法则，使异地治理的总体环境效益大于负面影响。例如，对碳排放超标的企业，可以责成其通过异地植树造林，超额增加碳汇的方式进行补偿。

- **旅游附加费**

为对冲旅游业发展带来的潜在环境风险，特别是应对高铁开通、高速建成、支线机场通航后，未来可能大量增加游客群体对贵州脆弱生态环境的冲击，试点在国家公园的门票里收取一定份额的环保基金，用于对受到影响的重点生态功能区进行建设和修复。以环保星级评定旅游设施，允许环保五星标准的景点和宾馆等旅游设施收取一定数量的环保设施维护费。

3.8.5 编制自然资源负债表和开展生态绩效考核

（1）建立多方监督和评估考核机制。一是建立内化的道德和自律制度，实施目标责任管理和生态环境问责制；二是设立独立第三方监督和评估考核机制，确保从行政权力错位、监管失效转向职能部门严格依法行政和全社会共同监督。

（2）编制自然资源负债表

- **建立统一的资源性资产评估管理办法**

由省国土资源厅牵头，相关办法制定建议征求省国土资源厅意见。尽快出台专门的《资源性资产评估管理办法》或《资源性资产评估管理条例》以及《资源性资产评估具体准则》，就评估范围、价值标准选择、评估操作程序、评估结论以及评估参与人与当事人的权责利界定等事项的解决与处理提供指导。

针对单项资源性资产制定专门的评估管理办法与评估准则，从而强化评估管理的适用性。对于可明确界定产权的具有经济属性的自然资产，如国有或集体所有的土地、林地、草原、荒地、滩涂、水体、地下矿藏等，不仅要进一步确认自然资源资产的国家和集体所有权，更要明确这些资产的使用权、收益权、开发、租赁、转让和抵押等权限。

对于难以直接界定产权的具有生态属性的自然资源资产，如地下水、大江大河、国家公园、大气、气候资源等，也要将确保生态可持续条件下的总量，以捕捞权、水权、排放权等形式，明确产权。在此基础上，建立自然资源资产（土地、水资源等）的空间规划体系，划定重要自然资源资产的生产、生活、生态空间开发管制界限，用制度保护生态环境。

随着市场的发展而不断优化调整资源性资产评估管理办法，以强化其适用性、科学性及合理性。

- **强化资源性资产评估机构的行为管理**

强化资源性资产评估机构的独立性。通过理顺资源性资产评估机构与其行政主管部门的关系而加快机构的"脱钩"改制步伐，把资源性资产评估机构打造成具有独立法人地位的市场主体。

严格资源性资产评估机构的资质审查和管理。要尽快建立统一权威的评估机构资格审查标准，严把审批关，从源头上保证评估质量；同时还要切实推行年度检查制度，定期检查评估机构的执业情况，不合标准的要依法整改甚至吊销职业资格。

加强资源性资产评估机构的内部控制管理。所有资源性资产评估机构都要建立起包括评估程序、评估质量、评估标准在内的内部控制制度，并将内控制度不折不扣地落实到位，以提高资产评估质量。

- **严格资源性资产评估人员的执业管理**

资源性资产主管部门（如国土资源厅、林业厅、水利厅等）要会同财政厅、国资委、评估协会等部门开展专门的资源性资产评估执业资格认证考试和专业培训，只有通过考试并具有一定执业年限者才能取得执业证书。

切实提高资源性资产评估人员的业务素质和职业道德，其中在业务素质提高方面，要强化注册资产评估师的年度资格审查以及上岗后续再教育；在职业道德提高方面，要严格执行《资产评估职业道德准则——基本准则》的相关规定，保证职业的独立性、客观性和公正性。

制定各类资源性资产的评估技术规范，对评估程序、评估操作等技术执业行为给予指导与规范，从而降低执业风险并提高评估质量。

- **推动资源性资产评估技术的改进创新**

改进优化现有的评估技术，科学制定评估方法选用标准、监测评估参数更新。

在完善现有评估方法的基础上，积极创新评估技术，如可以尝试并引入期权定价法。

探索资源性资产补偿价值的评估技术，如尝试使用生态足迹模型、生态系统服务价值评价模型、生态补偿量化尺度模型等来估算补偿价值。

（3）开展领导干部生态绩效考核。建立健全领导干部政绩考核体系，提高资源消耗、环境损害、生态效益等生态指标在经济社会发展综合评价中的权重，建立体现生态文明要求的目标体系、考核办法和奖惩机制。按照不同区域主体功能定位实行差别化的评价考核制度，对限制开发区域和生态脆弱的地区取消地区生产总值的考核。实施《贵州省生态文明建设目标考核实施办法》，将生态文明建设综合考评指数作为综合考核州（市、县、区）领导干部的重要内容。贵州省"三州六市"全面启动自然资源资产负债表编制，根据主体功能区定位探索设立不同的考核目标，增加生态文明相关指标权重，对领导干部实行自然资源资产和资源环境考核体制，建立生态环境损害责任终身追究制。

4　贵州省生态文明建设的生态补偿创新机制

贵州省作为西南地区重要的生态屏障，建立科学的生态补偿机制是贵州省实现"五位一体"、建设生态文明的重要手段。"十三五"期间，贵州省进一步探索建立科学合理的生态补偿机制以体现生态服务的实际价值和效用，是保障区域公平和代际公平的手段，也是推动贵州在 2020 年与全国其他城市同步实现小康社会的重要保证。

4.1　贵州省生态补偿机制的基本框架

对于贵州省而言，生态文明理念与制度建设走在全国前列具有重要的战略意义，因此在全国大力推进生态文明建设背景下，在生态补偿操作与落实层面，贵州省更应展开机制创新研究，对补偿方式、补偿内容和补偿类型展开系统研究，搭建一个富有战略性、全局性和前瞻性的机制框架。

表4－1　贵州省生态补偿机制的基本框架

补偿类型	补偿内容	补偿方式
区域补偿	其他省区对贵州省的补偿	财政转移支付；地方政府协调；市场交易
流域补偿	跨省界流域的补偿；跨地市州的流域补偿等	财政转移支付；地方政府协调；市场交易
生态系统补偿	森林、草地、湿地、农田等生态系统提供的服务	国家（公共）补偿财政转移支付；生态补偿基金；市场交易；企业与个人参与
资源开发补偿	矿产资源开发、土地复垦；植被修复等	受益者付费；破坏者负担；开发者负担

4.1.1　区域补偿

贵州省在国家生态安全保护方面具有特殊意义。其生态环境脆弱，水土流失较为严重，喀斯特石漠化问题突出。因为特殊的低纬度高海拔喀斯特地理条件，因此气象灾害和地质灾害也时有发生，对当地经济社会发展和人民生命财产安全带来诸多隐患。同时，贵州也是西部地区重要的生态环境屏障和水源涵养地，对维护全国生态平衡具有极其重要的作用，是确保全国生态安全的关键地区。但是长期以来，由于受人为不合理的生产经济活动以及气候变化的影响，贵州生态环境出现恶化的趋势。因此，为了保护贵州生态环境和提高当地人民生活水平，就应该及时建立对贵州省的生态补偿机制，而这一举措也有利于全国生态经济的协调发展。

首先，科学核算贵州省生态系统所提供的各项产品和服务的价值，同时分析长期以来在生态资源利用过程中对生态环境造成的破坏以及由此带来的经济损失。

其次，需对现有的生态补偿措施与资金加以整合使其发挥更大的效用。多年来，中央政府持续关注贵州的生态保护和经济发展，并通过一系列工程计划和财政转移支付对其进行专项补贴，如退耕还林、水土流失以及石漠化治理等。实际上，这些项目在一定程度上都具有生态补偿的内涵。对这些项目和资金进行整合，统筹安排，避免重复建设并提高资金使用效率。

最后，根据贵州省生态赤字与生态建设投入之间的差距，同时参考国家的财政状况，应分期、分批有计划的适当加大财政转移支付的力度，逐步补贴偿还生态旧债，缩小差距。

4.1.2　流域补偿

多年来，为保障流域生态安全以及水资源的可持续利用，大多数河流上游地区都投入了大量的人力、物力和财力进行生态建设和环境保护。而大多数河流的上游地区由于区位因素，地形复杂，交通不便，往往是经济相对贫困、生态相对脆弱的区域，摆脱贫困的需求十分强烈，因此迫切需要解决流域上游区发展经济与保护流域生态环境的突出矛盾。而建立流域生态补偿机制，实施中央及下游受益区对流域上游地区的补偿机制，可以加快上游地区经济社会发展并有效保护流域上游的生态环境，从而促进全流域的社会经济可持续发展。

以水资源补偿为切入点，探索多渠道补偿方式。贵州河流处在长江和珠江两大水系上游地带，其中长江流域面积占全省面积的65.7%，包括乌江水系、洞庭湖（沅江）水系、赤水河和綦江水系、牛栏江和横江水系；珠江流域面积占全省面积的34.3%，包括南、北盘江水系、红水河水系。贵州河流数量较多，长度在10公里以上的河流有984条，河网密度为0.71公里/平方公里。主要河流大多发源于省内西部，并随地势向东、南、北方向呈放射状分布，河流的山区性特征明显。除南北盘江、红水河、赤水河有客水补给外，其余河流自成体系。

可以在中央政府的协调与引导下，积极探索跨省流域生态补偿方式，建立完善上游对下游超标排放赔偿和下游对上游水资源环境保护的补偿的双向责任机制，以激励上游对水资源环境进行生态保护，并促进上下游和谐发展。

流域生态补偿应注意确定流域生态补偿的各利益相关方即责任主体，在上一级环保部门的协调下，按照各流域功能区划的要求，商讨并遵守流域环境协议，明确流域在各行政交界断面的水质要求，按水质情况确定补偿或赔偿的额度。

目前，贵州省已经有一些试点和成功的模式，例如选择沅江流域与西江流域作为试点流域。试点地区为黔东南州、黔南州、黔西南州。贵州作为沅江流域的源头，西江流域的上游地区，生态地位十分重要，该地区是长江和珠江两大流域重要的淡水水资源补给线。南北盘江，均发源于云南曲靖的马雄山。南盘江发源于马雄山之南麓，向西又调头向南向东，流经云南曲靖、罗平和黔西南州的兴义、安龙、册亨。北盘江发源于马雄山之北麓，向东向南奔流，经盘县和黔西南州的普安、晴隆、兴仁、贞丰、册亨、望谟。南北盘江至贵州省望谟县蔗香双江口汇合于珠江水系上游的红水河。沅江发源于贵州省黔南州贵定县，流经贵州，湖南两省，在湖南常德德德山汇入洞庭湖，是贵州和湖南的母亲河，是流经的诸多市县的天然水源地。

沅江流域与西江流域水资源生态补偿充分体现了"受益者、破坏者补偿"原则，以达到激励生态保护与建设、遏制生态破坏行为、平衡利益相关者经济利益的目的。实践证明，在市场经济条件下，政府、地区、单位，甚至个人都可以发挥作用，都应当为保护流域水资源生态环境作出贡献。

沅江流域与西江流域水资源保护和生态建设是一种具有很强外部性的社会活动，如果对保护者和建设者不予以必要的补偿，就会导致普遍的"搭便车"行为，不但打击主体保护生态环境的积极性，而且使供给严重不足。在市场经济条件下，生态保护必须有经济上的补偿才能持续。沅江流域与西江流域生态补偿，分为对为沅江流域与西江流域水资源保护和生态建设做出贡献者给予补偿和对因沅江流域与西江流域水资源被污染和破坏而成为的受损者给予补偿。

（1）补偿资金主要来源于中央政府，下游地方政府以及耗水大户企业等

中央政府：贵州属于经济贫困的边远地区，因此，补偿的主体应该以国家为主。政府主要是从资金投入、财税政策、区域规划、制度激励、利益协调等不同方面发挥主导作用。

地方政府：贵州作为长江、珠江的上游，不但对生态环境建设投入了大量成本，限制了自身经济发展，同时按照国家防汛抗旱总指挥部下达的

"关于实施珠江压咸补淡应急调水的通知"，曾先后五次参与珠江流域"压咸补淡"应急调水，因此下游广东省、澳门等地区应对其进行资金补偿。同时，贵州东南部作为沅江的水源地，为保证向下游输送的水质、水量从而限制其当地的发展，因此下游湖南省应对其进行资金补偿。

企业：在国家政策的框架下，要强化相关企业的生态补偿责任，积极引导企业参与生态补偿工作，积极探索利用市场方式，开展生态补偿的方式方法。在政策权限范围内，通过向企业征收污染赔偿费、水资源费等形式，构建生态补偿基金，专项用于流域的生态治理和对上游地区的生态补偿。如向严重污染环境、破坏生态的矿山和冶炼企业，征收的排污费中加收生态补偿费，对于造纸、啤酒制造、钢铁等高耗水企业，严格控制用水量指标并征收水资源费等。

（2）补偿方式主要包括纵向补偿和横向补偿。

纵向补偿：即中央对地方的转移支付。主要通过财政转移支付、政策优惠、税收减免、发放补贴等形式实现对水源地的补偿。

横向补偿：主要通过采取资企补助、对口协作、产业转移、人才培训、共建园区等方式实施。

在实际的操作，可将以上各种方式组合起来加以综合使用，相互弥补缺陷，优化补偿效果。

4.1.3 生态系统补偿

生态系统提供的不仅是食品、原材料、能源等多种产品，其最重要的还在于能为人类提供重要的生态系统服务。然而后者的价值很大一部分都因未能进入市场而被掩盖。只有通过适当的措施将生态系统效益的外部经济性内部化，部分或全部地实现生态效益的价值，才能更好地加强生态系统的可持续经营能力。

生态系统包括森林、草地、湿地等多种类型，该生态系统的稳定及持续性的生态服务供给对于维持生态安全和促进区域可持续发展提供了重要支撑。

森林是陆地生态系统的主体。在我国对生态系统补偿的研究和实践中，森林生态补偿开始的最早，所取得的经验也有助于开展其它生态系统的生态补偿工作。国家对森林生态系统曾颁布过多项政策，例如对生态公益林的补偿主要是根据国家林业局和财政部联合发布的《森林生态效益补偿基金管理办法》，在天然林保护工程和退耕还林工程的实践中起到了重要指导作用。但由于缺乏有效机制而，未能可持续性地保障林农保护森林、进行生态建设的积极性。因此需要在整合现有的多项补偿体系的基础上，按照不同的森林类型，考虑营造林的直接投入以及为了保护森林生态功能而放弃经济发展的机会成本和森林生态系统服务功能的效益，同时考虑地域因素、林种、树种、造林方式、地方经济发展水平等，因地制宜，逐步实现森林生态补偿标准的科学化。

4.1.4　资源开发补偿

矿产资源对于社会经济发展而言是重要的物质基础。但是矿产资源的开发和利用在对经济的发展起巨大的推动作用的同时，也对生态环境的保护造成了重大的压力。如何调整经济发展与生态保护的关系和加速矿区生态环境的修复已成为我国当前一项十分重要的任务。

矿山资源开发的生态补偿，应明确矿区生态环境恢复治理的主体、责任和界限，将矿区生态环境恢复治理的责任区分为旧帐（历史已造成的破坏或称之为废弃矿山生态环境破坏）和新帐（新造成的破坏）两种情况区别对待。废弃矿区和老矿区的生态环境补偿由政府通过建立"废弃矿山生态环境恢复治理基金"来实现。该基金的来源主要包括政府财政支出、向正在生产的矿山企业所征收的废弃矿山生态环境补偿费、捐赠、捐款项等，并由地方环境或国土部门征收后上交国家，建立专门帐户，专款专用。新矿区造成的生态环境破坏由企业负担全部治理责任，通过征收生态环境修复保证金实现，强调开矿许可与生态补偿相结合。

贵州省的矿山生态治理形势依然十分严峻，在目前调查到的矿山企业中进行生态治理的仅占调查企业数的1.2%，重建面积不大。矿业开发中新的环境地质问题还在不断产生，矿山生态治理投资较大，对许多效益不好的企业来说，生态治理工作所需资金难以解决。如何抓好矿山的生态治理工作是贵州今后的一项重要任务。

4.2 贵州省生态补偿机制的创新

表 4 - 2 贵州省生态补偿的创新机制

类型	具体内容
区域联动机制	外出务工人员就地城镇化安置，中央与省际协调试点示范
生态权责机制	生态补偿主体、受体，生态补偿事权财权分配机制
资产平衡机制	生态资产收益核算，通过交易机制，合理发挥政府与市场的作用
生态红利机制	生态资产对服务业、旅游业等第三产业（绿色低碳产业）发展的拉动作用
生态红线机制	严格按照重点开发、限制开发、禁止开发的主体功能定位，遵循生态保护红线由生态功能红线、环境容量红线和资源利用红线构成的基本思路，基于生态安全底线的开发建设

4.2.1 区域联动机制

贵州省 2014 年末全省常住人口为 3508.04 万人，比上年增加 5.82 万人。近年来，随着贵州省经济快速增长，工业强省和城镇化战略深入实施，带动农民工回乡创业和就近就业，加之东部地区经济增长放缓，用工需求减弱，致使省际间人口流动趋缓。据调查结果推算，2013 年全省新增净外出省外人口 2.5 万人，比上年的 7 万人减少 4.5 万人，外出总规模达 760 万人。

根据《国家新型城镇化规划（2014～2020 年）》，要"有序推进农业转移人口市民化"，对接纳贵州省外出务工人员主要的省份——广东和浙江，提出由当地政府解决贵州省外出务工人员就地城镇化问题，统筹推进户籍制度改革和基本公共服务均等化。

"长三角"和"珠三角"地方政府根据当地实际，按照中央"实施差别化落户政策"，合理引导贵州省外出务工人员分流转化。以合法稳定就业和合法稳定住所（含租赁）等为前置条件，全面放开建制镇和小城市落户限制，有序放开城区人口 50 万～100 万的城市落户限制，合理放开城区人口 100 万～300 万的大城市落户限制，合理确定城区人口 300 万～500 万的大城市落户条件，严格控制城区人口 500 万以上的特大城市人口规模。

推进贵州省外出务工人员转移人口享有城镇基本公共服务，包括保障随迁子女享有平等受教育权利，完善公共就业创业服务体系，实施社会保障省际联动，建立基本医疗保障体系，多领域保障外出务工人员基本住房。

4.2.2　生态权责机制

在生态补偿操作层面，需要建立财权与事权相匹配的生态权责机制，在合理划分中央与地方政府事权的基础上，合理配置财权，并建立规范的财政转移支付制度以使财力与事权相统一。

在财权不能实现最优配置的这段时间内，实现地方财力（而非财权）与事权相匹配显得更为实际和迫切。一是事权上移，二是财力下移。

事权上移，即将一部分不适合较低层级政府承担的事权转移至较高层级政府，或者共同承担。在义务教育、医疗卫生和社会保障等方面，逐步提高中央和省级政府的支出比例。因为根据国际经验来看，大多数市场经济国家的义务教育、医疗卫生和社会保障等方面支出的较大比例，都是由中央政府承担或者由中央政府与层级较高的地方政府共同承担。财力下移，对全国来说就是要建立规范的财政转移支付制度，将一部分中央政府集中的财力转移给地方政府。①

贵州作为"两江"上游重要的生态屏障，为保护"两江"做出了巨大的贡献和牺牲，但因为水产权的不明晰，使得流域层面水资源的效益和成本分摊出现"马太效应"。比如 2006 年，珠江三角洲出现咸潮，为了解决此事，中央协调广西、贵州上游水库放水 6.85 亿立方米"压咸补淡"，事后贵州得到广东省象征性的 100 万元补偿。在省内，以赤水河为例，下游仁怀茅台镇和茅台酒厂酿酒产业的发展对赤水河的依赖程度很高，因为缺乏相应的生态资源研究，长期依赖没有建立起下游对上游的补偿制度，目前也仅在探索阶段。因此，对于贵州而言，事权财权匹配尤为重要，通过明确责任主体与受体，建立横向补偿机制。

其中，生态补偿主体即生态补偿权利的享有者和生态补偿义务的承担

---

① 参见陈恒：《财权要与事权匹配》，《光明日报》，2013 年 08 月 27 日第 16 版。

者，包括补偿主体、受偿主体、实施主体。生态补偿主体应以国家为主，以及有补偿能力和可能的生态受益地区、企业和个人。生态受偿主体即生态补偿的接受主体。资源开发活动中和环境污染治理过程中因资源耗损或环境质量恶化而直接受害者是生态补偿的受偿主体；还有生态建设过程中，因创造社会效益和生态效益而牺牲自身利益的地区、组织或个人也是生态补偿的受偿主体。生态受损主体为了实现生态环境价值而使其自身利益受损，生态受益主体对其进行经济补偿体现了"公平"原则。由于生态补偿自身的特殊性，由生态补偿主体对生态受偿主体直接进行补偿存在一定难度，原因在于：一方面，生态补偿的客体——生态环境价值具有"公共物品"属性，生态受损主体无法通过直接交易的办法获得补偿；另一方面，参与交易主体人数众多且生态受益和生态受损不易量化，即使生态受益主体愿意对生态受损主体进行补偿，其"交易成本"亦十分高昂。因此，在生态补偿主体难以对生态受损主体直接补偿的情况下，生态补偿需要实施主体，而生态补偿的最佳实施主体只能是政府。特别是贵州省的流域生态补偿，流域生态效益的获益者向政府缴纳补偿费用，共同委托其所在地区的政府购买生态效益（形式上表现为支付流域生态补偿金）。接受补偿地区的政府负责将补偿金分配给实际为流域保护做出贡献的单位和个人。

4.2.3 资产平衡机制

"生态资产"从广义来说是一切生态资源的价值形式；从狭义来说是国家拥有的、能以货币计量的，并能带来直接、间接或潜在经济利益的生态资源。"生态资源"或"生态经济资源"是人类赖以生存和发展的生态系统物质构成和生态服务功能的源泉。传统经济学将生态系统看成是纯自然物，认为只有自然属性；而且又认为自然资源是取之不尽、用之不竭的，没有将自然系统看作是社会总资产的组成部分。

新的资产观点与传统资产观点主要不同之处在于：认为自然生态环境资源，尤其是生态环境经济资源，是自然创造并赠予人类的资产，它是社会经济资产的基础资产，它属于社会总资产的重要组成部分。

生态资产按资源类型可分为：生物资产、基因资产、生态功能资产及生境资产四大类型。

生态资产按价值类型可分为：自然存在价值与社会利用价值两大类。其中，自然存在价值（总自然存在价值，含已耗用自然存在价值及剩余自然存在价值）；社会（间接）利用功能价值（总利用功能价值，含：有机质价值、维持二氧化碳和氧的平衡价值，营养物质的先婚后储存价值、水土保持价值、涵养水源价值、净化污染价值等）市场直接利用价值（总直接利用价值，含：生计消费使用价值、产品、加工品使用价值、直接服务价值等）及潜在价值（基因利用等）。

自然生态（经济）资产具有如下特点：一是自然资产与社会资产的结合；二是公有资产与私有资产的结合；三是有形资产与无形资产的结合；四是有益资产与有害资产的结合；五是动态资产与静态资产的结合；六是可更新资产与不可更新资产的结合。

"十三五"期间，贵州省应加强生态资产的测算与计量，在此基础上，开展生态资产的应用，即生态经济资产的统计与生态补偿。

4.2.4　生态红利机制

"划定生态保护红线、建立资源有偿使用制度和实施生态补偿机制"的新理念，备受关注。"红线"概念的内涵主要表明经济发展与环境保护矛盾关系的重构，工业化进程中生态文明建设的要求和标准将更加严格；"有偿使用"与"生态补偿"充分体现了公平原则，以制度和政策措施减少区域发展的差异。

生态保护要真正赢得"红利"，需要一系列制度设计和具体实践。特别是应加快推进能源、水、森林、湿地、环境、温室气体等统计监测核算能力建设；在条件相对成熟地区建立开发建设与保护利用之间、流域上下游之间、生态受益区与生态保护区之间的生态补偿机制；积极开展节能量、碳排放权、排污权、水权交易试点，推进生态产品市场化建设。

贵州省有着优越的气候条件与旅游资源，这也是自然界赋予贵州的得天独厚的生态红利。贵州省在气候类型上属于亚热带湿润季风气候。由于纬度偏低，太阳总辐射理论值较高，大部分地区为 11723～12142 兆焦/平方米年，实际太阳总辐射值较低，大部分地区在 3349～3767 兆焦/平方米年，无霜期在 220～340 天，各地热量较为充足；降水量也相当丰沛，大部分地区年降水量在 1100～1300 毫米，降水多集中在下半年，5～10 月占全年降水量的 80%～85%。较好的热量条件和丰沛的降水量不仅使贵州形成了典型的喀斯特地貌景观，而且其还是众多的地表水流和地下水系的重要补给来源，与此同时植物也因其适宜的生长条件而种类繁多。加之地形复杂，地势起伏大，"一山有四季，十里不同天"，气候的垂直变化显著。又由于光、热、水等气候因子的塑造作用和地质作用，贵州拥有极为丰富的自然风景旅游资源，如瀑布、湖泊、溶洞、暗河、石林、峡谷、峰林以及喀斯特森林植被，其是一年四季均适宜旅游的省份，充分利用旅游资源，破除"资源诅咒"现象，大力发展生态旅游业，成为贵州生态经济发展级生态文明建设的有机组成部分。

4.2.5 生态红线机制

近年来，随着以快速工业化和城镇化为特征的现代化进程快速推进，各地区环境容量纷纷告急，资源环境基础受到前所未有的挑战。已建的各类保护区在空间上存在部门利益，交叉重叠，效率不高，生态环境缺乏综合性整体性保护，执行力度不够严格，尚未形成保障国家与区域生态安全和经济社会协调发展的空间格局。

生态保护红线是国家环境保护和生态文明建设的重要制度创新。生态保护红线是指在自然生态服务功能、环境质量安全、自然资源利用等方面，需要实行严格保护的空间边界与管理限值，以维护国家和区域生态安全及经济社会发展可持续性，保障人民群众健康生活基本权利。生态保护红线划定后需要制定和实施配套的管理措施来实现生态保护红线的管理目标，各地在实施生态红线划分后往往对相关管理政策措施考虑不周，应该重点关注生态红线的精细化管理，从而实现生态保护红线与城市生态系统管理的有机结合。[①]

---

① 参见《百度百科》，"生态保护红线"。

近年来，贵州省居民收入保持了较快增长，但总体水平较低。2014 年居民人均可支配收入 12371.06 元，折合 2013.9 美元，仅相当于全国平均水平的 61.34%，其中，农村常住居民人均可支配收入 6671.22 元，为全国平均水平的 63.6%；城镇常住居民人均可支配收入 22548.21 元，为全国平均水平的 78.17%。因此，低于国家人均收入平均水平的地区，特别是农村地区，按标准计算为每人每天 2 美元收入的最低标准，开展生态补偿实践。

4.3　处理好生态补偿的几个重要关系

4.3.1　区域联动中各主体的关系

在区域联动过程中，需要处理好中央、全省与市州的关系。在建立生态补偿机制过程中，中央政府主要提供政策导向、法规基础和一定的财力支持，同时引导建立全国性和一些区域性的生态补偿机制。6 个地级市和 3 个自治州是区域生态补偿机制的实施和责任主体，负责建立本辖区的生态补偿机制，并配合中央政府和省政府实施全国性和区域性的生态补偿。如果市州建立生态补偿机制，或采取相关的激励措施促进这种机制的实施，或在不同的市州之间建立生态补偿机制，省政府则应采取措施协调不同市州政府之间的利益关系，实现利益共享与效益最大化。

4.3.2　政府和市场的关系

处理好财权与事权相匹配以及政府与市场的关系。建立生态补偿机制，政府、市场均发挥着重要作用。就目前贵州省生态文明建设和市场发育的实际情况而言，政府无疑在建立生态补偿中的作用更为突出，政府不仅要制定生态补偿的政策、法规，引导市场的形成和发育，同时也是生态补偿的主体。只有在一些主客体十分明确的前提下，才可以充分发挥市场的调节作用。

4.3.3　生态补偿与红线扶贫的关系

尽管贵州省属于欠发达地区，但是生态补偿主要目的不是解决贫富差距问题，实现财富均等化，不应将生态补偿与扶贫混为一谈，而应当建立生态保护重点地区（包括限制开发区与禁止开发区）与受益地区之间的协作与联动机制，引导受益地区对保护地区经济给予合理必要的支持，促进发展共赢。

4.3.4　红利"造血"与"输血"补偿的关系

生态补偿中，贵州省需努力创造"造血"补偿的条件，增加非资金型的补偿手段，通过科技引领和人才支持等措施，将补偿转化为地方生态文明建设或促进地方发展升级的项目，而"输血"型的补偿应尽量落实到需要"雪中送炭"的基层农村。

4.3.5　权责机制中新账与旧账的关系

制定生态补偿政策的首要任务应该是先解决新账问题，通过控制住新账的增长，才有可能与有力量解决旧账和历史欠账的问题。企业，特别是规模以上企业，作为经营主体，承担新账的主要责任，而旧账则需要国家和省政府给予更多的支持。

4.3.6　综合平台与部门平台的关系

从长远来看，应建立一个综合的、以政府主导的生态补偿平台，但是从实际操作的角度，首先应当鼓励各地和有关部门因地制宜，建立多种形式的平台，探索各类生态补偿机制，特别是在生态文明建设背景下，针对贵州实际，不断完善林业、矿产、水利、环保等部门的工作。在条件成熟的情况下，建立综合的生态补偿专项资金渠道，其中项目运作依然可以采用部门运作的方式，即根据实施部门和补偿对象的不同，设立不同的账户分别进行管理，以便更好地发挥各部门的积极性。

5　主要政策与建议

5.1　环境保护方面

5.1.1　制定主体功能区的环境标准及政策

根据主体功能区规划，对不同开发区域环境保护进行指导，在黔中地区等重点开发区推行区域经济发展规划环境影响评价，科学制定开发方向及规模，明确环境准入政策，确保资源利用方式和利用强度与环境质量要求相适应，优先支持生态保护型产业发展。在限制开发区，提高环境保护的进入门槛，设立负面清单制和退出机制，关闭和限期迁出不符合环境保护标准的行业，对敏感项目限批和进行听证会，严格执行环评制度。在禁止开发区，加强管理法规的建设，迁出所有企业，严格执行区域禁批，加强环保部门的监测力量，制定合理的应急方案，加大环境保护力度。

5.1.2　加强资源环境的市场化机制建设

建立和完善资源环境的产权制度，完善资源环境市场，深化资源性产品的价格改革，建立反映市场供求、资源稀缺程度和环境损害成本的价格形成机制，推行居民用电阶梯价格，完善资源环境市场，促进资源环境的产权通过市场进行交易和优化，推动资源环境的市场化运作。

5.1.3　创新环境污染治理模式

创新环境污染治理模式，加快建立和完善环境污染治理的第三方治理，在环境基础设施建设上，可采用补贴、贴息贷款等支持手段，采用委托经营、出租、BOT模式、特许经营等方式，吸引社会资本进入，弥补建设资金不足，加快环保设施建设，改善城市环境。

5.1.4　落实地方政策环境质量责任制

建立以环境质量为约束性指标的政府工作考核，落实地方政府对环境质量的责任，本级人大监督地方环境质量目标完成情况，县级以上政府需要向本级人大及其常委会进行汇报。制定和执行对各级政府生态环境保护综合治理责任考核，根据考核办法，配套相应的奖惩。建立省级环境污染损害鉴定评估中心，对环境考核及诉讼案件审理提供机构和技术支撑。

5.2　生态建设方面

5.2.1　加大各级财政对生态保护和建设的投入

加大对生态文明建设的财政资金投入，进一步提高生态保护与建设在公共财政支出中的比重，积极争取中央财政的转移支付，扩大地方财政转移支付的比重，整合资金，加大投入，确保用于生态保护、治理与建设等方面的财政支出的增长。一是根据生态区域条件，增加对生态脆弱地区的均衡性中央财政支持。二是完善省级一般性转移支付制度。三是建立贵州省地区间横向援助机制和上下游生态补偿机制。四是设立贵州省生态屏障和产业生态化建设的专项基金，运用投资补助、减免税费等多种方式，进一步加大生态文明建设的力度。

5.2.2　开展生态资源综合利用产品财税改革

从财政方面来说，加大对生态文明建设项目的预算安排，同时发挥财税政策的杠杆作用，使用预算支出、转移支付、财政补贴等一系列财政工具，加大对节能减排和新能源发展，天然林保护工程，退耕还林工程的专项支持力度和对于节能减排和应对气候变化领域的科技创新的支持力度。在税收方面，全面开征资源税、环境税，使资源的环境价值内在化，对有利于节约资源消耗行为实施税收优惠，鼓励资源使用者降低"节耗投资成本"，通过对资源的使用者征收消费税，增加资源的消耗成本。在废弃物回收利用环节，对废弃物回收利用实施税收优惠政策。开展生态资源综合利用产品税费改革，促进生态维护和建设。出台节能节水环保设备所得税优惠政策，对企业购置并实际使用列入目录的产品投资额的 10%，可以从企业当年的应税额中抵扣。完善资源综合利用所得税、增值税优惠政策，对不同的生态资源综合利用产品，实行免征、即征即退、先征后退的增值税优惠。

5.2.3　构建多渠道、多方式的生态补偿

探索资金补偿、实物补偿、政策补偿、智力补偿等多元化的补偿方式，将生态补偿财政主导与碳汇、排污权交易、水权交易等市场方式相结合，将资金支持与人才培养、技术援助和产业扶持等相结合，促进多种补偿方式的结合及灵活运用，形成生态补偿的最大合力。

5.2.4　深化生态移民扶贫政策改革

实施以异地城镇化为导向的生态补偿型移民政策，探索建立区域间战略合作，作为跨省际、跨流域的定向生态补偿方式，优先解决贵州籍外出务工人员落户问题。"长三角"和"珠三角"地方政府（例如广东和浙江等

地）可以根据当地实际，按照中央"实施差别化落户政策"，遵循"尊重意愿、自主选择、因地制宜、分步推进、存量优先、带动增量"的原则，以就业年限、居住年限、城镇化保险参保年限等为基准条件，因地制宜制定具体的生态移民迁移落户标准，并向全社会公布，引导生态移民在城镇落户的预期和选择，合理引导贵州省外出务工人员分流转化。

对于贵州省内的移民，可实施推进有序就地分散城镇化，参照气候容量和生态阈值，根据资源环境中的"短板"因素确定可承载的人口规模、经济规模以及适宜的产业结构。立足主体功能区宏观布局，合理引导人口由禁止开发区、限制开发区及生态脆弱区和重要生态功能区向重点开发的小城镇、产业园区和旅游景点区流动。把国土空间开发的着力点从占用土地为主转到调整优化空间结构、提高空间利用效率上，促进生产空间集约高效、生活空间宜居适度、生态空间山清水秀。

把生态文明理念全面融入工业化和城镇化进程，开辟移民安置项目环评绿色通道，从源头控制移民安置区污染。优化安置区发展环境，根据不同自然资源和历史文化禀赋，建设有历史记忆、文化脉络、地域风貌、民族特点的美丽城镇。坚持把移民后续产业发展和创造就业岗位作为重中之重，尝试"门市安置"、发展特色产业、奖励扶持吸纳移民人员的企业、积极引导和扶持移民自主创业、努力增加城镇公益性就业岗位、加强移民技术培训等方法，促进移民增收致富的长效机制的建立，实现移民"搬得出、留得住、能就业、有保障"，确保2020年与全国同步实现全面小康。

5.2.5　探索进行贵州"国家公园省"建设

"国家公园省"这一生态文明建设创新模式，将以生态环境保护为主导的公园建设与省级行政区相挂钩，基于贵州省主体功能区划和国土实际使用情况，将全省划分为"国家公园区"和"非国家公园区"两大主体进行开创性建设。探索相关的法规、政策、制度和措施，促进贵州省自然资源的有效保护和利用。其中，设立"国家公园区"是贵州省实现生态涵养和生态屏障的主要空间载体，其主要目的在于对区内的生态资源进行保护，并在保护的前提下探索发展生态驱动型产业。"国家公园区"既是贵州省的

"青山绿水"，也是"金山银山"。设立"非国家公园区"是贵州省的发展区，在不加重损害贵州省生态环境的前提下，在区内探索绿色、循环、低碳经济发展模式，确保贵州省发展底线的实现。

5.3 产业发展方面

5.3.1 大力发展生态主导型产业

支持鼓励类产业加快发展，控制限制类产业生产能力，加快淘汰落后产能。加大对生态产业或生态产业能力的资金及政策优惠。促进保护型产业的发展，生态修复型产业和生态修复型的发展。加强石漠化的治理，种植适合石漠环境生长的经济型作物，将生态修复和经济效益相结合，大力发展旅游业，加强生态项目的服务开发功能，在发展的同时保护生态。

对于贵州省生态脆弱地区，主要支持重点生态功能区和农产品主产区的发展，包括生态修复和环境保护、农业综合生产能力建设、公共服务设施建设、生态移民及适宜产业发展等。对于贵州省重点开发地，重点支持加强交通、能源、水利、环保以及公共服务设施的建设，加强生态产品生产能力的建设。

5.3.2 打造全国首个一体化的生态园区

"十三五"期间，在贵州省建设全国首个集"产、学、研、教、展"为一体的生态园区。打造"二化三器"，即生态产业聚集化、会展经济生态化和生态文明认知的传播器、人才和技术的孵化器、绿色技术创新的成果转化器。着手编制贵州省绿色统计年鉴，统计绿色产业、绿色消费、绿色建筑、财政绿色投入在国民经济和社会发展的比重、提供就业的岗位和比例、清洁能源和可再生能源的使用情况及比重等方面，着重核算绿色产业在生态保护方面做出的贡献。

5.3.3 促进参与区域产业分工与协作

通过政策引导和争取国家协调，促进参与区域产业分工与协作。本着"因地制宜，生态环保，产业优化升级"等原则，优化合作环境、完善合作机制、规范转移秩序，全力打造承接发达地区产业转移的平台和载体，在承接中发展、在发展中提升，逐步形成分工合理、特色鲜明、优势互补的现代产业体系，不断增强自我发展能力。同时，强化公共服务支撑，积极推动区域产业合作的体制机制，促进资源要素合理有序流动，以及实现资源配置效率最大化。

5.3.4　试行绿色 GDP 核算模式

贵州进行生态立省建设，大力发展绿色经济，促进生态驱动型产业体系构建，变青山绿水为金山银山，为此需改变现有的 GDP 核算体系，引进和实行绿色 GDP 核算方法，将生产者行为、消费者行为、自然资源的价值等考虑到 GDP 的核算中，纠正现存 GDP 对经济主体的误导。改革现行的统计制度，鼓励支持对资源、环境和生态等的统计核算方法，构建反映包括环境污染、自然资源、生态价值等科学完整的统计指标体系。

5.4　技术人才支撑方面

5.4.1　保证科技投入和促进科技创新

强化政府在科技投入中的基础地位与导向作用，增加政府公共资金的投入量和投入的强度。在公共资金的安排上要为科技投入留下足够的份额，并且每年增长幅度要高于经济增长的速度。贵州省在公共资金不足的情况下，可以利用科技扶贫、相关的中央专项资金和中央转移支付等向中央财政申请相关的科技投入资金补助。同时，引导企业进行科技创新和科技投入和利用国内外的资本市场筹集科技投入资金。科技投入优先用于贵州省进行生态文明先行区建设目前最需要研发的领域、重点的产业和行业、战略性新兴行业等。

贵州省要做好科技投入的边际支撑，在财税、金融等方面可以利用贵州省的财税权与地方的发展自主权，给予从事生态化科技投入的企业、单位与个人更大的支持。如对从事科技研发的企业给予更多的税费减免，对生态化的科技产品给予政府优先采购权，同时加强知识产权保护，促进科技创新。

5.4.2　加强生态文明建设人才培养

人才是生态文明建设的实施者与主体，也是传播生态文明观念、推广生态文明技术的载体与主导，还是生态文明建设的组织者、管理者和监督者。高校依托科技资源、设备、人才、技术优势，在生态文明建设中可以起到普及生态文明知识，树立生态文明理念，培养生态文明建设人才，提供生态文明建设的科学技术及服务等重要作用，从而极大地推进生态文明建设的进程。因此，"十三五"期间，建立生态文明建设跨部门人才需求协调机制，根据各部门的人才需求，贵州省高校应加强环保、林业、水利等生态相关领域学科的扶持力度，扩大培养范围和招生人数，同时，普及生态文明认知和相关理论，从理论到实践，全方位为生态文明建设储备可靠的人才和智力支持。

5.4.3　开展生态文明建设的相关培训项目

充分发挥贵州省"千人普岗"、"校省培训"、"东西部对口培训"等平台，加强生态文明建设相关领域的培训工作。一是积极开展岗前、岗中培训工作。无论是对于无该领域从业经验的毕业生，还是对于有一段时间工作经验的中层干部，都应定期、全面、系统地开展相关领域的培训，熟知国家政策导向、指导方针和实施路径。二是科学、合理地设置培训主题。根据"十三五"期间生态文明建设的要求，有针对性地开展自然资源资产负债表编制、生态补偿机制、生态移民、自然资源资产管制等方面的培训，同时，开展生态产业园区规划、城市综合体建设、生态农业管理、美丽乡村建设等产业和规划的培训。三是加强培训考核工作。对于参加培训的干部根据其参加的时间、教学和实践的表现进行考核，并将培训考核结果纳入工作考核体系。

5.4.4　建立首个省级生态大数据平台

创建全国首个省级生态大数据平台，占领生态信息化的制高点，吸引高新技术人才，发展生态信息化产业。动态监测生态资源使用情况，包括生态资源和生态产品的保护、修护情况等，为生态资源统计、编制自然资源资产负债表和自然资源管制提供依据。同时，大数据平台的建立可以完成生态信息产业的一次升级，可以在物联网、移动互联网、国土、环保等领域分析挖据其繁琐数据的空间意义，产生巨大的社会经济价值。

5.5　资金融通方面

5.5.1　建立多元生态融资体系

生态文明建设投资的资金密集型、生态工程的综合性决定了投融资渠道的多样性、投资主体的多元化。建立以政府为主导的生态建设投入基本格局的同时，应发挥市场在生态融资的作用。通过政府的专项政策，特别是各种激励政策，创造对生态建设投融资市场的有效需求。通过计算投资项目的生态价值和效益，转化为经济价值和效益，实现双赢。对于纯公共物品、介于非经营性和经营性之间的项目和一些投资周期较长、风险较大的建设项目，可以分别采用政府财政补款、以政府财政投资为主，引入社会资本和外来资本，组建多元化投资的法人实体和通过股票筹资或引入风险资本的形式运作。

5.5.2　探索生态绿色金融模式

推广实施绿色信贷、环境污染责任保险、巨灾保险等政策，推动节能减排、循环经济等项目通过资本市场进行融资，探索商业银行根据赤道原则设立生态信贷业务，支持生态修复与开发工程贷款。

探索建立贵州省生态基金，将"两河一库"和赤水河基金等纳入专项基金，逐步建立政府、企业、社会多元化投入机制，引导民间资金、外来资金（国际组织）和金融信贷资金增加对生态文明建设领域的投入。早期可由贵州省政府出资本金，利用股权投资基金的形式募集资金，首期计划募集100亿元人民币，参加募集的单位可包括，但不限于，生态修护和改善方面的民营企业、商业银行、国际组织等，用于生态修复工程和相关项目，成立第三方基金管理委员会，制定基金管理和使用章程，贵州省发展改革委可监管基金的使用情况。探索公私合营（PPP）的方式，引导私人机构和资金参与生态环保设施建设和经营。

建立生态保护项目库。全面梳理贵州省生态资产，项目库可划分为两类，一类是公益生态项目，需要长期投入修护的项目，建议纳入地方政府采购目录的修缮工程类；另一类是有收益的生态项目，可采用 PPP 的模式或使用生态基金，商业化运作，产生生态效益，使生态保护得以可持续。

5.6 法制保障方面

5.6.1 健全促进生态文明建设的法律法规体系

以生态文明建设为导向，根据国家相关法律和条例的规定，研究制定贵州省自然资源资产的用途管制办法、节水及保护水质管理办法、绿色消费促进法及生态补偿条例、节能评估和审查条例等，清理与生态文明建设相冲突或不利于生态文明建设的法规、法条，解决法律法规之间相互冲突、脱节、重复，罚则偏软等问题，增强法律法规的可操作性。

5.6.2 建立和完善生态文明建设的标准体系

建立和完善生态环境监测与安全评估的标准体系，加快修订产品能耗标准、限额标准，建筑节能标准和燃油经济性标准等，提高产业准入的能耗、水耗、物耗和环境标准，以标准规范之力，助推贵州省生态文明建设。

5.6.3 加强生态补偿的立法

根据《中共中央关于全面深化改革若干重大问题的决定》"加快生态文明制度建设"的总体部署，贵州省更需坚持谁受益、谁补偿原则，完善对重点生态功能区的生态补偿机制，推动地区间建立横向生态补偿制度。因此，制订贵州省生态补偿的管理办法已成为当务之急，急需将补偿范围、对象、方式、标准等以法规形式确立下来，将水源、林地等重要自然资产用途管制制度明确纳入贵州省和地方的经济社会发展规划及相关立法。

考虑到生态补偿工作的急需和贵州已有工作基础，可加快出台贵州省生态补偿实施条例和相关管理办法。

5.6.4 强化执法监督

加强法律监督、行政监察、舆论和公众监督。统一执法尺度，规范执法程序，加大违法行为查处力度。对破坏生态环境的企业和个人，若造成严重后果的依法给予行政或刑事处罚，解决有法不依、违法不究、执法不严的问题。

落实执法责任制，充分发挥人大、政府监察机关、司法机关以及社会公众等的监督作用，强化对执法主体的监督，对执法不严等渎职行为，依法追究有关单位和执法人员的责任。

创新执法手段，利用现代手段进行执法，如"线上"执法等，提高执法水平。

6 小结

如何科学处理发展与保护之间的关系、资源优势与生态脆弱之间的关系，经济社会发展、提高生活水平和保护生态环境之间的关系，是当前我国各地开发建设普遍面临的难题。贵州省作为全国生态文明先行示范区，及时把握新形势转型发展的机遇和深化改革的机遇，以生态为引领，推动新型工业化、城镇化、信息化和农业现代化同步发展，不仅是贵州省省情的必然要求与选择，也是贵州省坚守两条底线，正确处理绿水青山和金山银山的关系，努力寻找经济和生态之间的平衡，实现跨越赶超和可持续发展的正确路径。现在，各地正在实践的各项生态创建工作既是生态文明建设的有机组成，也是实现我国生态文明建设总体目标的不同载体，分别从不同的角度和标准充实生态文明建设，对促进我国生态文明建设起到积极的推动作用，其中，我国生态文明示范试点的建设，将为正在进行的各项生态创建活动指明建设方向和最终目标，从而更有利于各部门在创建工作中协调分工、形成合力，共同促进我国生态文明建设目标的最终实现。①贵州省生态文明的示范试点，用创新思维守牢底线，开创生态文明建设的新局面，对全国尤其是中西部地区具有极强的示范和带动效应，其意义重大而深远。

----

① 郭静利、郭燕枝：《我国生态文明建设现状成效和未来展望》，《农业经济展望》2011 年第 11 期，第 34~38 页。

贵州省"十三五"时期是生态文明建设的关键时期，做好顶层设计，创新生态文明建设的体制和机制，构建综合的管理机构，统筹贵州省生态文明建设。在建立健全自然资源产权制度和用途管制制度，探讨生态保护红线制度，严格生态红线管控，健全资源使用及管理制度，健全水、土地、能源等集约使用制度，推行保护区与周边社区共建共管，发展环保市场，建立生态环境损害责任终身追究制，完善生态环境保护地方性法规体系等方面进行改革，为生态文明建设提供制度，保驾护航。同时，通过生态建设制度的建立与完善，改造和提升传统产业，提高能源使用效率，降低能耗，腾出更多的环境资源，扩大我们的发展空间，推动环境生态资源资产化，促进产业发展的绿色跟进，将生态优势转换为经济优势和发展优势，丰富经济发展的内涵，拓展经济发展的市场空间，提升发展的质量，加快发展的步伐，增强发展的后劲和持续性。

生态文明建设也是一项系统性的工程，有大量的难题待破解，需要有雄厚的经济实力支撑、政策支持及人才保障。因此，需要国家和省级不同层面分别给予支持。贵州省生态文明建设中，从国家的层面，需要加大对贵州的财政转移支及生态补偿力度，支持贵州省建立长江跨省流域的生态补偿机制、支持贵州省建立供电开发生态补偿政策、支持贵州实施生态屏障建设工程、支持贵州实施生态移民工程、支持贵州省率先建立"国家公园省"管理体制试点等。从贵州省的层面，政府要多方筹措资金加大对环境保护和生态治理等方面的投入，保证科技投入，促进科技创新，建立多元化生态融资模式，探讨绿色金融模式，加强资源环境的市场化机制建设，促进资金融通流动。加强生态文明建设的人才培养和引进，建立首个省级生态大数据平台，为生态文明建设提供技术人才的支撑。建立健全环境保护地方性法规条例，落实环境质量责任制，编制自然资源负债表，推行领导干部生态绩效考核等。

生态文明建设还离不开广大人民群众的支持与参与，"十三五"时期，贵州省要进一步加大生态文明宣传和生态教育的力度，将生态文化知识和生态意识教育纳入国民教育和继续教育体系，培养公民生态意识（包括生态忧患意识、生态科学意识、生态价值意识、生态责任意识、生态道德意识等），确立绿色消费和绿色经营理念，并使之转化为保护生态环境的自觉行动，形成合理的消费方式，绿色经营以及低碳节俭、减少污染、有益健康的生活方式，促进公众参与生态文明的建设、评估及监督，走全民参与共建的生态文明道路。

生态保护和建设在贵州被成功上升为一种发展战略，这是一种负责任的发展态度，是提高人民福祉，为子孙谋福利，促进可持续发展和可持续跨越赶超之路。贵州省在领头开创全国生态文明建设新局面中，将不断给世界呈现绿色发展的惊喜。

实施篇

构建国家公园省，引领新常态

　　贵州总面积17.6万平方公里，山、水、石、洞、峡谷、温泉、瀑布、溪流、湖泊、湿地、草原、森林遍布贵州，喀斯特地貌占全省总面积的61.9%，而且形态齐全，类型多样，构成典型的"喀斯特王国"。贵州人口近4000万人，少数民族人口约占全省总人口数的39%，居住着苗族、布依族、侗族等17个少数民族，具有"十里不同风、五里不同俗、一山不同族"的独特风貌，蕴含着古朴浓郁的民族风情和多姿多彩的民族文化艺术。另外，贵州省也是生态资源禀赋非常丰富的省份。当前，贵州省寻求切实可行的发展和保护模式，实现经济发展和自然资源保护的和谐统一对贵州具有重要的战略意义，本篇探讨贵州实施国家公园省的开创性建设，既是贵州省守住"发展"和"生态"两条底线的有力安排，又是具有时代特点的制度创新，同时也是促进绿色发展的有效途径，将不仅有利于贵州省的生态建设和环境保护工作，而且有利于挖掘和保护少数民族优秀传统，使资源优势转化为经济优势，推动地方经济社会的可持续发展。

1　构建国家公园省——贵州生态文明建设的撬动杠杆

1.1　国家公园省战略实施背景

1.1.1　条件：具备两大优势

（1）生态立省优势

贵州是中国唯一没有平原支撑的内陆山区农业省份，省境由乌蒙山、大小麻山、武陵山（梵净山）、大娄山、雷公山、云雾山、月亮山7大山系和乌江、南北盘江、赤水河、红水河、舞阳河、清水江、都柳江7大水系相间分布组合而成。总体地势的西高东低以及境内中部的高山竞耸，使其7大河系向北、东、南三个方向呈扇形向外奔流，特殊的地理区位，使贵州成为"两江"上游流域地区重要的国家生态屏障。

——贵州是中国生态安全格局的重要组成部分。贵州地处长江、珠江上游，是长江、珠江上游地区重要的生态安全屏障。同时，贵州省和云南省还是黄土—川滇生态屏障、青藏高原生态屏障和南方丘陵山地带的重要组成部分，对保障国家生态安全具有十分重要的作用。

表 1-1　云贵地区国家级重要生态功能区 [①]

类别	名称	生态功能	涉及地区
全国重要生态功能区	西双版纳热带雨林季雨林生物多样性保护重要区	生物多样性保护	云南省：普洱市、西双版纳州
	横断山生物多样性保护重要区	生物多样性保护	云南省：怒江州、丽江市、迪庆州、大理州
	武陵山山地生物多样性保护重要区	生物多样性保护	贵州省：铜仁市
	西南喀斯特地貌土壤保持重要区	土壤保持	云南省：曲靖市 贵州省：六盘水市、毕节市、安顺市、遵义市、贵阳市、都匀市、黔东南州、铜仁市

① 《全国生态功能区划》，2008。

续表

类别	名称	生态功能	涉及地区
全国重要 生态功能区	川滇干热河谷土壤保持重 要区	土壤保持	云南省：楚雄州、大理州昭通市、丽江 市、昆明市
	珠江源水源涵养重要区	水源涵养	云南省：曲靖市、昆明市
国家重点 生态功能区	贵州、广西和云南喀斯特 石漠化防治生态功能区	土壤保持	贵州省：安顺、毕节、黔西南 云南省：文山
	四川省、云南省森林及生 物多样性生态功能区	生物多样性保护	云南省：迪庆州、怒江州、大理州、丽 江市、西双版纳州、红河州

——贵州是世界生物多样性保护战略热点。云贵高原是全球生物多样性重点保护热点地区和我国生物多样性保护优先区域。贵州全省拥有国家重点保护的野生动物 79 种，占全国总数的 19.7%；野生植物 71 种，占全国总数的 28.8%。

图 1－1　贵州省生物多样性保护重要性类型图

　　——贵州是中国重要的水源涵养区。贵州是中国水资源、森林资源、生态景观最富集的地区之一，是扼控长江、珠江上游流域的重要生态安全屏障，生态环境的优劣直接影响长江、珠江中下游生态安危。国发2号文件对贵州经济社会发展在全国中的地位，作出了包括将贵州作为长江、珠江上游重要生态安全屏障的五大战略定位。随着我国"南水北调"工程的实施，就水资源的生态安全方面而言，贵州对东至上海，南到广东、香港，北至河北、天津、北京等中国中东部和南部的半壁河山产生极大的影响，其未来的生态走向，事关整个长江、珠江流域乃至整个国家的生态安全。

图1-2 贵州省水源涵养重要性分布图

　　——贵州是中国土壤保持的重要区域。贵州森林质量不高，喀斯特地貌分布十分广泛，坡耕地水土流失面积比较大、分布范围比较广、土壤侵蚀潜在危险程度比较高。过度开垦和开发造成了大量新的水土流失。贵州水土流失面积、石漠化面积分别占全省面积的 31.4% 、17.2% 。贵州水土保持对"两江"下游地区的生态安全具有重要作用，贵州喀斯特地区是我国土壤保持的重要区域，也是石漠化治理的重要区域。

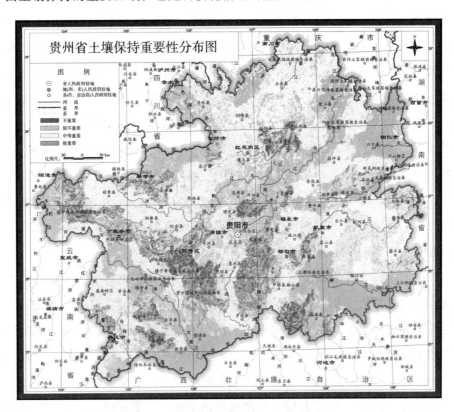

图 1-3　贵州省土壤保持重要性分布图

　　——贵州生态建设已积累很好的基础。在上述生态优势的基础上，贵州省多年来重视生态环境保护及修复，目前，贵州省在生态建设和环境保护上已取得了重大成就，为生态文明建设奠定了良好基础。早在 1988 年，时任贵州省委书记的胡锦涛同志提议在贵州省毕节市建立"开发扶贫，生态建设"试验区，获得国务院批准。1999 年贵州作出《关于加强林业建设改善生态环境的决定》。2004 年省委九届五次全会确立了生态立省的发展方略。2006 年省政府作出了《关于落实科学发展观加强环境保护的决定》，提出了加强生态保护和建设的若干举措。2007 年 4 月贵州省第十次党代会将其进一步提升为环境立省战略。贵州省委十届二次全会特别强调："必须牢固树立生态文明观念，强化保住青山绿水也是政绩的理念"。2012 年，国发 2 号文件明确将贵州作为"两江"上游重要生态安全屏障建设的战略，贵州抓住这一历史机遇，提出坚持以生态文明理念引领经济社会发展，实现既提速发展，又保住青山常在、碧水长流、蓝天常现，并把生态环境质量作为同步小康创建的核心指标之一。"十二五"期间生态环境保护力度明显加大，2013 年天然林保护、退耕还林、石漠化治理等生态工程实施进一步加快，全省新增石漠化治理面积 1000 平方公里，治理水土流失面积 2706 平方公里，完成营造林 450 万亩，森林覆盖率提高到 48%。节能减排扎实推进，2013 年全年淘汰落后产能 988 万吨，单位生产总值能耗下降 3.1%，化学需氧量、氨氮、氮氧化物排放总量分别下降 0.5%、1% 和 2%，完成了年初计划目标。[①]此外，贵州已连续举办四届生态文明贵阳会议，该会议于 2013 年升格为生态文明贵阳国际论坛。

党的十八大将生态文明上升为一项国策，明确提出将生态文明建设纳入中国特色社会主义事业五位一体的布局。2014 年全国"两会"期间，习近平总书记肯定了贵州省正确处理发展与保护生态环境关系的成功实践，明确要求贵州省要守住"生态"和"发展"两条底线，指出保护生态环境就是保护生产力，改善生态环境就是发展生产力；李克强总理要求贵州省在坚持好"生态"和"发展"两条底线的基础上，要体现出时代发展的特点。对此，贵州作出了重要调整，即发展必须守住"两条底线"：一条是发展的底线，另一条是生态的底线。当前，贵州已获准成为继东部沿海福建省之外的第二个省级生态文明先行示范区。

（2）后发赶超优势

新中国成立以来，贵州省的社会发展水平始终处于比较低的水平，人均 GDP 仅为全国平均水平的 44.5%（2010 年）。从面积方面来说，贵州省

---

① 杨磊、乔怡：《贵州 2013 年国民经济和社会发展计划执行情况》，《贵州日报》2014 年 1 月 18 日。

与广东省面积相当，然而贵州省 GDP 仅相当于广东省的 12.88%（2013年），潜在发展空间巨大。近年来，贵州驶入后发赶超的快车道，应充分发挥模仿、吸收和采纳有效制度的成本优势、时间优势和经验优势，同时避免走东部"先污染、后治理"的老路。牢固树立生态优先理念，在经济增速、生产总值、生态建设、防范风险等四个问题上统一思想，抢抓新机遇，打造新动能，力求建立将生态文明深刻融入经济和社会建设的新模式。从国土空间格局规划出发，明确保护和发展的边界，建立严格的用途管制制度，就是要变"后期治理"为"前端预防"，以规划管控、以制度保障，真正转变低效高耗发展方式，提高自然资源资本的生产力和使用效率。从源头主动适应经济增长速度换挡、结构调整的新常态，分享中央"优结构"过程中给予西部地区的政策倾斜，抓住海量析出资本寻找投资机会的机遇，凸显生态和气候资源优势，释放积聚的生态红利，走出一条 GDP 和生态资本互促增长的新路子，实现绿色后发赶超。

1.1.2　局限：面临四大问题

（1）发展水平滞后

相对于其丰富的自然资源和人力资源，贵州省经济发展水平却较为落后。自改革开放以来，与全国人均 GDP 相比贵州省人均 GDP 一直处于较低位置，20 世纪 90 年代中期之后这个差距更是逐年加大，从贵州省整体工业化水平、第三产业发展状况、城镇化发展水平和社会开放程度等方面看，贵州省整体发展在全国均滞后。因此如何在拥有丰富自然资源和人力资源的地区，利用生态优势实现整体发展的后发赶超是贵州省目前面临的主要问题。

（2）发展质量低下

贵州省经济增长的自然资源生产力较低，布局分散，单位 GDP 的能源消耗量大，经济增长以自然资源的快速消耗和一定的环境牺牲为代价。贵州省能源单位 GDP 的消耗偏高，导致环境污染严重和生态环境脆弱。经济发展对自然资源过度依赖使资源依存度逐年提高，导致固体废物、危险废物、持久性有机物等持续增加，重大环境污染事件时有发生。同时自然资源的开发消耗会对生命层的环境产生多方面不利影响，随着开发与消耗的同步急剧上升，资源本身的耗竭和大范围的环境退化，将进一步导致生态环境的过度压力和社会环境的恶化。不利于人才积累、技术进步和高新技术产业聚集，不利于低投入、低消耗、低污染、高产出、高质量、高效益的产业转型升级的实现，这将进一步降低贵州省自然资源生产力和可持续发展能力。因此，提高产业集聚程度、调整产业结构，推动经济发展从外延型、粗放型、高消耗、高污染、低技术含量、低附加值向内涵型、集约式、低消耗、低污染、高技术含量、高附加值迈进，提高自然资源投入产出比，向绿水青山要生态红利，是贵州在新常态下实现"蛙跳"发展、后发赶超的必由之路。

（3）保护形势严峻

贵州在生态建设和环境保护上，虽然取得了巨大成就，但由于贵州是中国乃至亚洲喀斯特地貌集中连片分布的中心区域，其生态环境十分脆弱，加之近年来各种自然灾害频发，贵州的生态环境令人担忧。虽然水土流失趋势得到遏制，但形势依然严峻；资源开发利用程度不高；石漠化问题依然严重。贵州作为两江上游的重要生态屏障，其自然资源本底条件和气候容量直接影响下游地区的生态安全和自然资源的数量和质量，建立定位清晰的国家公园省，守住生态底线，既是为贵州的发展提供保障和条件，也是对其他省区守护生态安全、实现永续发展的巨大贡献。

（4）保护动力不足

贵州境内的自然和文化遗产地的特点为数量多，规模小（仅占辖区面积5.4%），国家和世界级自然保护区数量较少（见表1-2），保护区面积扩张潜力大，连通性高，但是周围生态廊道被行政区划人为割裂，生态系统的完整性和景观均遭受破坏，需要有力的保护和修复，以维持其原始特征。与此同时，由于地域割裂和行政碎片化造成贵州的公园和保护地管理层级较低、资金匮乏、人员编制少、技术能力不到位、自我发展能力差，成为贵州发展国家公园的一大瓶颈。多个管理机构之间信息不畅通，协作与合作困难，导致生态建设和生态保护标准各异，措施综而不合，对国家生态保护的宏观调控以及资金效益的充分发挥产生不利影响。另外，贵州提供生态服务和输出资源产品的贡献长期不能得到应有的价值体现和回报，必须进行有利于保护环境、体现生态产品和生态服务价值的制度设计，从而赋予政府、企业、个人等多元主体主动参与环境保护、兑现自然资源资产价值的集聚动力。

表 1 - 2　2008 ~ 2012 年贵州省自然保护区基本情况

指标	2012 年	2011 年	2010 年	2009 年	2008 年
自然保护区个数（个）	129	129	129	129	129
国家级自然保护区个数（个）	8	8	8	8	8
自然保护区面积（万公顷）	95.2	95.2	95.2	95.2	95.3
国家级自然保护区面积（万公顷）	24.4	24.4	24.4	24.4	24.4
自然保护区占辖区面积比重（%）	5.4	5.4	5.4	5.4	5.4

数据来源：国家统计局。

1.1.3　机遇：撬动多项生态建设

（1）制度创新建设：建设生态文明先行示范区

2014 年 6 月六部委联合出台文件，批准在贵州建立继福建之后的全国第二个省级生态文明先行示范区，创新生态文明机制体制改革，先行先试，探索出一套可以在全国推广的模式和方案。实施国家公园省战略是贵州在经济发展提质增效的新常态下撬动生态文明建设的战略杠杆，是生态文明相关制度改革创新的试验田。生态文明是建设"国家公园省"的根本目标。

（2）国土空间建设：制定主体功能区划

依据《全国主体功能区规划》，贵州制定了《贵州省主体功能区规划》，将国家层面和省级层面的主体功能区划分为重点开发、限制开发和禁止开发区域三类，设有优化开发区域。国家公园省是主体功能区规划的落实和优化，它打破了县域行政边界，通过精细化制定国土空间的保护和发展的目标和指标，提升管理层级。这是实现主体功能区规划目标的重要保障。

（3）环境基准建设：划定生态保护红线

"生态保护红线"是继"18 亿亩耕地红线"后，另一条被提到国家层面的"生命线"。2014 年环境保护部出台《国家生态保护红线——生态功能基线划定技术指南（试行）》，贵州省从林业部门着手，出台了《贵州省林业生态红线划定实施方案》，共划定了 9 条生态红线，红线区域面积为 9206万亩，其中，林地 8891 万亩、湿地 315 万亩。生态保护红线划定后需要制定和实施配套的管理措施来实现生态保护红线的管理目标[①]。建设国家公园省是生态红线的精细化管理的有力尝试。

（4）管理方式建设：申请国家公园试点

国家公园是为了保护一个或多个典型生态系统的完整性，为生态旅游、科学研究和环境教育提供场所而由国家划定和管理的自然区域。国家公园省是在整合国家公园资源，理顺国家公园管理体制基础上，将省内国家公园资源和省行政区管理有机结合的保护运行管理体制，这种制度安排把系统管理国家公园资源与省行政区的经济社会发展有机结合起来，构建新型的国家公园体制，推进经济建设与生态文明的共同进步。

表 1-3　贵州重点保护区

类别	名称
国家级风景名胜区	黄果树风景名胜区、织金洞风景名胜区、舞阳河阳河风景名胜区、红枫湖风景名胜区、龙宫风景名胜区、荔波樟江风景名胜区、赤水风景名胜区、马岭河—万峰湖风景名胜区、都匀斗篷山—剑江风景名胜区、六仲河风景名胜区、九龙洞风景名胜区、黎平侗乡风景名胜区、紫云格凸河穿洞风景名胜区、平塘风景名胜区、苗山侗水风景名胜区、石阡温泉群风景名胜区、沿河乌江山峡风景名胜区、瓮安江界河风景名胜区
国家级森林公园	百里杜鹃国家森林公园、竹海国家森林公园、九龙山国家森林公园、凤凰山国家森林公园、长坡岭国家森林公园、尧人山国家森林公园、燕子岩国家森林公园、玉舍国家森林公园、雷公山国家森林公园、习水国家森林公园、黎平国家森林公园、朱家山国家森林公园、紫林山国家森林公园、舞阳湖国家森林公园、赫章夜郎国家森林公园、仙鹤坪国家森林公园、青云湖国家森林公园、毕节国家森林公园、大板水国家森林公园、龙架山国家森林公园、九道水国家森林公园、台江国家森林公园

---

① 贵州省人民政府：《贵州省林业生态红线划定实施方案》，2014。

续表

类别	名称
国家地质公园	关岭化石群国家地质公园、兴义国家地质公园、织金洞国家地质公园、绥阳双河洞国家地质公园、六盘水乌蒙山国家地质公园、平塘国家地质公园、黔东南苗岭国家地质公园、思南乌江喀斯特国家地质公园、赤水丹霞地质公园
国家级自然保护区	梵净山国家级自然保护区，茂兰国家级自然保护区，威宁草海国家级自然保护区，赤水桫椤国家级自然保护区，习水中亚热带常绿阔叶林国家级自然保护区，雷公山国家级自然保护区，麻阳河国家级自然保护区，长江上游珍稀、特有鱼类国家级自然保护区，宽阔水国家级自然保护区

（5）新型城镇化建设：践行绿色乡村田园自主型城镇化

十八大报告提出走有中国特色的新型城镇化之路。按照目前的城镇化规划速度预计，到2030年，中国的城市人口将达10亿人，即地球上每8个城里人，就有1个是住在中国的城市里。因此，中国如何构建城镇化的梦想，将影响整个世界。由于全球气候变化和能源革命的大势所趋，在气候容量阈值和资源禀赋双重限制的条件下，走低碳城镇化的道路成为中国城镇化战略发展的必然选择。

中国地域环境差异巨大，东、中、西部省份有各自的发展路径，不能以东部省份的方式实现中西部的低碳发展和人民生活幸福。这要求东、中、西部省份依据各自的经济发展阶段、能源消耗结构、碳生产力水平和人类发展指数等指标制定差异化的低碳城市化政策，实事求是、因地制宜地分类推定大城市、中心城市周边的农村，郊区的农村和中小城市周边的农村，东部沿海地区农村和中西部地区的农村，发达地区农村与贫困地区农村所适宜的城镇化建设模式和路径。

2012年底，贵州省的城市化率为36.5%，低于全国平均水平16个百分点。作为城镇化洼地，因势利导地推动符合地方文脉的乡土自主型城镇化，就地消化、就地供给，是贵州应该选取的真正低碳、环保、节能、循环的城市化模式。作为生态文明先行示范的载体，建立贵州国家公园特区，可以将保护与发展有机地结合，发挥保护地过渡区和边缘区的生态功能，改变单一地在人烟稀少地带或者无人区建立保护区的模式，探索在生态退化区建立保护区，解决人口与环境冲突的矛盾。由排斥人的绝对保护到追求人与自然有机融合的相对保护；由散点状的保护到建立保护网络，将社会经济发展纳入保护区的管理，为守住生态保护和修复与社会可持续发展两条底线寻求成功结合的典范。

1.1.4　挑战：需破解两对基本矛盾

（1）缓解人口与环境的矛盾

贵州省进行生态文明建设面临尖锐的人地矛盾。一方面，贵州的人口规模大，人口密度高，致使人均占有资源量低。同时人口素质偏低，平均预期寿命低于全国平均水平，受教育程度差。人口结构失衡，性别比例偏离正常值，并已出现了未富先老的状况。农村出生人口比重大，对扶贫开发呈刚性需求。人口出生缺陷发生率高，严重制约未来人口素质的整体提升。另一方面，贵州长期处于"一方水土难养一方人"的状况，常住人口为 3500 万，远低于 4200 万的户籍人口，有 700 多万人口外出打工，很大一部分实际已经"离土又离乡"，但是现有的土地流转制度和城镇化门槛阻滞了外出务工人员的异地城镇化。以实施国家公园省战略为契机，有力推进贵州省外出务工人员向流域下游省份和资源输入地区有序转移，是缓解人口规模和环境容量之间矛盾的必由之路。

（2）调和保护与发展的矛盾

在很长的一段历史时期内，发展与生态被视为一对矛盾体，要发展就不得不承受对生态环境的破坏代价，要保护生态环境就必然要牺牲发展的机会，从而完全依赖"等、靠、要"，这种认知是片面的，生态与发展的关系不是简单的此消彼长的关系。坚守"发展"与"生态"两条底线，不仅仅是要单独"发展"和保护"生态"，更是要寻找"发展"与"生态"二者的交集，建立起一条二者和谐共生之路。贵州省要实现全面建成小康社会的目标，"发展"仍是主要推动力，但如果采取盲目、不科学的发展道路，破坏了生态环境，那么既违背了发展的终极目标，也不利于发展的长久与可持续性，从而无法实现发展目标。因此，贵州省要建设"国家公园省"，就要正确地认识生态与发展的关系，理解生态价值的多元性，找到

"发展"与"生态"的交集，找到相应的生态资源利用模式。

1.2 国家公园省的内涵与定位

1.2.1 理解概念内涵

将以生态环境保护为主导的公园建设与省级行政区挂钩的思路在中外国家公园发展史上均属首创，这一战略目标的提出直接将公园体制建设提升至"立省"的高度，体现出贵州省对国家公园体制建设的重视程度。贵州省要坚守"发展"和"生态"两条底线，实现"两个90%"目标并推动生态文明先行示范区建设，对其发展模式而言是一个巨大机遇和挑战。继续走"先发展，先污染，后治理"的传统道路显然不适合贵州，因此，必须根据贵州省情，探索一条使"发展"与"生态"相容、互促、共生的新型发展模式，这一模式即"国家公园省"建设。基于主体功能区划和国土实际使用情况，可将"国家公园省"分为"国家公园区"和"非国家公园区"两部分，其中，"国家公园区"是贵州省实现生态涵养和生态屏障的主要空间载体，其主要目的在于对区内的生态资源进行保护，并在保护的前提下探索发展生态驱动型产业。"国家公园区"既是贵州省的"青山绿水"，也是"金山银山"。"非国家公园区"是贵州省的发展区，在不加重损害贵州省生态环境的前提下，在区内探索绿色、循环、低碳经济发展模式，确保贵州省发展底线的实现。"国家公园省"是贵州省践行生态文明建设的创新，是探索"发展"与"生态"和谐共生的必经之路，是贵州省"生态立省"战略的重要支点，这一思路的提出得益于贵州省自然生态资源具有空间广、丰度高、连续性好的特点，并充分考虑了贵州省作为生态涵养地对全国生态屏障的作用。

1.2.2 厘清四对关系

准确理解国家公园省的概念内涵需要厘清以下四对关系。

（1）国家公园省与国家公园的关系

"国家公园"是指国家为了保护一个或多个典型生态系统的完整性，为生态保护、科学研究、环境教育以及大众游憩而划定的特定自然区域，它具有自然或文化状况的天然原始性、资源的珍稀独特性、景观的观赏游憩性等基本特征，并具有国家代表性的本质特征。目前中央对国家公园体制建设高度重视，开展贵州省国家公园试点工作，是"国家公园省"战略的重要抓手。贵州省"国家公园"将分布于"国家公园区"空间范围内，并且在"国家公园区"内可以建设多个"国家公园"，从而形成贵州省的国家公园集群。目前对贵州省国家公园省的内涵、意义的解读，多从文化旅游产业的角度展开，简单将"国家公园省"内涵解释为"全省就是一个大景区，就是一个国家大公园，一个大国家公园"，这种以旅游目的地、休闲度假胜地概念解释"国家公园省"，实际上割裂了"国家公园省"同真正意义上的国家公园的关系；另外，国家公园省的建立是一项复杂的系统性工程，涉及国土、矿产、林业、环保、文物等多个部门，单纯从文化旅游角度建立"国家公园省"的理论体系显然有失偏颇。

（2）国家公园省与生态文明先行示范区之间的关系

国家公园省是生态文明先行示范区的功能性载体，国家公园省战略的施行就是要在贵州建立起生态文明建设的新特区，实践和检验生态文明制度改革的创新成果，探索可以在全省和全国范围内复制和推广的模式。生态文明是继农业文明、工业文明发展之后的一个更高水平的发展阶段，是以促进人与自然和谐为宗旨，以追求和谐发展、可持续发展为目标的新型文明形式，是缓解生态环境压力、统筹人与自然和谐发展的战略选择。[①]"国家公园省"是依托良好的自然生态环境和独特的人文生态系统，采取生态友好方式，守住"生态"与"发展"两条底线的必由之路。生态文明是建设国家公园省的目标，国家公园省是建设生态文明的撬动杠杆和近景蓝图。

（3）国家公园省和主体功能区之间的关系

国家公园省是立足于全国和贵州省主体功能区规划基础上的一次创新，打破了县域行政边界的限制，明晰了"区内主保护、区外主发展"的空间

---

① 马臣，盛世华：《依托资源优势发展生态旅游促进生态文明》，《黑龙江科技信息》2009 第 21 期，第 87 页。

格局，并以高规格的行政领导和执行力保证了主体功能区规划落到实处。《贵州省主体功能区规划》为贵州国土空间开发格局提供了基本框架，但就管理主体、管理制度、开发与生态保护的程度等未给出可操作的规定。通过建立贵州国家公园省，根据不同功能分区的特点建立完备的行政、法规和制度体系，可以确保主体功能区规划得到高效有力的贯彻落实。主体功能区规划是建设国家公园省的主要依据，国家公园省是优化落实主体功能区规划的有力保证。

（4）国家公园省和生态保护红线区域之间的关系

国家公园省建设的一个重要目的就在于根据各功能分区的环境容量和气候阈值，合理规划和管控重点生态保护区域内人口和产业发展的规模，疏散超载人口，转移污染企业，确保生态保护红线不被逾越。贵州省生态保护红线区域的一级管控区应全部涵盖在国家公园区的核心区内，二级管控区则依据资源属性和重要性落在核心区或过渡区内。生态保护红线是国家公园省分区划界的参照底线，国家公园省实化了生态保护红线，赋予红线刚性约束力，同时也是生态红线的精细化管理的创新模式。

1.3　国家公园省建设的重要意义

贵州省是我国生态资源禀赋非常丰富的省份，森林资源、自然景观资源、生物多样性等尤为突出。但同时，也是贫困问题最突出的欠发达省份，贫困和落后是贵州的主要矛盾。尽管拥有得天独厚的生态资源与环境优势，但囿于贵州省特定的生态环境脆弱性，传统的粗放农作方式和资源密集型产业不仅对生态构成了严重威胁，也产生了大量环境负外部性问题，导致诸如水土流失、土壤面源污染、重金属污染等严重的生态环境问题，而自然条件和人居环境的恶化最终也将不利于贵州的社会经济发展。可见，在传统的粗放发展模式下，贵州省人地关系的矛盾极其尖锐，发展与生态两者间的平衡、协调成为难以解决的问题。随着"生态立省"战略的提出和践行，贵州省实施了退耕还林、石漠化治理、重金属污染治理、跨流域水污染综合治理等重大举措，在优先保护生态环境、加强环境污染治理的前提下，利用自身优越的生态资源，积极推动经济增长向循环经济、绿色经济发展方式转型升级，初步建立了一条兼顾生态、经济、社会效益的发展道路。"国家公园省"是贵州省"生态立省"发展战略的重要支点，其实施有利于进一步巩固贵州省生态、经济、社会的发展成果，并通过杠杆作用使贵州省生态文明建设取得更大进展。

在经济建设方面，有利于贵州寻找新的经济增长点，促进贵州省经济总量发展，推动经济转型升级，提升贵州省经济发展质量。这是推动贵州省综合经济实力与可持续发展的有效途径，也是实现贵州省小康社会建设目标的有效途径。通过"国家公园省"建设，一是建立产业负面清单制度，积极发展绿色、低碳等环境负外部性较小的产业，鼓励建立循环经济发展模式，降低和消除经济发展对生态环境的负面影响；二是依托自身生态资源优势，积极发展特色农业及后端产业链，促进生态驱动型产业发展。从狭义的国家公园含义看，国家公园不同于自然保护区，前者在对资源环境保护的基础上，可以充分发挥自身特色资源的比较优势，在园区内实施有限的低强度开发，从而通过生态旅游、文化教育、特色产业开发等促进绿色低碳经济发展。就文化旅游产业而言，"国家公园省"是贵州省实现旅游业跨越式发展，进而引领中国旅游业的超越式转型，也是抢占国家制高点和国际聚焦点的跨越式提升。旅游产业具有清晰的投入产出关系，从而又能通过产业链条间接带动餐饮、住宿、交通、娱乐、会展等行业的发展。

在政治建设方面，通过建立适合中国国情、贵州省情的生态文明制度体系，有利于增强对中国特色社会主义发展道路的认同；通过建立严密的生态补偿、自然资源资产负债表等，有利于增强依法治国理念，建立健全国家生态文明建设的约束和监督体系；通过"国家公园省"建设，提升贵州省经济发展质量，让更多人分享其生态与经济效益，从而增强群众对中国共产党"执政为民，立党为公"的执政理念的认同。

在文化建设方面，通过"国家公园省"建设，不断促进生态环境保护与治理，有利于加强社会主义生态文明建设；通过建立完善的"国家公园省"，为群众提供科研教育的空间载体，有利于全面提高公民对生态文明建设的认知，普及人与自然和谐共生的发展理念，提升公民的科学素养。贵州山地文化的核心是山地自然环境和社会人文长期耦合运行的结果，体现出多元民族、多元文化在生物多样性环境中的和谐共生关系。建设尊重自然、尊重本土文化的国家公园省将有助于保护本土生态知识、民族文化和传统生产生活方式，真正树立"生态自觉、生态自信、生态自强"的新型生态文化。

在社会建设方面，通过"国家公园省"建设，明确国土主体功能区定位、妥善建立用地制度、合理安置生态移民，能够有效加快贵州脱贫致富、改善贵州省民生状况，实现全面建设小康社会的目标。由于贵州是典型的族际区域和民族交往的大走廊，是氐羌、苗瑶、百越、百濮和中原华夏文明五大族系的文化交汇之地，建设原生态的国家公园省将有利于增进各族群众福祉，促进民族交流与团结；有利于建立健全基本公共服务体系，加强和创新社会管理，推动贵州省社会主义和谐社会的建设。

在生态文明建设方面，"国家公园省"是对贵州"生态立省"战略的大胆实践，是生态文明建设的重要载体和显著标志。一方面，能够加大对贵州自身自然生态系统和环境保护力度，严格践行"发展"和"生态"两条底线，探索贵州绿色发展之路，最终建设美丽贵州、多彩贵州；另一方面，也有利于加强长江、珠江上游生态屏障建设，进一步巩固贵州省在全国生态环境中的地位，推动区域协调发展。

2　贵州建设国家公园省的总体思路

党的十八届三中全会提出"紧紧围绕建设美丽中国深化生态文明体制改革，加快建立生态文明制度，健全国土空间开发、资源节约利用、生态环境保护的体制机制，推动形成人与自然和谐发展的现代化建设新格局"，"严格按照主体功能区定位推动发展，建立国家公园体制"等要求。推动生态文明建设是中央深化改革工作内容的重要组成部分，并将以建立生态资产有偿使用制度、探索生态补偿机制、落实主体功能区规划等重要环节作为突破口，切实抓好生态文明建设工作，推动生态文明建设由理论设想走向实践。可以预见，"十三五"规划期间我国将针对上述环节开展一系列理论探索和试点工作，并建立起我国生态文明建设的雏形，因此是我国探索生态文明建设的关键时期。

作为我国唯一一个提出"国家公园省"战略的省级行政区，贵州省如何响应和深入贯彻中央关于生态文明建设和国家公园体制建设的精神，将"生态立省"战略和"国家公园省"战略置于中央关于生态文明建设的整体部署之中，坚守"发展"与"生态"两条底线，已成为贵州省"十三五"规划期间面临的重大战略问题。落实《贵州省主体功能区规划》，将贵州建成包含国家公园区和发展区的公园省，打破县域行政边界，将生态价值高和生态脆弱性高的禁止开发区、重点生态功能区和生态保护红线区域纳入贵州省"国家公园区"，由省级行政主体统筹施行圈层式保护与管理，引领改革释放制度红利，实现"国家公园区"生态资源资产不断增值、多个国家公园集群格局不断完善、生态驱动型旅游业和农业产业园梯级开发、美丽乡村星罗棋布的田园生态文明新景象。同时，将区域内开发程度高的城市区域和人口聚居区剥离"国家公园区"，融入发展区转型升级、低碳赶超的集聚发展格局中，实行不影响"国家公园区"的污染物总量控制，降低能源强度和碳强度，大力推行循环经济和生态工业园建设，提倡低碳的生活方式，建设把生态文明深刻融入经济、政治、社会、文化发展的绿色发展新常态。在实施"国家公园省"战略背景下，大力推进生态补偿型异地城镇化，着力解决人口数量超过环境承载阈值的根本矛盾；建立跨流域、跨区域的政策协商与合作平台，探索横向的生态补偿机制，以贵州对东部省份既有的资源输出换取外出务工人员异地城镇化的优惠条件，以及对"国家公园省"的硬件和软件基础设施建设的对口支持。

实施"国家公园省"战略，以"区内主生态，区外主发展"的布局设计，把守住"生态"和"发展"两条底线落到实处，是贵州实现2020年与全国同步进入小康社会，并率先建成生态文明先行示范区的重要途径。以"国家公园省"战略为抓手，推进贵州生态文明先行示范区建设，落实主体功能区划，实践与检验生态文明制度创新成果，释放改革红利，突破重要领域、打通关键环节，赋予可持续发展深层动力，实现"一落子而满盘活"的生态文明建设新气象。

2.1　指导思想

以科学发展观为指导，深入贯彻落实党的十八大和十八届三中全会关于生态文明建设的总体部署，紧密围绕建设美丽中国的战略目标，牢牢把握中央推进国家公园体制建设与试点工作的历史机遇，以"国家公园省"为核心战略，全面对接中央关于生态文明建设的一系列改革，正确处理"发展"与"生态"两者之间的相互关系，推进"十三五"期间贵州省生态补偿机制、自然资源资产负债表、国家公园体制建设等工作取得实质性进展。

第一，全面落实经济建设、政治建设、文化建设、社会建设、生态文明建设五位一体的总体布局，始终将生态文明建设放在贵州总体建设的突出地位。紧紧围绕建设美丽中国深化生态文明体制改革，加快建立生态文明制度，严守"发展"与"生态"两条底线，深入推进贵州省"生态立省"发展战略。

第二，坚定不移实施主体功能区制度，严格按照主体功能区定位推动发展，健全贵州省国土空间开发、资源节约利用、生态环境保护的体制机制。以国家公园体制建设为抓手，健全国土空间开发格局，着力发挥贵州生态资源优势，积极构建具有区域特色和比较优势的产业体系，推动形成贵州省人与自然和谐发展的现代化建设新格局，探索贵州省依托资源环境优势的后发赶超新路。

2.2　建设原则

"国家公园省"战略在贵州省"十三五"规划期间具有重要的战略地位，探索贵州省国家公园体制建设必须遵循如下原则。

（1）坚持科学发展原则。牢固树立全面协调可持续的发展理念，将后发赶超与绿色转型有机结合起来，以"国家公园省"作为"生态立省"战略的支点，以绿色发展促进后发赶超。

（2）严守"发展"与"生态"两条底线。树立底线思维，深刻认识贵州省"发展"与"生态"的相互关系，杜绝"先污染，后治理"的发展模式。充分认识"国家公园省"建设的根本目的，是实现生态保护与开发利用双赢的管理模式，因此，"国家公园省"战略本身即是对严守"发展"与"生态"两条底线的重要实践。

（3）坚持因地制宜、立足省情的原则。贵州"国家公园省"的建设必须充分结合本省省情。在资源禀赋方面，要挖掘自身生态资源、文化禀赋，充分发挥特色生态资源优势，尤其要凸显喀斯特地貌、丹霞地貌等特色景观资源，凸显贵州在全国生态环境保护中的作用，尤其是作为长江、珠江上游生态屏障区的战略作用。同时，必须意识到贵州省生态资源丰富性与生态环境脆弱性同时存在的现实，在发展模式上必须考虑生态承载力与环境容量。在社会经济发展方面，要充分认识到贵州省发展水平目前仍落后于全国其他省份，改变落后面貌、实现赶超发展，与全国同步进入小康社会构成了贵州省发展的一条底线，同时应注意到贵州省人口总量已经超出生态承载力和环境容量的现实，探索贵州生态文明建设之路将无法绕开人口过载和生态移民等现实问题。在"国家公园省"建设过程中，将"国家公园省"战略同贵州省城乡统筹发展、国土开发格局优化等重点工作相结合，要坚持以人为本，切实保障改善民生，妥善解决土地流转、就业安置等事关民生的工作，让贵州"国家公园省"的建设成果惠及城乡居民，保护、调动和发挥各族群众盼发展、求发展、促发展的积极性。在狭义的国家公园管理体制方面，要正确协调同中央级国家公园管理机构的关系，正确处理贵州同其他各省区、跨流域的生态补偿、生态移民安置等问题，有效解决当前已有"国家级"公园体系内"九龙治水"、多头管理的弊端。

（4）坚持创新生态文明制度建设的原则。组织开展生态补偿机制、自然资源资产负债表、落实国家主体功能区建设、国家公园体制建设等相关研究。同时，应积极参与国家层面的生态文明制度建设研究，例如，在国家公园体制建设方面，应对准入标准制定、国家公园生态补偿方案制定等开展积极研究，并结合贵州省情积极建言，争取形成一定的话语权。

（5）坚持自力更生与争取合理补偿相结合的原则。要坚守"发展"与"生态"两条底线，一是绝不放弃贵州省自身发展的内源动力，促进产业向资源节约型和环境友好型转型升级，建立循环经济发展模式，降低乃至消除产业对环境的负面影响，利用得天独厚的生态环境优势，发展特色农业、生态旅游等生态驱动型产业；二是充分认识到贵州省生态资源对全国其他地区的生态屏障作用，建立科学合理的生态补偿机制，积极争取中央转移支付和跨流域、跨省域的生态补偿。需要指出的是，"自力更生"不但是指不放弃自身发展的内源动力，更在于探索"发展"与"生态"的和谐互动模式，将生态优势切实转变为可持续的产业优势。另外，生态补偿机制应是建立在贵州省显著的生态屏障成效基础上的，对贵州省进行生态补偿是科学、合理、正当、公平的要求，而不应简单地视为发达地区对欠发达地区的援助性补偿。

2.3　建设目标

贵州"国家公园省"战略的总体目标是：推动"国家公园省"战略形成严密的理论体系，建立和完善贵州国家公园省的空间优化原则和管理体制，丰富贵州省生态文明建设的途径，为在"十三五"末期实现"两个90%"的目标和贵州省生态文明先行示范区建设目标奠定坚实的基础，探索一条"发展"与"生态"协同并进的新路子。

基于上述总体目标，贵州"国家公园省"战略又包括如下四点目标。

（1）细化与完善"国家公园省"战略的理论体系

将以生态环境保护为主导的公园建设与省级行政区挂钩的思路在中外国家公园发展史上均属首创，这一战略目标的提出直接将公园体制建设提升至"立省"的高度，体现出贵州省对国家公园体制建设的重视程度。贵州要建设"国家公园省"，就必须站在国家落实主体功能区定位上和建设国家公园体制的高度充分理解其内涵及对贵州发展的重大意义层面上，就必须建立科学、系统的"国家公园省"战略的理论体系。

（2）建立和完善贵州"国家公园省"管理机制

国家公园省的建设必须有完善的管理体制保证，包括相关的法律法规、管理机构及管理权限、资金管理等要点。应组建专门的国家公园省管理和规划机构，就争取中央转移支付、土地使用、农民安置就业等重点问题开展研究和试验，并为贵州省承接国家公园试点提供基础条件。

（3）优化国土空间开发格局，建立贵州省的"国家公园区"

《贵州省主体功能区规划》为贵州国土空间开发格局提供了基本框架，但就管理主体、管理制度、开发与生态保护的程度等未给出可操作的规定。通过建立贵州省"国家公园区"，进一步推动主体功能区规划。对于"国家公园区"外部的国土，要形成以"发展"为主的思路，但这种发展以不破坏"国家公园区"的生态资源和环境为底线，因此必须形成绿色、低碳的循环经济发展模式，降低乃至消除其对"国家公园区"环境的负外部性影响。在"国家公园区"内部，要形成以"保护"为主的思路，并在保护的基础上合理、有限地开发和利用生态资源，发展生态驱动型产业，此外，要按照生态资源禀赋的丰度和脆弱性划分不同等级，通过负面清单形式，明确在不同等级的公园内部不适合发展的产业类型。

（4）积极申报国家公园试点，建立申请梯队

在条件适宜的地区开展建立国家公园体制试点，是十八届三中全会后中央深化改革工作的重要内容。通过对国家公园准入标准进行科学设定、对国家公园的适宜性进行科学评估，"十三五"规划期间将确立若干国家公园试点。贵州省对此必须高度重视，发挥自身生态资源优势，加大力度完善国家公园管理体制，大力争取国家支持，争取至少在国家公园试点名单中占据"一席"之地，率先建立起贵州"国家公园省"的品牌优势。

2.4　建设思路

2.4.1　引导人口迁移，坚守两条底线

贵州省第十一次党代会描绘了到 2020 年与全国同步实现全面建成小康社会的时间表和路线图。党的十八大报告首次提出全面"建成"小康社会

后，根据会议指示精神，省委十一届二次全会作出了《关于认真学习贯彻党的十八大精神为与全国同步全面建成小康社会而奋斗的决定》（黔党发〔2012〕30号），并出台了《关于以县为单位开展同步小康创建活动的实施意见》（黔党发〔2013〕3号，以下简称《意见》），部署在全省以县为单位开展同步小康创建活动。《意见》提出到2020年，全省全面建设小康社会实现程度超过90%，同步小康创建达标的县（市、区）超过90%，即"两个90%"的目标。具体目标有：到2020年，全省各县（市、区）以县为单位实现人均生产总值达到31400元（约合5000美元）以上，城镇居民人均可支配收入达到20000元（约合3000美元）以上，农村居民人均可支配收入达到7000元（约合1000美元）以上的"531"指标要求[①]；强调努力使全省人民享有更好的教育、更稳定的工作、更满意的收入、更可靠的社会保障、更高水平的医疗卫生服务、更舒适的居住条件、更优美的环境、更幸福的生活，人民群众认可度达80%以上。

综上所述，确定贵州省"发展"的底线是"到2020年，全省全面建设小康社会实现程度超过90%，同步小康创建达标的县（市、区）超过90%"，即"两个90%"的目标。根据《贵州省以县为单位全面建设小康社会统计监测指标解释及计算方法》，贵州省小康社会的评价体系包括经济发展、社会和谐、生活质量、民主法治、文化教育和资源环境6大项25个指标，缺一不可，其中经济发展是实现小康社会的核心指标，这不仅是因为经济发展在小康社会评价中所占的权重最大，更是因为经济发展水平的提高有利于促进其他各指标项的实现。

贵州省要认真贯彻党的十八大、十八届三中全会和贵州省委十一届四次全会精神，探索资源能源富集、生态环境脆弱、生态区位重要、经济欠发达地区生态文明建设有效模式，坚守"生态"底线是基本要求。"生态"的底线是指确保贵州生态功能不退化、资源环境不超载、排放总量不突破和环境准入不降低四条红线。具体而言，是要按照《贵州省生态文明先行

[①]　贵州省人民政府：《关于以县为单位开展同步小康创建活动的实施意见》，2013。

示范区建设实施方案》的标准，从经济发展质量、资源能源节约利用、生态建设与环境保护、生态文化培育、体制机制建设等方面开展生态文明建设工作，落实好 2020 年的目标。

贵州省环境承载力所容许的人口规模远远低于户籍人口数量，也低于常住人口数量。如果出现外出务工人员大规模返流的情况，2020 年贵州省人均国民生产总值达到小康要求的县将减少 1/5，城镇化率缩水 8%。在发展底线难以守住的同时，完成《贵州省生态文明先行示范区建设实施方案》的目标任务难度加大，守住生态底线也不容乐观。实施国家公园省，需要按照各圈层分区的环境容量和气候阈值科学规划人口聚居和城镇化规模，实行生态补偿型的异地城镇化，控制人口规模总量；引导省内常住人口向交通道路沿线、产业园区转移，优化城镇化布局。

2.4.2 打破行政边界，精细两区分工

国家公园省以自然资源禀赋而非行政区划作为划分依据。将《贵州省主体功能区规划》中的重点生态功能区、禁止开发区、农产品主产区纳入贵州省"国家公园区"，此外将一些开发程度较高的区域、人口聚居区等剥离"国家公园区"，为保持国家公园区在空间上的连续性，对一些分散居住区，也可以采取生态移民安置的策略，将分散人口搬离国家公园区。国家公园区内部与外部实行"区外主发展，区内主生态"的差异化战略。

"保护为主"就是要正视国家公园区的生态屏障作用，并以保护其生态环境、维持屏障功能作为核心任务。在"国家公园区"的内部，形成"保护为主，兼顾发展"的思路。"兼顾发展"就是要在保护的前提下，发挥生态环境优势，合理开发生态资源，将生态资源优势转变为产业优势和发展优势。

在"国家公园区"外部，形成以"保护性发展"为主的思路。以确保"不减少贵州省生态资源的丰度""不降低贵州省生态资源的品质""不加剧贵州省生态环境的脆弱性"为前提，建立负面清单制度，推进产业结构转型升级；加快"国家公园区"外产业集聚；以生态工业园区为主要空间载体发展第二产业和生产型服务业。为此，第一，贵州省"国家公园区"外，

需要根据尊重自然、顺应自然和保护自然的生态文明理念，进一步加强推进生态文明建设，构建科学的生态文化体系，将生态环境意识、生态价值观、生态伦理观、生态文明观等渗透到国家公园区外的生产、生活以及政策、制度等各个方面，指导和推动国家公园区外的经济社会发展。第二，建立负面清单制度，推进产业结构转型升级，国家公园区外应大力发展资源节约型与环境友好型产业，对于传统的高耗能、高排放、污染大的产业，应严格控制其扩张，对于达不到环保标准的高能耗高污染企业，要进一步关停并转；严格实施资源能源消耗总量控制，大力发展循环经济，总结推广"十二五"期间资源循环利用的不同模式和经验，进一步"补链"和拓展延伸产业链，强化节地、节水、节能、节材和资源的综合利用，大力推行"减量化、再利用"，力争在城市生产生活方面建立起较为完善的资源循环利用体系，提高资源的利用效率，强化经济社会发展的资源保障能力。第三，要加快"国家公园区"外产业集聚，改变以往产业发展"散而小"和低水平重复建设的落后局面。以生态工业园区为主要空间载体发展第二产业和生产型服务业，对于新引进项目要加强生态资产评估，要从更大的空间和时间尺度进行环境评价，不符合生态工业园区落户标准的企业，坚决不予进驻。通过发展生态工业园区等方式，将上下游产业聚集到统一的工业园区内，基于循环经济理论，提高废气、废水、废渣的利用效率，减少流通环节、节约资源、集约发展，使生态工业园区形成系统、高效、自净的工业综合体。

2.4.3　提高领导层级，实行一体管理

要将国家公园省战略落到实处，必须针对国家公园区成立专门的管理机构，可由省发展改革委、国土资源厅、林业厅、环保厅、工信委、旅游局等共同组建贵州省国家公园区联席管理机构，办事机构可设于省发展改革委。联席管理机构负责制定"国家公园区"法律法规、管理办法、发展规划，解决产业准入标准制定、项目审批指导、跨区域生态补偿机制构建等关键问题，并负责同中央层级的国家公园管理机构对接，从而不断细化与完善贵州"国家公园省"的管理体制。

2.4.4 整合碎片化生态系统，打造国家公园集群

全面对接中央关于国家公园体制建设的部署，以国家公园试点工作作为突破口，带动"国家公园省"战略的整体推进。根据 2014 年 8 月发布的《国务院关于促进旅游业改革发展的若干意见》，国家公园体制建设工作由国家发展改革委牵头，2015 年底前要取得阶段性成果，可见改革时间之紧迫。争取在中央推进的国家公园试点工作中占据有利位置，对于贵州省"国家公园省"战略的推动具有重要的意义，必须充分认识到该项工作的紧迫性、重要性，并且要在以下方面做好工作。

第一，规划先行、重点突破。国家公园体制建设是一项复杂的系统工程，从国家层面到贵州省层面都需要首先进行顶层设计，以对国家公园的立法、管理体系、资金管理、准入标准等关键问题进行战略部署。此外，"十三五"规划期间我国将开展国家公园试点工作，对此，贵州省以国家公园试点申报工作作为国家公园省战略的突破口，密切关注中央对国家公园体制建设，尤其是国家公园试点的时间安排，对贵州已有生态资源进行全面细致的评估，提早建立起贵州省申请国家公园试点的梯队名单，争取在国家公园试点工作中占据有利位置。

第二，积极融入"中央—地方—公园"三个层级的垂直管理体系。贵州省需全面对接中央关于国家公园体制改革的路线，密切关注中央层面关于国家公园体制建设的部署，理顺国家公园的各级管理体系。可由贵州省国家公园区联席管理机构全面负责贵州国家公园建设的总体工作，包括协调与国家公园上级管理机构的关系、国家公园省发展战略规划、管理方针制定、标准制定、资金管理、监督管理、试点申报等工作，逐步建立协调有序、依法管理、产权明晰、权责明确、监管有效的省一级国家公园管理体制。

第三，科学评估、摸清家底，对贵州省现有生态、文化资源存量进行科学评估。在此基础上，一是对省内已有的冠之以"国家"名义的公园进行全面盘点，以便协调国家公园与自然保护区、风景名胜区、国家地质公园、国家森林公园、国家湿地公园等现有各类保护地的关系，构建科学的

国家公园体系；二是对已有公园进行条件适宜性的科学评价，对其是否适合升格为国家公园进行综合评估，依据其条件适宜性建立贵州省国家公园试点梯队名单，在国家公园试点工作中择优申报。

第四，优化国家公园空间布局。贵州省可用以申请国家公园试点的生态资源十分丰富，散布于省域范围内。国家公园对生态资源在空间分布上的连续性、聚集性有较高要求，因而要对贵州省国家公园进行进一步的空间识别和优化。目前看，贵州省最有可能升格为国家公园的资源主要集中于东北、东南、西南、西北部四个方向，其中，东北部的梵净山以高山山地地貌、生物多样性和佛教文化为特色，东南部的荔波以喀斯特地貌景观为核心特征，西南部的北盘江以水环境和峡谷为特色，西北部的赤水以丹霞地貌为核心特征。上述四个区域在空间上互为独立，能较好地代表贵州省的特色资源禀赋。

第五，尝试建立国家公园的跨省管理体制。国家公园所依赖的本底资源一般为自然生态资源或自然景观资源，跨行政区边界的情况并不少见。例如，贵州省荔波喀斯特地区与广西壮族自治区环江喀斯特地区，天然连成一体，共同组成了从高原到低地斜坡地形上的锥状喀斯特地貌，展示了丰富多样的地表和地下喀斯特地貌形态，是大陆湿润热带—亚热带锥状喀斯特地貌的杰出代表。[①]同样，贵州省赤水丹霞地貌在与其相邻的四川境内也有广泛分布。国家公园的跨区域特性增加了其管理难度，如何同其他省区进行沟通协调，建立高效的跨省管理体制，也成为国家公园体制建设中的一个必须面对的问题。同周边省区共同推进国家公园建设，不仅有利于保护贵州生态资源的完整性，也有利于国家探索国家公园更为复杂的管理机制，从而增加申报公园进入试点名单的概率。

---

① 杨志雄、黄艳梅：《广西环江喀斯特成功入选世界自然遗产》，中国新闻网，2014 年 6 月 23 日。

3　贵州建设国家公园省的基本框架设计

3.1　建立圈层式分级分类保护的国家公园区

依据《全国主体功能区划》和《贵州省主体功能区划》，在贵州省地理国情普查和生态保护红线区域划定工作的基础上，整合贵州省已有的自然和人文资源，统一规划，按照生态资源禀赋的重要性、代表性和脆弱性，建立国家公园区的等级体系，划分核心区、过渡区和边缘区三个功能分区，根据核心区、过渡区和边缘区的生态功能的差别实施差异化的保护和开发策略。

（1）核心区是生态价值高、重要性强、代表性强和脆弱性强的，未经或者很少经过人为破坏的自然生态系之所在，或者是虽遭受过破坏，但有希望逐步恢复成自然生态系统的地区。该区以保护种源为主，是取得环境本底信息的所在地，也是为保护和监测环境提供评价的来源地。核心区的划定以守住"生态"底线为原则，包括《贵州省主体功能区划》划定的禁止开发区和限制开发区中生态价值高、代表性高、脆弱性高的地区，以及各部门在生态红线划定过程中确定的生态保护红线一级管控区。核心区集中体现了生态服务功能的公共属性，所有自然资源的产权应归国有，由地方政府代理行使其管理权，保护和管理的经费由中央财政转移支付拨付。

（2）过渡区是指围绕核心区的周围地区，为脆弱的生态系统和历史遗产提供保护空间，是试验性和生产性的科研基地，允许有限度地发展观光旅游、教育科研等事业。此外，过渡区或者其外界廊道可以将多个保护区连成网络，促进整个地区各保护区间的连接和合作。过渡区的自然资源产权未必全归国有，但须由省级政府统一规划、统一管理，可推行管理权与经营权分置，实施特许经营制度。

（3）边缘区位于过渡区的外围，是一个多用途的地区，以社区的发展为导向，可以从事一定范围的生产活动，包含大面积的农田、居民点等人为干扰较大的用地类型，在空间形态上并非环绕核心区和过渡区的连续圈层，而是呈现不连续的状态。边缘区遵循"资源适度开发"的原则，在资源的利用方式和利用强度上与核心区和过渡区的环境质量要求相适应、与边缘区的资源承载能力相适应，生态景观保持和谐一致。应结合贵州得天独厚的自然资源和生态资源，向青山绿水要红利，大力发展生态农业、生态文化旅游业，将生态资源转化为高附加值的产品和服务的载体，培育贵州经济的新增长点，打造生态驱动型经济转型的升级版。

（4）整合国家公园区内的国家公园集群。参照贵州省目前的生态安全格局规划，确定贵州的重要生态功能区格局为：六区、三轴、三带。六区为：赤水竹业生态旅游区、梵净山物种保育区、黔东南森林景观建设区、黔南北高原水源涵养区、黔西岩溶峡谷石漠化治理区、黔西北高原水源涵养区；三轴为：乌江生态轴、苗岭－清水江生态轴、南盘江生态轴；三带为：黔北生态农业带、黔东植被保育带、黔西黔南石漠化治理带。在国家公园区的划定过程中，着力在重要生态功能区内归并位置相连、均质性强、保护对象相同但人为划定为不同类型的核心区，抢救性地建立一定数量的核心区，拓展过渡区的范围，通过在连片过渡区之间建立廊道，在关键区域引入或恢复乡土景观斑块，减少景观中的硬性边界等方式将多个核心区连成网络，大幅提高生态功能区的数量和结构，促进多个生态功能区之间的连接和合作，整合出多个国家公园集群格局的雏形。

（5）产业结构方面，核心区内禁止从事开发活动，除特定经审批的情况外，不允许进入从事科学研究活动；过渡区内，基于拱卫核心区和为核心区内生态系统提供后备生境的考虑，可以限制性批准开展科研和教育活动，以及不影响环境本底资源、不减少生态资源价值、不超过环境容量阈值的经济活动，例如，观光旅游业等；边缘区内所从事的生产和经营活动须以不影响核心区和过渡区的生态环境保护为前提，强调经济活动的可持续性，必须有严格的准入限制。第一，在边缘区内建立并完善负面清单制度，严格把控经济活动的准入，并逐步推行存量改造，通过设备贷款担保、折旧补贴、迁移补贴、土地置换等手段，清退区内不符合规定的产业和经营活动，探索建立生态区域承接产业转移的负面清单制度和动态退出机制。第二，编制边缘区的鼓励发展产业目录，通过财政转移支付，建立生态补偿制度和特色产业扶持基金，实施财政贴息、投资补贴和税收等扶持性政策，有选择性地扶持和发展生态农林产业和休闲旅游业等特色优势产业。第三，通过内聚外迁模式，促进产业向条件较好的地区聚集。第四，整合生态农业产业链，建立集农林业科研、加工、包装、仓储、运输为一体，以特色休闲旅游业为配套支撑的生态农业园区。

（6）环境保护方面，关闭或限期迁出核心区内的所有企业，开展生态移民工程，确保污染物"零排放"；在过渡区和边缘区，通过治理、限制或者关停污染排放企业等措施实现污染物排放总量下降和环境质量状况达标。禁止直接或间接排放废水、废气；禁止倾倒工业废渣、垃圾及其他废弃物；禁止使用违反国家规定防污条件的运载工具；禁止在国家公园区内设置排污口，加强环保部门的监测力量，制定合理的应急方案，应对突发污染事故。限制农业化肥的使用量，在旅游开发与生态建设过程中采取虫害防治、护林防火、污水排放、垃圾消纳等切实有效的保护措施，减少对环境的污染和破坏。

（7）能源结构方面，制定国家公园省能源结构调整规划，过渡区内新建成的旅游设施一律使用清洁型能源，鼓励使用新能源和可再生能源设，围绕发展现代生态农业和建设美丽乡村两大目标，在过渡区推进以农村沼气为重点的农村可再生能源建设，推进大型沼气工程建设，尽早启动沼气用气和沼渣、沼液综合利用补贴试点，进一步完善沼气扶持政策。启动秸秆利用试点项目，提高秸秆等生物质资源综合利用水平。调动各方面力量，齐心协力做好农业农村节能减排工作。

（8）基础设施方面，建立国家公园区的建筑分类标准，核心区严格控制，不允许新建建筑，有计划地拆除和迁移原有建筑；过渡区由政府统一规划，采用沙砾、卵石、木材、石材等本土材料建设或改建不切割原生态系统的建筑；在边缘区内，大力推行节能建筑和环保建筑材料，施行国际通行的绿色节能建筑标准。实行"减法原则"，避免不必要的建设，杜绝建设性破坏，提高建筑质量，避免大拆大建。

（9）交通方面，严禁交通道路穿越国家公园区的核心区，尽量避免穿越过渡区；在过渡区内着力建设步行小径和徒步线路网络，鼓励使用步行、骑马、骑车等低碳交通方式；边缘区依托交通道路骨架布局，使适度开发区域向交通道路沿线集聚，缩短生态产品的运输路程，提升物流运输网络的通达性。

3.2　重塑生态全面融入发展的非国家公园区

第一，在产业发展方面，生态基准融入产业选择标准，选择性地发展生态友好型产业和高附加值产业，通过生态优势营造发展优势。大力推进传统工业生态化转型，加快产业结构升级，加强产业集聚，大力推进生态工业园建设。整合"小而散"的产业布局，使其成为相互耦合、资源共享、有机联系、集约发展的网络结构。严格控制准入，清退环保不达标企业。提高废气、废水、废渣的循环利用效率，多层次利用废弃物，减少环境污染和生态破坏。突出循环和生态发展主题，将自然生态融入产业基地，大力发展"绿、水、园、城"和谐统一、高效自净的生态工业园。

第二，在社会消费方面，引导生态自觉内化推动居民消费模式的转变。一是引导消费者转变消费观念，使崇尚自然、追求健康的新文化蔚然成风，注重环保、节约资源和能源，实现可持续消费；二是倡导消费者选择未被污染或有助于公众健康的绿色产品；三是注重消费过程中对垃圾的处理，减少环境污染。

第三，在文化方面，倡导生态价值观，提升公众的生态文化教养。建立多元化的生态文明宣传渠道，除传统的设立宣传日、宣传周，举办生态论坛外，还应积极创新生态宣教手段，借助移动互联技术，采用线上线下相结合的宣传方式，持续开展资源短缺、环境脆弱的省情宣传和深度教育，强化全省人民的生态意识。借助"贵阳生态文明国际论坛"这一平台，将生态驱动型发展与贵州省"生态立省""国家公园省"等品牌建设捆绑在一起，提升贵州省生态环境保护的整体形象。

第四，继续加大环保工程投入，积极承接国家重大环保工程项目，加快城市公园、城市水源地、市区绿化带等生态功能区的规划、建设和保护。

3.3 实施高规格、一体化资源管理

成立由省委主要领导挂帅的高规格领导小组作为国家公园省建设的组织领导机构，统筹推进规划实施。领导小组下设贵州国家公园省建设管理局作为执行管理机构，由省发改委牵头，各职能部门主要负责人参与，统筹分散于林业、住建、国土、工信、旅游、环保等部门和各州市县的保护与管理权力，破除地域割裂和行政碎片化的管理瓶颈，统一制定"国家公园区"法律法规、管理办法、发展规划，解决产业准入标准制定、项目审批指导、跨区域生态补偿机制构建等关键问题，推动生态文明体制改革和公园省建设齐同并进。管理局经费由中央和省级财政拨付，财权与事权相匹配，接受国家主管部门的监管。按照生态功能区划片，建立国家公园省管理局的基层管理机构，核岗定编，加强人员专业培训，依法执行国家公园省的基层管理职能。

3.4 推进生态文明机制体制改革

国家公园省是生态文明先行示范区的功能性载体，国家公园省战略的施行就是要在贵州建立起生态文明建设的新特区，实践和检验生态文明制度改革的创新成果，探索可以在全省和全国范围内复制和推广的模式。在政府承担起提供公益性的生态产品和生态服务的主体责任的前提下，引入市场机制，推动生态资源资产化、生态服务功能价值化，完善自然资源价格形成机制，一方面是保护并盘活生态资源资产、撬动生态资源实现产业化的重要途径，另一方面也有利于建立自然资源审计制度，以生态资源资产的保值和增值作为衡量保护绩效的重要指标，调动各级地方政府、企业和公众多元主体投入环境保护的积极性，建立以生态资源资产保值和增值促进保护和以负面清单管控开发的新模式。

（1）加强资源环境市场制度建设，完善价格形成机制。建立自然资源

市场定价制度，推动生态服务价值化，形成反映市场需求、资源稀缺程度、生态修复成本的自然资源价格体系，促进自然资源节约高效利用。建立自然资源审计制度，以生态资源资产不断增值作为衡量保护绩效的重要指标。

（2）编制"国家公园省"的负面清单。依据不同圈层区位列明环境容量、污染物排放总量控制要求、环境质量控制性要求、区域开发限制性规定、产业和企业投资准入的特别管理措施等，细化稽查条目和清退时间表，对清单列明的污染企业及区域定时清理。以负面清单管理模式限制与环境承受能力不相容的开发，避免生态资源过度资本化产生负效应，管控突发的环境风险，引导国内外投资进入负面清单容许和鼓励开发的经济领域。

（3）发展节能环保市场，推行排污权、碳排放权、水权交易制度。逐步健全自然资源资产评估制度，完善信用评级体系，培育发展生态资源信托机构和林权水权交易市场，推动生态资源资产转化为可流通的债券、基金和股票。建立森林碳汇交易制度。加强森林碳汇交易技术支撑和政策保障，健全碳汇计量、监测、审核、交易管理体系，完善交易机制，培育交易市场，释放"绿水青山"的生态红利。

（4）引导多元化主体投资国家公园省建设，打造生态多元善治新模式。有序开放可由市场提供服务的环境管理领域，大力推进环保服务业发展，加快建立和完善环境污染第三方治理，积极尝试基础设施领域 PPP 模式。探索发展生态金融，发掘新业态、新产品和新模式，引入社会资本投资环保领域，形成"大资源、大产业、大社会、小政府"的生态多元善治新格局。

（5）加快推进农地改革，促进农业现代化、集约化、高端化转型。通过土地确权赋能，把集体经济组织的土地所有权和农民手中的土地使用权变为永久性物权，保护集体和农民分享土地的增殖收益。推进土地合理流转和适度规模经营，为土地转包、出租、互换以及入股提供条件，推动土地向农民合作社、家庭农场流转，培育农村新型农业经营主体。

（6）推进生态农业产业化建设。推行生态农业经营认证和产销监管链认证制度；完善生态农业产品质量认证体系和质量监管体系；建立农林业产品负面清单。擦亮"贵州国家公园省"品牌，培育一批国家公园省内的生态名牌产品，推动品牌宣传、销售和物流运输渠道建设。

（7）发展多元所有制生态驱动型企业。政府在研究开发、人才引进、税收优惠、投资担保、技术入股等方面给予支持，推动多元所有制企业成为环境保护、科学创新的重要力量。把发展生态驱动型产业和环保产业的主动权和话语权交给企业主体，把生态驱动型产业发展的服务功能交托给专业性社会中介组织。

3.5　实施生态补偿型的异地城镇化

贵州省进行生态文明建设面临尖锐的人地矛盾。一方面，贵州的人口规模大，人口密度高，致使人均占有资源量低。同时人口素质偏低，人均平均预期寿命低于全国平均水平，受教育程度差。人口结构失衡，性别比例偏离正常值，并已出现了未富先老的状况。农村出生人口比重大，对扶贫开发呈刚性需求。人口出生缺陷发生率高，严重制约未来人口素质的整体提升。另一方面，贵州长期处于"一方水土难养一方人"的状况，常住人口为3500万，远低于4200万的户籍人口，有700多万人口外出打工，很大一部分实际已经"离土又离乡"，但是现有的土地流转制度和城镇化门槛阻滞了外出务工人员的异地城镇化。根据本报告估算，农民工的大规模返流可以导致2020年人均GDP达到小康水平的县份减少五分之一以上，城镇化率可降低8.6%，对实现小康社会的目标会造成巨大的负向影响。面对贵州省人口总量超出生态承载力和环境容量的现实，贵州要守住"生态"与"发展"两条底线，必须采取生态补偿型的异地城镇化，在建设国家公园省的战略背景和管理体制下，建立跨省际的区域联动机制，通过农业转移人口的异地城镇化等措施，为外出务工人员提供新的生活工作空间，减少人口返流数量。

为保持国家公园区在空间上的连续性，贵州国家公园区的建设针对一些分散居住区，采取生态移民安置的策略，将分散人口搬离国家公园核心区。同时，贯彻《贵州省扶贫生态移民工程规划（2012～2020年）》，引导人口从核心区和过渡区向边缘区和发展区转移，参照气候容量和生态阈值，根据资源环境中的"短板"因素确定可承载的人口规模、经济规模以及适宜的产业结构，践行有山地特色的新型城镇化道路。把生态文明理念全面融入工业化和城镇化进程，开辟移民安置项目环评绿色通道，从源头控制移民安置区污染。优化安置区发展环境，根据不同自然资源和历史文化禀赋，建设有历史记忆、文化脉络、地域风貌、民族特点的美丽城镇。

加大对边缘区的资金投入，做好移民后续安置工作。建立农业科技示范园区，发展订单农业、扩大产业基地，为产业发展提供规划辅导与科技信息服务；发展生态农业和循环生态园区，走农、林、牧、游综合发展的农业产业化之路，实现粮食增产、农民增收、农业增效、农村和谐的目标。坚持把移民后续产业发展和创造就业岗位作为重中之重，尝试"门市安置"、发展特色产业，奖励扶持吸纳移民人员的企业、积极引导和扶持移民自主创业，努力增加城镇公益行就业岗位，加强移民技术培训等方法，促进移民增收致富的长效机制的建立，实现移民"搬得出、留得住、能就业、有保障"。

为建成国家公园省，在国家公园区和外围发展区同步实施以异地城镇化为导向的生态移民政策。探索建立区域间战略合作，作为跨省际、跨流域的定向生态补偿方式，优先解决贵州籍外出务工人员落户问题。按照"尊重意愿、自主选择、因地制宜、分步推进、存量优先、带动增量"的原则，以就业年限、居住年限、城镇化保险参保年限等为基准条件，因地制宜制定具体的生态移民迁移落户标准，并向全社会公布，引导生态移民在城镇落户的预期和选择。实施《贵州省扶贫生态移民工程规划》，确保2020年与全国同步实现全面小康建设。

3.6　积极申请国家公园试点

"十三五"期间，我国将开展国家公园试点工作。实施国家公园省战略，依照贵州的主体功能区划和生态功能区格局，整合、归并和优化国家公园区的国土空间布局，形成多个国家公园集群格局的雏形。由国家公园省联席管理机构统领国家公园试点申请工作，协调与国家公园上级管理机构的关系，积极融入"中央—地方—公园"三个层级的垂直管理体系。以生态重要性、景观代表性和景区的建成程度为依据，建立贵州省申请国家公园试点的梯队名单和先后次序，推进能较好代表贵州省特色资源禀赋的区域，例如，东北部以高山山地地貌、生物多样性和佛教文化为特色的梵净山，东南部以喀斯特地貌景观为核心特征的荔波，西南部以水环境和峡谷为特色的北盘江，西北部以丹霞地貌为核心特征的赤水，依次展开国家公园试点申请，建立起贵州"国家公园省"的品牌优势。

4　贵州国家公园省建设任务分解

4.1　建立国家公园省规划、立法和技术标准体系

4.1.1　制定国家公园省整体规划，勘界定桩

落实《贵州省主体功能区划》，实化生态保护红线，明确生态系统功能保障基线、环境质量安全底线和自然资源利用上线；建立系统完整规划的生态阈值和环境容量综合评价指标体系，确定合理的人口规模、产业规模、建设用地供应量、资源开采量、能源消耗总量和污染物排放总量；在全面分析贵州省生物地理区划和综合自然区划的基础上，在贵州省地理国情普查和生态红线划定工作的基础上，制定国家公园省整体规划，明确面积和范围，勘界定桩。

4.1.2　制定完善国家公园省法律法规体系

在《贵州省生态文明先行示范区实施办法》的基础上，设立专项资金和项目，由国家和地方科研机构，林业、农业、环保等相关部门组成专家组，参照国内外先进成熟经验，制定《贵州国家公园区保护和管理办法》，明确国家公园区的合法地位、空间边界和管理制度，以法律形式规范国家公园区的保护与开发；明确国家公园区管理的各项规章，包括划定依据、管理规划制定、禁止开展的活动、森林保护与发展、社区发展、补偿机制、各类事件纠纷处理办法等。

制定《贵州国家公园区保护和管理办法操作指南》，对《保护和管理办法》进行进一步深化和细化，具体规定基层管理组织的权责范围、资金使用和管理方式、工程选择有限级别、制定相关条例的程序等，形成自上而下的线性指导框架，让保护与开发有法可依。提升国家公园省管理部门的监察和执法能力，加强对生态和环境问题的专项研究，形成文件，向社会发布，引起公众参与重视，加大宣传国家公园区的生态保育和环境修复的功能。

4.1.3　推动国家公园省技术标准体系化建设

（1）制定土地利用标准

在《贵州省土地利用总体规划》和《贵州省主体功能区划》的基础上，结合国家公园省整体规划，制定贵州国家公园土地利用分类标准，统筹区域土地利用。

（2）制定环境资源管理标准

一是，编写生态保护监测和评价类标准。汇总整理林业部门工作信息，建立森林生态系统、湿地生态系统、生物群落种类和数量的相关检测、普查、评估、估值标准及其技术指南，跟踪评价国家公园省生物多样性变化状况。

二是，编写环境污染监测和评价类标准。汇总整理环保部门工作信息，建立包括水、大气、土壤、声等环境要素质量和污染状况的相关检测、普查、评估、估值标准及其技术指南，跟踪评价国家公园省污染排放情况变化状况。

三是，编写自然资源监测和评价类标准。汇总环保、水利、国土资源等部门工作信息，建立国家公园省土地资源、森林资源、矿产资源、水资源数量和质量的相关检测、普查、评估、估值标准及技术指南，跟踪评价国家公园省自然资源资产数量、质量变化状况。[①]

（3）基础设施绿色建设标准

参照《自然保护区管护基础设施建设技术规范》和国内外绿色建筑标准，定制国家公园省，特别是国家公园区内科研、监测、游憩、管理基础

---

① 舒旻：《国家公园技术标准体系框架——云南的探索与实践》，云南人民出版社，2013。

设施的建设规程、位置、用能、材料、规格等绿色建筑标准，使其一方面不影响或有利于生态系统、物种和自然遗迹的保护，与自然景观和保护对象的栖息环境相协调，体现地方风格和民族特色；另一方面最大限度节约资源，促进节能、节地、节水、节材、保护环境和减少环境污染。对不符合国家公园省绿色建筑标准的存量设施进行限期改造，新建设施报批一律按照绿色建筑标准执行。

（4）制定消费者行为管理标准

根据国家公园省不同圈层和分区的生态阈值和气候容量的"短板"因素，制定国家公园省内的消费行为的管理标准。制定国家公园省消费及游憩行为管理标准，限定游客数量、限制游客活动类型，建立生态旅游数据库、商业住宿监控系统、游客电子反馈系统、旅游设施绿色建筑标准、旅游卫星账户等，并把它们汇入国家公园省生态大数据平台，引导和规范消费和游憩行为。[①]

（5）探索推行 ISO14000 系列环境管理体系

国际标准化组织为制定 ISO14000 环境管理系列标准于 1993 年 6 月设立了第 207 技术委员会（TC207），下设 6 个分委员会，内容涉及环境管理体系（EMS）、环境管理体系审核（EA）、环境标志（EL）、生命周期评估（LCA）、环境行为评价（EPE）等国际环境管理领域的研究与实践的焦点问题，是近十年来环境保护领域的新发展、新思想，是各国采取的环境经济贸易政策手段的总结。探索在国家公园省规划建成期，对接 ISO14000 系列环境管理体系，指导国家公园省环境管理体系认证方针制定和政策实践。

4.2 建立国家公园省生态数据监管体系

4.2.1 全面开展国家公园省资源本底调查

（1）建立自然资源资产账户

全面、系统地了解和把握贵州国家公园省有关生态系统、自然资源、

---

① 舒旻：《国家公园技术标准体系框架——云南的探索与实践》，云南人民出版社，2013。

环境要素等的空间分布、类别、质量和数量信息，对水流、森林、山岭、草原、荒地等自然生态空间进行统一确权登记，同时对国家公园区面积、行政区划、村镇分布、人口数量、民族族属、土地产权和用途分类、基础设施、产业结构、经济收入、社会发展、文教卫生的基本状况进行摸底调查，掌握国家公园省自然环境条件、周边经济社会条件和建设管理基础条件。

（2）依托贵州省大数据平台，建立国家公园省生态大数据平台

坚持信息化与生态化同步，共同深度融入贵州的新型工业化、城镇化、农业现代化和国家公园省的建设过程。依托贵州省大数据平台，搭建智慧公园网络，汇入国家公园省生态大数据平台实现统一管理、监测和灾害预警。创新工作方式，使国家公园省生态环境和经济社会发展各项指标数据化，建立后端数据库，为自然资源绿色统计、编制自然资源资产负债表、实施生态补偿提供可靠的数据基础。

（3）探索编制自然资源资产负债表

在赤水市和荔波县探索编制自然资源资产负债表试点经验的基础上，探索编制贵州国家公园省自然资源资产负债表。从数量、质量和效益三方面着手，统计、核实和测算国家公园省内自然资源资产总量和结构变化并反映其平衡状况，全面记录环境容量资源的占有、使用、消耗、恢复和增值活动，评估国家公园省环境容量资产实物量和价值量的变化情况，考核领导干部生态环境绩效、明确资源有偿使用和生态补偿的标准。

4.2.2　建立资源环境动态监测和巡查网络

布局建设覆盖国家公园区内所有核心区、敏感区、敏感点的主要污染物监测网络，完善资源环境的信息采集工作，建立资源环境承载力动态数据库和计量、仿真分析及预警系统。通过在保护区内的实际观测点设置摄像机和各种传感器，开展国家公园特区生态资源全景监控，全面监测森林火灾、乱砍滥伐、盗猎等情况，采集各观测点的温度、湿度、照度、风力、风向、二氧化碳排放等气象参数。建立健全统一监管区内所有污染物排放的动态管理体系，严控新建源、严管现役源、严查风险源，增量管理与存

量治理并重，严格执行重点行业和区域的生态修复时间表。建立实时监测与现场勘测互为依托、自动监测和人工检测互为补充，日常监测和应急监测平行兼顾的监测和巡查工作制度。在严格执行相关技术规范的前提下，实施在线监测设施第三方有偿运营，确保在线监测设施正常运行，提供真实、准确的监测数据，接受国家公园省管理局的监督和管理。

4.2.3 加强环境预警与应急能力建设

设置环境灾害和资源承载力预警控制线和响应线，对水土资源、环境容量和自然资源超载区域实行限制性措施。开展定期监控。做好预警应对工作，及时落实限产、限排等防控措施。有效开展污染联防联控工作，逐步建立协作长效机制。

4.2.4 推行自然资源责任审计

依据国家公园省自然资源资产负债表，对领导干部实行自然资源资产离任审计，建立生态环境损害责任终身追究制。建立企业环保责任追究机制，严查环境违法行为，依法追究行政和法律责任；建立生态环境损害鉴定评估和鉴定赔偿制度，将生态环境损害与公民损害同时列入赔偿范围。

4.3 建立国家公园省清洁高效的生态产业体系

4.3.1 生态农林业

（1）建设生态农业产业园，整合产业链条

以特色农业种植业为基础，进行农林业的纵向产业整合与递延，集农林业科研、加工、包装、仓储、运输、销售为一体，以特色休闲旅游产业为互补引擎与配套支撑，建立"产业复合、旅游关联"的产业发展集群，引导"一村一业"或"多村一业"的"一业突破"模式，培养一批具有国家公园省品牌特色的生态农业园区。

（2）积极培育农业龙头企业，推进产业化经营

扶持、培育、引进一批产业关联度大、带动能力强的农业龙头企业，着力发展生态农产品加工业，促进农业生产经营专业化、标准化、规模化、信息化、品牌化。大力发展农民专业合作组织，提高农业生产经营组织化

程度，提高农业抵御自然风险和市场风险的能力。积极探索"公司＋基地＋农户"等生产经营模式，理顺农户与企业之间的关系，确保产权清晰、分配合理，保障农民利益，保障农业产业化的健康发展。

（3）完善生态农业社会化服务体系

健全国家公园省生态农业社会化服务体系，鼓励和引导社会化服务组织参与农业产前、产中、产后全程服务，鼓励和支持社会化服务组织参与国家公园省农业基础设施建设。完善集农业技术推广、农产品质量安全、农业品牌管理于一体的生态农业公益性服务体系。鼓励各类组织、企业和个人，利用自身资本技术优势，成立生态农业专业服务公司，为生态农业生产经营提供全程全位服务；通过政府订购、定向委托、奖励补助、招投标等形式，引导经营性服务组织参与公益性服务。发挥农民合作社的引领作用，组建以农业企业为龙头、农民合作社为纽带、家庭农场为基础的现代农业联合体，把一家一户从全过程生产和经营中解放出来，不断创新以"两头在企业，中间在农户"为主要内容的新型农业社会化服务模式，为全产业链提供现代生产要素、物质装备、先进技术和管理方式，开拓市场渠道。建设农产品专业批发市场，积极搭建农业信息化平台和电子商务平台。加强农产品市场和现代物流体系建设，实施国家公园省生态农产品现代流通体系。建立健全符合农业社会化服务发展需求的人才培养和引进机制，将农业社会化服务人才纳入新型农民培训。构建生态农业融资担保平台，鼓励各金融机构创新涉农贷款担保方式、实物抵押方式、资金发放和结算方式。完善保险服务体系，鼓励和引导保险机构开发农业保险新险种，提高理赔标准。

（4）打造"贵州国家公园省"特色品牌

打造"贵州国家公园省"特色品牌，大力推进特色生态产品和生态服务的认证工作；对符合认证标准的产品进行统一包装、推广、运输和销售。建立健全无公害、绿色、有机食品研究开发、生产技术指导、标准化检测和信息服务等社会化服务体系。依托龙头企业和农民合作组织，加强农民相关培训，提高农民绿色及有机农产品方面的生产技能。

4.3.2 生态工业

（1）合理布局工业，提高产业聚集度

贯彻国家公园省整体发展规划，制定国家公园省产业结构调整计划，重点引进和扶持低能耗、低污染企业以及战略新兴企业和掌握核心技术的龙头旗舰企业，强化低碳技术引进与改造，优化产业机构。加强非国家公园区内产业集聚，加大产业链整合力度，突破原有产业链格局与地位，主动整合产业链上下游企业，积极向低碳、低能耗、低污染、高附加值的高端环节延伸，努力把握产业发展中的制高点和主导权。

（2）大力实施企业清洁生产，推进工业节能减排

鼓励和扶持工业企业进行节能、减排、降耗等领域的技术研发、改造、引进与合作，积极转变生产方式，淘汰落后产能，节约生产成本，实现节能减排与效益提升的双赢。

（3）创建生态工业园区

一是对现有工业园区实施园区生态化改造。推进建成的工业园区原地升级，提高环保标准。加强园区规划控制，减少环境影响，着重发展废弃物园区集中处理及规模化再利用。积极利用园区现有的产品和副产品发展精深加工，填平补齐生态产业链，延伸园区产品产业链条，增加产品的附加值，增强企业竞争力，减少废物产生、提高资源利用效率。对园区有条件的企业进行清洁生产和绿色制造的审计，引导它们向投入减量、废弃再用和循环利用的方向持续拓展。集中技术力量将末端治理、清洁生产和绿色制造等不同技术方法进行整合，加大研发力度，鼓励应用新技术、新工艺，淘汰落后产能和工艺。

二是推进生态工业园区建设。从园区的规划开始，根据区位优势、经济特点、生态特性和气候禀赋条件等，对园区循环经济各项功能进行设计。将环境损害和补偿计入工业园区规划环评，将工业园区选址、用地功能和布局可能对环境带来的影响消除在建设初期的规划阶段。合理规划园区循环经济的功能性布局，建设污染净化处理、能源集中供给、给排水系统、交通通信服务、信息网络服务、物流服务和管理咨询服务等一系列基础设

施，加强基础设施共享，摊薄集中提供环保服务的成本。通过绿色招商构建工业区的生态产业链，推动企业间建立副产品交换、余热梯次利用、废水处理回用等循环利用网络，促成企业在产品代谢和废物代谢层面形成代谢链条完整的工业群落。

4.3.3　生态服务业

第一，大力发展生态旅游业。借助整合国家公园省内国家公园集群的契机，开发观光游憩、生态体验、教育休闲和度假养老等不同类型、不同层次的生态旅游业。根据不同功能分区保护和建设要求，设计低碳慢行旅游线路，构建国家公园集群之间的低碳交通网络。科学规划旅游目的地的设施建设，全方位开发食、住、行、游、购、娱六大要素互相配合的休闲旅游项目。引进国际化品牌，接轨国际标准，提升旅游基础设施和服务水平。推动社会资本参与经营经济收益和自然资本双增长的生态旅游项目，实现保护与发展双赢，将生态旅游业培育成贵州省新的经济增长点和经济转型升级的发力点。

第二，集聚发展环保服务业。创新国家公园省管理机构治理模式，积极探索环境治理的市场化机制，逐步推动政府购买环保服务。培育、完善和规范综合环境服务市场，加强监督管理。制定和完善扶持综合环境服务业的财政、税收、金融、科技等相关政策，建立长效支持机制，降低综合环境的服务企业的投资风险。鼓励社会资本投入国家公园省水资源、大气、土壤综合治理，推动民营综合环境的服务机构发展。通过推动环境服务业发展促进环保产业链上下游整合以及横向联合，培育一批掌握核心技术、涵盖产业链全程、有能力提供高质量综合环保服务、具有国际竞争力的大型环保产业集团。

第三，创新发展绿色金融业。借助国家公园省建设契机，创建绿色银行和投资基金，实行"赤道原则"和相关评估机制。在环境成本预算、项目评估、风险控制、融资成本控制方面积累量化经验和专业意见，对授信业务准入、尽职调查、放款审核、贷后监测等环节实行全流程管理。依法披露绿色信贷信息，接受市场和相关利益方监督。

4.4　建设稳定可靠的生态安全体系

4.4.1　保育保植，促进生态多样性及生态脆弱地区生态修复

在国家公园区的核心区，迁移人口、退耕还林还草，以解除生态系统所承受的超负荷压力，依靠生态系统自身演替规律，休养生息；在过渡区和外围区，加大植被保护，因地制宜进行植被建设，选择多样化树种用于植树造林。通过物种资源保护、生物资源恢复和发展、景观资源保护、生态环境保护，最大限度地保护生物多样性、原生性和特有性，保护生态系统平衡与和谐，遏制资源破坏，探索合理利用自然资源和自然环境的途径。①

4.4.2　把石漠化治理纳入公园省建设范围

将强度石漠化区明确纳入国家公园省的核心区，通过环境移民、封山育林等生态修复措施，休养生息，自然恢复；中度石漠化区退耕还林（草），发展草地畜牧业，开展基本农田建设，通过开展不加重石漠化趋势的开发方式，以开发促治理；轻度石漠化区适宜果林、庭院经济和生态农业发展；潜在石漠化和无石漠化区通过合理的土地利用和农村剩余劳动力的安置，进行预防保护。对边缘区内的石漠化区域探索多种方式、多种产业配套、多元主体投入的治理方式。

4.4.3　在国家公园省内探索重金属污染治理的新模式

加强源头控制，出台专门的国家公园省土壤保护办法及其配套法规，建立多部门联动机制和长期有效的土壤质量监测机制。对国家公园区的土壤环境质量加以科学化、精确化、差别化的管理和监测，有针对性地开展治理修复。对污染严重的农田进行封闭治理，达标后使用，或改作其他用途；对轻度污染的农田按照污染程度种植不易吸收污染物质的农产品或经济作物。建立国家公园省土壤污染防治专项工程，加大污染土地整治力度，推广治污效果明显、经济技术操作性强的农艺措施，选育抗性强的农作物

---

① 《贵州省水利建设生态建设石漠化治理综合规划》，2011。

品种。探索推行"谁污染、谁付钱、第三方参与重金属治理"的新模式，积极引入国内外拥有相关领域先进技术和经验的环保企业，实施地方整体重金属治理服务模式。另外，健全资金投入机制，完善生态补偿机制，明确不同污染区域的补偿标准，给农民和村集体以补偿。

4.4.4 推行跨流域水污染综合治理

整合水利部门和环保部门在流域水量和水质方面的管理功能，由省级"国家公园省"管理机构领导和协调跨流域水污染治理工作，统一制定治理规划和水质标准，联合监控水质，集中处理污水、协调产业结构调整等，健全各项配套管理机制，最大限度发挥流域治理机构防污、治污的作用。探索建立跨流域的区域联动机制和生态补偿机制，增强上下游地区之间的互惠互信，探索跨流域生态补偿的多种方式。国家公园区实施最严格的水资源管理制度，以红线倒逼各级主管部门投入治理，建立责任追究责任制，提高水环境改善绩效。撬动多元资金加大治理投入，开展水权、排污权交易，发挥市场的资源配置作用。

4.5 建立国家公园省长效多元的资金投入体系

4.5.1 建立健全国家公园省建设财政投入长效机制

尝试通过国家公园省的管理机构将财政转移支付、补助资金、生态建设资金、环境补助金、城建补助、扶贫资金、水利建设补助等 10 余项相关资金"打捆"整合，统筹安排，对省市级财政用于生态建设和公园省发展的相关专项资金进行整合，设立公园省专项资金并纳入年度财政预算，重点支持旅游环境整治、旅游项目开发、生态保护和环境基础设施建设等领域。建立专项资金增长机制，确保财政用于公园省专项工作的支出增幅高于财政收入的增幅。建立有效的资金使用和监管制度，严格落实专款专用、先审后拨和项目公开招投标制度。

4.5.2 探索支撑国家公园区非营利性运营的多元资金投入机制

（1）设立国家公园省投资基金

以政府财政资金为资本金来源，同时吸纳政策性银行、社保基金、保险公司、长期投资机构和外资机构的投资。发行中长期绿色债券吸纳社会资金，通过利息税减免，降低融资成本。通过担保、合资、进行股份投资等方式充分发挥政府资金的杠杆作用，撬动多元社会资金投资国家公园省建设。

（2）完善财政贴息机制，鼓励绿色贷款

支持国家公园省内环境修复、生态保护和新兴绿色产业发展，设立适合大、中、小型不同规模企业的贴息项目，调动多元主体的参与积极性。贴息资金一般由财政安排，或从征收的排污费和资源税中提取。

（3）探索国家公园建设的 PPP 模式

根据财政部印发的《政府购买服务管理办法（暂行)》将国家公园省内环境治理、生态修复、公园建设等项目纳入政府购买范围，吸引社会资本进入环境服务市场。明确界定国家公园建设项目设计、融资、运营、管理和维护等各个方面所承担的责任、义务和风险，以保护利益相关方的权利和利益，提高项目运作效率和透明度。通过竞争机制引入自然资源资本投资者，风险共担，利益共享，实现整体价值最大化。由政府给予基准回报，超出目标部分与投资者分成，未达到目标的由投资者承担后果。强化对投资主体的激励约束机制设计，监督环境服务的质量和效率。通过税收优惠、低息贷款、担保贷款等政策，充分调动社会资本参与自然资本投资的积极性。

4.5.3 建立长效生态补偿机制

（1）建立中央对贵州国家公园省的纵向生态补偿机制

贵州国家公园区护卫两江上游生态安全屏障，提供公益性生态产品和生态系统服务，体现公益性，国家对国家公园区内因保护而使用受限的集体土地、林地、草地等要建立合理的补偿机制。国家对非国家公园区牺牲发展权拱卫国家公园区的机会成本通过财政转移支付、跨省横向支付、技术和管理支持的方式进行弥补。整合现有的生态补偿措施与资金以发挥更大的效用。多年来，中央政府通过一系列工程计划和财政转移支付对贵州的生态保护和经济发展进行了补贴，如水土流失、退耕还林、石漠化治理等，这些项目在一定意义上都具有生态补偿的内涵，需要整合这些项目和资金，统筹安排，避免重复建设并提高资金使用效率，形成补偿效应聚合的最大合力。

（2）建立长江和珠江流域下游省区、对口资源能源输入地对贵州国家公园省的横向生态补偿机制

国家公园区的本底资源条件、气候容量决定了贵州和下游地区的自然资源资产数量和质量。国家公园省内维护和修复生态环境的投入，以及限制自身经济发展的机会成本，应当由下游省区共同承担。国家公园省应在中央政府的协调与引导下，积极探索跨省域生态补偿机制，建立下游对国家公园区资源环境保护的补偿和国家公园区对下游省区超标排放赔偿的双向责任机制，以激励国家公园区的生态保护，并促进上下游的和谐发展。

（3）实行非国家公园区对国家公园区的生态补偿机制

强化非国家公园区企业的生态补偿责任，积极引导企业参与生态补偿工作，积极探索利用市场机制，开展生态补偿的方式方法。将生态服务损失评估和补偿费征收纳入环评审批程序。

（4）健全国家公园区内生态补偿机制

从特许经营项目中收取特许经营费，作为对风景名胜资源保护的补偿；开展参观、旅游活动的门票收入应用于国家公园区生态的修复和利益相关方的补偿；试点在国家公园的门票里收取一定份额的环保基金，用于对受到影响的重点生态功能区进行建设和修复；以环保星级评定旅游设施，允许环保五星标准的景点和宾馆等旅游设施收取一定数量的环保设施维护费；对国家公园区内因保护而使用受限的集体土地、林地、草地等要建立合理的补偿机制；建立国家公园区补偿社区发展机会成本以及反哺社区发展的长效机制。

4.5.4　实行收支两条线管理

国家公园省的收入实行省级财政统一管理，门票收入、特许经营收入等要上缴省级财政，各项支出由省级财政统筹安排；建立健全收支两条线资金管理流程。

4.6　建立国家公园省科技支撑体系

4.6.1　成立依托国家公园省的教育和研发平台

积极构建产、学、研一体化的国家公园省保护与发展研究院，探索克服市场失灵和组织失灵、降低创新企业的不确定性和风险的方法和渠道，提升投入企业环保产业的动力；建成几个国家环境保护重点实验室、工程技术中心、野外观测研究站，为科学研究、技术创新和田野实验提供物质基础，提升国家公园省环境保护和监测的科技化、信息化程度。创新绿色科技、生产绿色产品、开发绿色能源。

4.6.2　成立国家公园省科技服务中心

为绿色科技创新提供融资、信息、空间、人力、物流等方面支持，加强绿色科技成果扩散。建立技术转化市场，衍生和孵化一批依托国家公园省的旗舰环保服务企业。

4.6.3　成立国家公园省专业人才培训中心

以高规格国家公园省的建立筑巢引凤，吸引人才向贵州聚集，增加专业化劳动力的数量和种类，为分工深化和细化打好基础。

4.6.4　成立国家公园省国际合作交流中心

贵州国家公园省也是世界的公园省，抢抓"一带一路"建设历史机遇，打造海上丝绸之路和陆上丝绸之路人流、物流、资金流、信息流交汇的绿洲。加强环保领域的国际合作，引入国际资本投资，遵照国际惯例办事，吸引国际人才献策献力，形成一套适应生态文明发展的国际体制和组织形式。通过对外开放和参与国际分工的方式，获得外商投资和技术外溢，通过"引进－学习－改造－创新"的模式，推进本土企业的发展和创新。引入国际生态科技研发中心，推动国际组织总部落户国家公园省，大幅提高环保科技水平，接轨国际先进技术水平和管理标准。发挥贵阳生态文明国际论坛的窗口作用，促成生态环保类、技术和科技产品国内外双向转化。

4.7　建立国家公园省文教宣讲体系

4.7.1　成立专门的国家公园省公共关系办公室

统筹负责国家公园省的品牌推广、形象维护、对外公关和国际交流。改变贵州生态、旅游、度假资源"养在深闺人未识"的境况，培养一批知名度高、美誉度高、体验好、黏度强的休闲旅游目的地；打造几个精品旅游线路，培育高端生态旅游产品和消费市场，擦亮"国家公园省"的金字招牌。

4.7.2　构建现代化文教宣传网络

形成完整的学院教育、社会公益教育、企业教育、社区教育体系；建立多层次、扁平化的传播渠道，提升渠道效率；提升生态文化教育的亲和力，切合生活实际传播生态知识，注重宣传内容的可复制性和易传播性。

4.7.3　丰富生态文化载体

注重利用现代网络传媒手段，由单向性的实地教育、宣传教育、展馆综合教育向更具生动性、互动性、创新性的宣传方式转变，繁荣生态文化载体；通过影视、动漫、艺术品、音像制品、出版物、标志性建筑、商业活动等有效载体延伸、渗透和弘扬生态价值观，宣传国家公园省，唤醒人们的生态自觉，塑造贵州的原生态文化品位。

4.7.4　挖掘传统生态文化价值

贵州位处西南古代百越族系、氐羌族系、百濮族系和苗瑶族系等族系族际分布的交会处，其特殊的文化区位条件奠定了贵州多元民族、多元文化并存的基础。各民族在数千年的发展过程中积淀了多种多样的乡土知识，创造并传承了各具特色的民族生态环境。然而，上述传统原生态智慧与文化，包括民歌民谣、地方风物传说、人类起源神话、民间信仰、生活生产习俗和历史故事等并未得到系统深入的研究。地方性生态知识及生态智慧尚未与生态文明建设的现代化理论有效整合。

4.7.5　支持生态文化产业发展

贵州省的文化产业建设处于起步阶段，生态文化产业起点低、规模小、结构单一、产品市场竞争力不强，大多数生态文化企业目前还停留在对文化产品进行外加工阶段，对文化价值的深入开发挖掘不够。生态文化产业建设投入不足。一些地方领导还未充分认识到生态文化意识在提高全民素质中的引领作用，投入的时间和精力有限，财政支持乏力，制约生态文化产业建设向纵深发展。民族生态文化的生态旅游价值未能得到有效的挖掘。

4.8 构建国家公园省多元参与保护治理体系

4.8.1 建立国家公园省建设全民参与机制

突出国家公园区保护的公益性和普惠性，建立反哺周边社区发展的运营方式；培训和聘用周边社区居民参与国家公园省建设、保护、管理运营；特许经营项目在同等条件下优先考虑当地居民及企业。

4.8.2 建立国家公园省生态文明权益监督保障机制

完善环境信息依法申请公开制度，增加监管的透明度；建立健全环境舆论预警机制和环境事件应急处理机制。

4.8.3 培育国家公园省环保科教社会组织和志愿者联盟

鼓励社会组织和志愿者等参与国家公园省的保护和管理。邀请国内外知名环保机构参与决策。引入社会组织和外部公益机构参与保护、培训和应急。

5 贵州国家公园省建设实施步骤

5.1 起步期（到 2015 年）

国家公园省建设工作全面推进，省域人口 - 经济 - 资源 - 环境系统进一步协调，产业结构不断优化，重点企业清洁生产水平大大提高，以工业园区为主要载体的工业循环经济加强，农业生态化、产业化、标准化建设得到有力提升；城市和城镇环境基础设施基本完善，农村环境基础设施加快建设，城乡人居环境得到改善；重点区域生态环境保护和建设得到加强，以森林资源为重点的资源合理利用水平不断提高；生态文明制度基本建立健全，生态创建活动广泛开展。完成国家公园区的划定和功能分区，完成制定《贵州国家公园区保护和管理办法》，开展核心区生态移民，优化空间布局，整合国家公园集群雏形。核心区着手编制自然资源资产负债表，边缘区建立负面清单，严格实施增量准入控制。贵州全面建设小康社会实现程度要接近西部平均水平，人均生产总值达到25000元以上，为与全国同步跨入小康社会打下基础。

5.2　完善期（2016～2017年）

攻克国家公园省创建瓶颈，省域社会经济与资源、环境系统协调、可持续的态势基本形成。区域经济结构和布局调整深化，新型工业化进程加快，城镇化发展提速，第三产业发展突飞猛进，重点企业节能减排继续开展，农村环境基础设施建设进一步完善，市域资源得到持续利用，生态环境质量保持良好，生态文明意识深入人心，生态文明制度完善。区域差距、城乡差距缩小，区域协调发展得到体现。各项公园省建设指标全面实现。到2017年，完成国家公园试点，向全部公园特区推广经验。完成制定《贵州国家公园区保护和管理办法操作指南》，将核心区自然资源资产负债表的编制经验推广到整个国家公园区。边缘区进一步完善负面清单，并依据负面清单完成存量改造、完成排污权有偿使用和交易机制试点工作。生态移民初见成效，积极申请国家公园试点。

5.3　建成期（2018～2020年）

贵州国家公园省率先建成生态文明先行示范区，全面建成旅游强省和国家重要有机农产品基地；全省全面建设小康社会实现程度超过90%，同步小康创建达标的县（市、区）超过90%的目标，以县为单位实现人均生产总值达到31400元以上，与全国同步跨入小康社会。

6 相关保障机制

为保障"守住两条底线,建设国家公园省"政策顺利实施,应首先统一全省各界对"经济发展"与"生态保护"两条底线辩证统一观念的科学认识,把国家公园省建设定位为推进贵州省建设生态文明先行示范区的必由之路;组建专门的组织领导机构,建立社会企业参与机制,完善相关工作机制,通过项目一体化加强全省区域合作,为公园省建设提供组织保障;创新体制机制,建立健全科学决策机制,不断完善国家公园省建设的法律制度保障;出台国家层面的区域性生态补偿机制和贵州省层面的实施规划,为公园省建设提供强有力的财政保障。

6.1 形成全省共识,推进公园省建设

大力深化全省思想认识,牢固树立绿色发展价值理念。秉承生态文明理念,坚持和落实守住"发展"与"生态"两条底线的原则,借鉴国际先进理念与实践经验,突出绿色发展主题。后发赶超,探索与生态文明相适应的经济建设、政治建设、文化建设、社会建设,建立绿色发展的体制机制,建立生态文明与经济发展的联动机制,向绿色要"发展红利",促进社会经济发展与生态环境建设深度融合,推动贵州省产业结构全面转型升级,实现贵州特色的跨越发展和绿色繁荣,与全国同步进入小康社会,实现"两个一百年"目标,让人民分享"绿色福利"。

深化对国家公园与国家公园省建设在贵州省全面实现守住"经济发展底线与生态保护"两条底线目标中处于核心位置的认识。公园省建设是实现贵州省绿色发展、建设全国生态文明先行示范区的重要途径,公园省建设体现了经济发展与生态保护的辩证统一关系,既体现了绿色低碳发展的原则,又不增加当地居民的负担,通过发展绿色产业带动绿色就业,产生绿色 GDP,实现生态保护与经济建设的协调发展。

在建设多圈层的国家公园集群内部体系的同时,与"一带一路"发展

战略、生态文明先行示范区建设项目相结合，以加快转变经济发展方式为主线，大力发展国家公园区边缘区和外部发展区的绿色产业，建设贵州国家公园省。为此要严格科学规划、强化科技支撑、创新体制机制，力争在全国率先形成资源节约型和环境友好型的产业结构、增长方式与消费模式，打造绿色低碳产业发展模范区；加快建设绿色、低碳、和谐、可持续发展的生态型城市，彰显贵州民族文化和山水自然特色，全面提升生态文明水平，打造国家生态文明先行示范区；通过两型引领、提质增效、质速兼取、后发赶超，不断提升经济发展质量、优化城乡生态环境、改善人民生活水平，走出一条具有贵州特色的生产发展、生活富裕、生态良好的绿色跨越式发展道路，把贵州省建设成为东方瑞士般的花园省。

6.2　健全组织机制

建设国家公园省重在组织机制建设，成立高规格的公园省建设领导小组，统筹规划管理。成立由省委、省政府主要领导挂帅的多彩贵州公园省建设工作领导小组（以下简称"公园省领导小组"），由省委书记任总指挥，省长任组长，常务副省长和分管旅游工作的副省长任副组长，省市各相关部门的主要负责人为成员，负责统筹推进规划实施。建立高规格领导机构、提高旅游管理机构的地位，是打破旅游资源地域割裂和管理碎片化瓶颈的重要组织保障机制。

领导小组下设贵州国家公园省建设管理局（以下简称"公园局"），设在省发改委，省发改委、省旅游局、林业局、土地局、环保局的主要负责同志任工作组成员，负责制定"贵州国家公园"法律法规、管理办法、发展规划，解决产业准入标准制定、项目审批指导、跨区域生态补偿机制构建、监管处罚等关键问题；制定规划实施的年度计划，分解落实各项工作任务和进度安排，督促检查和评估考核等工作。各市（县）区有关部门成立相应工作机构，切实加强对国家公园与公园省建设工作的组织领导。各相关部门按照职责分工，各司其职，各负其责，完成规划确定的目标任务，形成全省市上下分工协作、齐抓共管的工作格局。

建立和完善工作机制。建立省领导小组会议制度，领导小组每年召开一次会议，研究部署规划落实的年度工作计划，签订目标责任状，听取工作专班及相关部门工作进展情况汇报，协调解决规划实施过程中的重大问题。建立工作例会制度，工作专班每季度召开一次工作例会，及时跟踪掌握年度工作计划落实进展情况，协调解决工作中的具体问题，并将相关情况报送省委、省政府主要领导。建立督办检查制度，定期和不定期地对年度工作计划落实进展情况进行督办检查，对各相关部门的完成情况进行通报并抄送省委、省政府主要领导。

建立面向世界的多彩贵州公园省宣传推介机构，作为贵州国际化的窗口，把贵州建设成为与世界性大城市紧密联系的旅游信息发布中心。实现国际宣传和产品推介走向亚洲，走进世界，在世界舞台上充分展示多彩贵州的文化意蕴。尽早实现贵州省72小时过境免签制度，为吸引国际游客创造便利条件。

建立以各级政府为主体的运营管理体系，强化目标责任评价考核。把公园省建设规划和实施的各项目标任务纳入各级党委、政府量化目标管理考核体系，作为各级党委、政府领导班子和领导干部政绩考核的重要内容，充分体现科学发展、绿色发展的要求和导向。

完善激励机制，增强创新动力。探索社会组织参与机制，构建政府、企业、社会组织三位一体的建设运营载体，有机互动，共同守住"生态"与"发展"两条底线。大力培育社会组织体系，充分发挥生态保护社会组织的作用，通过政府购买服务大力鼓励、积极扶持民间组织开展环保活动，承接过去由政府直接管理经营、适于由国家公园景区居民以及其他社会组织自主经营管理的景区周边基础设施建设。大力组建公园省社会组织，经营节日庆典、旅游产品、体育活动、农业观光、城市景观等公共资源要素，丰富充实公园省旅游服务内容、提高质量，形成政府、企业与社会组织多元主体相互补充、共同合作的新格局。

6.3　创新体制机制

6.3.1　建立多方参与的科学决策机制

国家公园建设是贵州省后发赶超、建设生态文明示范区、全面实现小康社会的必由之路，要将公园省建设纳入贵州省经济社会发展总体规划，贯穿于经济社会发展的全过程，建立环境与发展综合决策机制，把国家公园集群建设作为重点，加大投资力度不断丰富旅游观光产品的文化内涵、改善经营环境、提高服务水平，提升国家公园旅游市场建设与国内外营销水平，把贵州打造成为"世界旅游目的地"。

与此同时，国家公园省以外其他各产业的发展需要与绿色理念保持一致，把住规划关、准入关和排放总量关，努力构建生态产业体系。实行严格的产业准入退出机制，推动产业结构优化升级。着力培育以大数据为代表的战略性新兴产业，大力发展现代服务业和观光旅游业，加快发展高效生态农业，积极推动传统产业生态改造，全面构建符合贵州资源环境承载能力、满足可持续发展要求、具有较强市场竞争力的生态型产业体系。

在旅游规划、项目开发和重大项目招商引资等重大决策过程中，优先考虑环境影响和生态效益，对可能产生重大环境影响的事项，实施环保"一票否决"制度。完善信息发布和重大项目公示、听证制度，健全公众参与机制。实行问题追溯和责任终生追究制度，预防生态环境的重大决策失误。建立环境损害评估制度，做到处罚有据，加大惩治力度。

6.3.2　健全多元化投入机制

（1）跨区域资源补偿机制建设

《国务院关于进一步促进贵州经济社会又好又快发展的若干意见》将贵州定位成"全国重要的能源基地""扶贫开发攻坚示范区""文化旅游发展创新区""长江、珠江上游重要安全屏障""民族团结进步繁荣发展示范区"。在全国主体功能区规划中，贵州大部分属于"桂黔滇喀斯特石漠化防治生态功能区"及"武陵山区生物多样性及水土保持生态功能区"。贵州的生态安全战略地位迫切需要发展经济。为解决贫困落后这一主要矛盾，国家应出台相应的保障机制，加快跨区域、跨流域生态补偿机制建设；开发相应的转移支付路径，以缓解贵州在发展中遇到的生态保护与经济发展的"双重压力"。

（2）强化政府投入对推进公园省建设的导向性作用

对省市级财政用于生态建设和公园省发展的相关专项资金进行整合，设立公园省专项资金并纳入年度财政预算，重点支持旅游环境整治、旅游项目开发、生态保护和环境基础设施建设等领域。建立专项资金增长机制，确保财政用于公园省专项工作的支出增幅高于财政收入的增幅。建立有效的资金使用和监管制度，严格落实专款专用、先审后拨和项目公开招投标制度。

（3）建立公私合作投融资新体系

在充分发挥财政资源配置的引导作用的同时，建立"政府引导、社会参与、市场运作"的多元化投融资体系，积极争取国家、国内银行以及国际银行贷款，努力争取国外政府和企业的资金投入，通过银企合作、绿色信贷、发行企业债券和上市融资等多种方式推动生态环境建设及生态产业发展。

大力鼓励和引导民间资本参与国家公园省建设。20世纪80年代以后，随着项目融资的发展，PPP（Public-Private Partnership，公私合作）模式在欧洲出现并日趋流行，政府与私营商签订长期协议，授权私营商代替政府建设、运营或管理公共基础设施并向公众提供公共服务。我国为了探索公共项目的投融资新模式，财政部相关机构起草了"政府与社会资本合作模式（PPP）操作指南"，政府和社会资本合作模式推进政府与社会资本为提供公共产品或服务建立"全过程"合作关系，政府授予社会资本特许经营权、利益共享和风险共担，通过引入市场竞争和激励约束机制，提高公共产品或服务的质量和供给效率。贵州在国家公园省项目建设和管理过程中，应充分引进当地以及外来的民间资本，以社会组织形式推进公益事业的发展，探索公共项目投融资的新模式。

（4）专业人才保障

以贵州大学旅游系为依托，与瑞士洛桑旅游管理学院等国内外同行单位合作，创建国内一流的"贵州旅游管理学院"，对旅游业从业人员实施专业培训。按照"世界眼光、国内一流、贵州特色"的要求，加大国际、国内旅游市场营销策划力度，精心培育入境旅游市场，建设国家旅游文化产业示范园区。

6.4　强化保障措施

6.4.1　坚持法制保障

在《贵州省生态旅游规划》的基础上，制定《贵州国家公园建设与保护条例》，明确国家公园认证标准与认证程序、规划准则、保护标准，建立贵州国家公园数据库并实施代表性评估，明确利用方案、管理模式与保护规则。

积极推进地方生态环境立法和制度建设，积极探索有利于环境保护、生态建设的投入机制、监督机制、管理机制、执法机制、预警机制、应急机制、公众参与机制、责任追究机制、区域合作机制等制度，建立健全有利于环境保护、生态建设的价格、税收、信贷、贸易、土地和政府采购等政策，逐步建立完善国家公园省建设制度体系，形成生态环境保护与绿色低碳发展的长效机制。

6.4.2　坚持规划引领

制定《贵州公园省建设总体规划》，切实发挥规划在公园省建设工作中的引领作用，强化规划的严肃性、科学性。各部门要积极做好行业规划与公园省建设规划的衔接和细化工作，在行业规划中充分体现"发展"与"生态"两条底线的具体原则。各县（市）区结合实际编制本地区的公园省规划，将规划目标、指标和任务逐一落实。实行规划中期评估和动态监测制度，及时发现问题并提出修编、调整建议。有关部门要加强对实施情况的跟踪分析，在规划实施的中期阶段，要对规划实施情况进行中期评估，中期评估报告提交领导小组审定通过后要对规划进行修订。

6.4.3　强化项目一体化

坚持以项目建设为载体，编制《贵州省公园省配套项目库》，加快推进传统产业生态化改造、接续替代产业发展、战略性新兴产业、现代服务业、生态农业、绿色建筑、资源节约集约利用、污染防治、生态修复治理、生态文化培育等重点项目的实施，对项目库实行动态管理，实时对项目库进行滚动更新。明确项目责任单位，落实资金来源，制定年度计划，加强跟踪管理，及时协调解决项目实施中的各种困难和问题，确保项目顺利实施。

6.4.4　开展监督执法

严格执行生态环境保护的法律法规，充分发挥环保等职能部门的监管作用，加强节能监察和环保监管队伍建设，加大行政执法力度，严厉打击破坏生态环境的违法犯罪行为。全面推行环境质量公告制度，建立生态环境投诉热线、电视问政、环境实时监控等平台，接受社会监督。各级人大要依法履行职能，强化法律监督，政协要加强民主监督，团结动员各方力量为建设多彩贵州建言献策。各级纪检监察机关要加强对公园省建设各项决策、措施贯彻落实情况的监督检查。各级党组织和社会组织要积极参与到建设中来，形成全社会齐抓共管的强大合力。

6.4.5　营造与世界标准接轨的旅游软环境

贵州旅游环境形象亟待大力改善提高，交通硬件条件和服务规范水平均需要大力整治，交通标识与国际通行标准相统一，以提升旅游环境的国际化水平。在全省范围内大力加强文明素质教育，提升全省人民的文明礼仪水平，营造与国际接轨的旅游服务的软环境，是实现公园省建设目标的必备条件。

6.5　政策建议

贵州的国家公园省建设既是地方自身的发展要求，也是国家建设国家公园体系战略的重要组成部分，实现建设公园省的目标需要国家和贵州省的共同努力。

6.5.1　国家层面的政策诉求

（1）国家优先考虑将贵州省的风景名胜公园纳入首批国家公园体系，大力支持贵州省建立国家公园集群体系以及国家公园外部发展区的低碳产业体系建设。

（2）国家尽快建立起跨省域生态保护补偿机制，加大中央财政投入力度，通过转移支付帮助贵州省建立国家公园核心区和过渡区保护与发展引导基金，夯实贵州国家公园省建设的财政基础，推进生态环境的保护与发展。

（3）国家尽快出台《国家公园法》，推进顶层设计与综合协调，确立国家公园的建设标准、准入机制、财政制度以及评价制度，建立健全组织机制和工作协调机制。

6.5.2　贵州省层面的政策诉求

在贵州省层面上，为确保国家公园体系和国家公园省体系建设的顺利实施，应尽快制定出台以下五项政策。

（1）在组织机制上，建立全省高层次领导小组，打破行政区划壁垒，推动省内市县的信息沟通、合作、协调以及执行机制，地方合作，统一规划，共同实施。

（2）尽快出台贵州公园省建设规划设计，理清总体思路，用规划引导公园省建设，规划包括国家公园体系与公园省体系。

（3）举全省之力加强人才智力保障，提高宣传、推介、营销水平，为公园省建设提供专业技术支撑保障。

（4）大力培育社会企业，发挥社会企业在公园省建设中的积极作用，构建包括政府、企业和社会组织在内的多元建设主体，探索高效的公私合作模式。

（5）牢固树立"人人都是旅游环境，人人都是美丽景观"的主体意识，提高全省居民文明素质水平，培育共同意识和公共意识，加大社会文化环境治理力度，充实和提高软环境竞争力。

7　小结

实施国家公园省战略，将国家公园制度与省级行政权力结合，既是一项环境保护与管理制度创新，也是一项绿色发展制度创举。以实施国家公园省战略撬动生态文明建设、落实主体功能区划、保护生态红线，是将生态保护前端化、全程化、常态化的有益尝试。划分国家公园区和非国家公园区，奠定了"区内主保护、区外主发展"的明晰、精细布局，也激活了保护与发展互为条件、互相促进的新模式。国家公园区以保护为主，同时作为发展生态农业的净土和开展生态旅游业的热土，既是保护的主体，也是发展的主体；非国家公园区集聚发展的动能和势能，在将发展作为主要任务的同时，要将生态化与"四化"同步推进，使生态文明与经济社会发展深刻融合，将守住国家公园省的生态阈值和环境资源底线作为发展的刚性约束，启动贵州的绿色产业革命，将生态融入发展的全过程，坚持有所为有所不为，以传统高耗产业方面的有所不为倒逼环保低碳产业方面的大有可为。

贵州最大的发展势能在于生态优势和建设生态文明先行示范区的地位优势，贵州发展的新动能在于"向绿水青山要红利"的生态驱动。动员全省力量，建设发展规模与环境阈值相适应、发展驱动与环境优势相一致、发展目标与环境理念相符合的国家公园省，是提质增效新常态下撬动贵州生态文明建设的杠杆，也是动员全省之力主动适应新常态、引领新常态的战略选择。

借鉴篇

国际经验及启示

从世界范围来看，生态文明建设已成为各国的共同选择，绿色、低碳与可持续发展已经成为世界发展的潮流，主要表现为：一是各国均将生态文明建设作为重要内容纳入可持续发展战略。"里约＋20峰会"形成的大会决议《我们憧憬的未来》表明世界各国对走可持续发展之路、实现人与自然和谐发展已达成共识，生态环境作为可持续发展的三大支柱之一，其重要性在不断上升。二是生态文明发展水平已经成为影响21世纪产业、贸易以及国际竞争的重要因素。在经济全球化背景下，各国对生态环境的关注和对自然资源的争夺日趋激烈，部分发达国家为维护自己在全球产业和竞争中的优势，通过在贸易领域设置环境技术壁垒，极大地限制了发展中国家的发展空间①，未来国际产业之间的竞争很大程度上是生态文明发展程度的竞争。三是生态文明建设已经成为未来全球可持续增长的重要来源。自2008年国际金融危机爆发以来，世界主要国家均选择通过加大生态文明建设力度，提升现有产业发展水平，培育、引导和支持一系列生态文明相关行业。生态文明成为稳增长的重要措施。

当前，我国生态文明建设迎来巨大的政策机遇期。党的十八大把生态

① 张高丽：《生态文明建设的基本思路和主要任务》，人民网，2013年12月16日。

文明建设纳入中国特色社会主义事业五位一体总布局，十八届三中全会通过的《中共中央关于全面深化改革若干重大问题的决定》明确提出用制度保护生态环境，确立生态文明制度体系，按照"源头严防、过程严管、后果严惩"的思路，为生态文明体制改革指明了方向并确定了重点任务。十八届四中全会强调全面推进依法治国，用严格的法律制度保护生态环境，深刻阐述了保护生态环境、建设生态文明的根本在于法律制度。要通过法律制度有效约束违背自然规律、对自然生态造成破坏并最终引致自然灾害的盲目开发。同时要求资源环境法律实现从改造自然转变为有效约束人的开发行为，经济方面的法律实现从加快发展，转变为促进绿色发展、循环发展、低碳发展，要强化生产者环境保护的法律责任，大幅度提高违法成本。同时结合十八届三中全会确定的生态文明体制改革任务，从产权、开发保护、生态补偿、污染物防治的全过程，提出建立生态文明法律制度的重点任务。一是要建立健全自然资源产权法律制度。这建立归属清晰、权责明确、监管有效的自然资源产权法律制度，是生态文明建设的基础性制度。二是完善国土空间开发保护方面的法律制度。虽然我国制定了很多环境保护或污染防治的法律，但这些法律主要是开发利用和加强管理，没有系统性规范开发行为，甚至各单行法一定程度上割裂了生态的系统性、整体性，难以达到整体保护生态的目的。三是制定完善生态补偿的法律法规，要抓紧研究制定《生态补偿基本法》，对基本原则、对象与范围、类型与种类、补偿方式、资金来源、基本标准等进行规范。四是制定完善生态补偿和土壤、水、大气污染防治及海洋生态环境保护等法律法规。当前土壤、水、大气污染十分严重，人民群众反映强烈，防治任务十分艰巨，要尽快修订已有的法律并考虑与新修订的《环境保护法》相衔接。这些针对生态文明制度建设的重点任务和要求为推动相关工作指明了方向。从国家治理体系建设角度来看，生态治理也是重要内容，推动生态治理的制度化、规范化、程序化，进一步完善生态治理体系，有利于提高我国生态治理能力，实现生态治理现代化。

"十三五"时期，我国经济社会发展将进入"提质降速"的新常态，为实现经济社会的平稳发展，迫切需要布置一批符合"新常态"的新经济增长点，加大生态文明建设力度就成为一个重要抓手。2014 年 6 月 5 日，国家发展和改革委员会等六部委批准《贵州省生态文明先行示范区建设实施方案》，标志着贵州省生态文明建设进入新的时期，迎来新的发展机遇。结合国外在生态文明建设方面的成功经验，提前部署生态文明建设的各项工作，"十三五"时期贵州应深入实施"生态立省、环境优先"战略，加强生态建设和环境保护，推动绿色、低碳可持续发展，争取在生态文明政策法规、生态补偿与公园省建设等方面取得重要进展，方能在"十三五"生态文明建设的潮流中抢得先机，实现经济社会的跨越式发展。

1 生态文明立法的国际经验

国际生态文明立法始于 20 世纪 60～70 年代西方工业文明引起的生态危机。1972 年，首次人类环境会议通过《人类环境宣言》，规定生态文明权、代际正义，开创国际生态立法之先河，为生态立法提供了价值导向与理论基础。1987 年，《我们共同的未来》宣言提出"可持续发展"思想。由此，可持续发展原则就成为各国发展战略和生态立法指导思想，并不断深化，1992 年环发大会"可持续发展"原则得以确立，2002 年可持续发展世界首脑会议倡议建立一个崇尚人性、公平和相互关怀的全球社会，2012 年"里约＋20 峰会"上达成的大会宣言《我们憧憬的未来》反映了可持续发展原则的最新进展。在国际生态文明立法方面，瑞士、美国及欧盟取得了巨大进展，通过分析总结其成功经验，为贵州生态文明建设提供借鉴和启示。

1.1 瑞士生态立法的历程与现状

瑞士地处中欧，是典型的内陆国家。从自然资源角度讲，瑞士并没有很多肥沃耕地，矿产资源储量也并不丰富，在经济发展过程中，其工业化、城镇化、现代化进程较英国、德国、法国等其他欧洲发达国家滞后了八九十年。但是在这种落后的基础上，瑞士充分利用了自身在生态资源方面的优势，探索了一条适合自身的发展道路，对周边强国进行了赶超式发展，目前，瑞士是全球最富裕、经济最发达和生活水平最高的国家，人均 GDP 居世界前列，旅游资源丰富，有世界公园的美誉，瑞士人在实现发展过程中，同时保持了良好的生态环境。全面的生态环境保护和国土治理，为瑞士在国际社会上赢得了巨大的荣誉。瑞士在环境保护和国土治理方面所取得的成绩举世公认。政府通过环境立法、培养环保意识、生态补偿、环境税等多种手段强化环境保护与国土治理。

历史上，瑞士也曾遭遇严重的环境污染。早在 18 世纪，瑞士森林就遭到严重破坏，洪水、滑坡等自然灾害不断发生。1876 年，瑞士联邦议会通过了第一个有关森林保护的法律——《联邦森林检查团法》，但该法的适用范围仅限于山林。到了 19 世纪，瑞士在工业化、城市化进程中经历了土地大规模开发、自然和人文景观遭到破坏等问题。为此，瑞士进行了一系列生态立法活动。为了保护水资源，瑞士联邦议会于 1955 年通过了《联邦水保护法》，主要目的就是建立污水处理网络并加强与污水处理厂的联系。针对瑞士地貌改变迅速的现象，1962 年，《联邦宪法》中增加了关于保护自然和文化遗产的条文，并于 1966 年通过了《联邦自然和文化遗产保护法》，第一次以联邦法律的形式对瑞士本土动植物、景观及文化遗址保护进行了规定。1966 年《联邦自然与文化遗产保护法》规定"联邦有义务进行文物调查"，1973 年开始进行历史建筑调查。1970 年，90% 以上的瑞士选民投票赞同在《联邦宪法》中增加环境保护的条文，并最终于 1983 年通过了《联邦环境保护法》，将其作为各州必须执行的基本法。1985 年，针对空气污染造成的"死亡森林"现象，瑞士联邦环境办公室制定了《大气污染防治条例》。1999 年，为了更好地执行《京都议定书》所规定的内容，瑞士通过了《联邦二氧化碳减排法》，旨在减少温室气体的排放。2003 年，针对广泛应用于农业、医药及食品行业的生物技术，联邦议会通过了《联邦非人类基因技术法》，防止由于基因改变而产生的具有致病性的、外来的生物体对环境造成破坏。

1.1.1　制定全面保护生态环境的法律法规体系

瑞士生态立法相当完善且覆盖面广，分别从大气污染防治（空气污染防治、非电离辐射防治、噪音污染防治、震动污染防治）、土壤污染防治、有机体污染防治、化学物质污染防治、废物处置、污染场地修复、水保护、森林保护、气候保护、物种保护、生态系统保护、风景区保护、自然灾害预防等方面对瑞士环境进行了全方位的保护。联邦政府从 19 世纪 70 年代起密切关注工业化及随之而来的大规模土地开发、城市化推进给瑞士领土、环境带来的变化，并在 1874 年《宪法》和以后的有关重大法令中对森林、水土、卫生环境等问题做了规定。1998 年 12 月最新修订的《宪法》在第三部分专门设第 4 章 "环境保护与领土整治"（第 73 条至第 80 条），简明扼要地表达了联邦政府和人民保护环境的决心和任务，具体内容包括：持续发展（第 73 条）、森林保护（第 77 条）、自然与文化遗产保护（第 78 条）、渔业与狩猎（第 79 条）、动物保护（第 80 条）。瑞士大部分工业发展、城市化明显的州，如苏黎世、巴塞尔、日内瓦在 1914 年以前也都根据各自不同条件制定过有关条例以解决城市发展中的问题，如征地、建筑、交通、卫生等。事实上，当时州一级并无专门的城市规划法律，但是通过实践，逐步尝试解决问题，开始着手设计对城市规划的立法。根据国情与保护环境生态的需要，瑞士自 20 世纪初起逐步完备了环境生态保护法律法规体系。瑞士环境保护立法有以下原则：预防原则、污染者付费原则、源头控制原则、合作原则和全面原则。目前瑞士环保立法与欧盟有关法律基本一致。根据《宪法》关于环境保护的内容，瑞士又先后制定了一系列补充法律，其中有 6 个关于环境保护的专门立法。这 6 个联邦专门法律是：《联邦自然和文化遗产保护法》（1966 年 7 月 1 日）、《联邦环境保护法》（1983 年 10 月 7 日）、《狩猎法》（1986 年 6 月 20 日）、《联邦水保护法》（1991 年 1 月 24 日）、《捕鱼法》（1991 年 6 月 21 日）、《森林法》（1991 年 10 月 4 日）。

《联邦环境保护法》是瑞士生态保护的基石，该法对污染防治的关键领域进行了总的规定，包括大气污染、噪声、振动和辐射；有害物质；有机体；废弃物；污染区修复；土壤污染。该法确立了瑞士生态保护的基本原则，即预防原则、污染者付费原则、源头控制原则、全面原则和合作原则。此外，该法对基本的生态保护措施如环境影响评价、环境信息的公布、税收优惠以及机构的上诉权都进行了规定。1995 年 12 月 21 日，国会通过了修订后的《联邦环境保护法》，制定了一系列环境保护手段：对挥发性有机化合物征激励税（挥发性有机化合物被广泛使用于工业领域，与氮的氧化物反应，会起到增加地面的臭氧水平的作用）；对含硫的取暖燃油征激励税；用于治理受污染地区的填埋税；提前征收垃圾处理税。在此之前已经长期实行的经济手段还有：对含铅和无铅汽油采用不同税率、自愿提前交付垃圾处理费用、机场噪音税，许多州和社区有偿提供垃圾袋、与工业企业达成协议，在废料、废水管理领域引入污染者负担治理费用的原则，实施《联邦二氧化碳减排法》和二氧化碳税。除了《联邦环境保护法》，瑞士还制定了生态领域专门立法及相关的执行条例，覆盖了瑞士生态保护的各个领域。《联邦二氧化碳减排法》则明确规定：自 1990 年至 2010 年，瑞士要将与能源有关的二氧化碳排放量减少 10%（取暖燃油减少 15%，汽车油料减少 8%）。

1.1.2　充分利用经济手段引导环境友好行为

为推动生态环境保护，瑞士充分运用经济手段。《联邦环境保护法》中明确规定了污染者付费原则。瑞士立法者认为，修复环境污染或者损害的费用不应该由瑞士公众承担，而应该由那些导致污染或损害发生的人来承担。该原则很好地体现在了相关的生态立法之中。《联邦二氧化碳减排法》中就规定对污染气体的排放进行征税，该规定使企业在制定发展战略时将生态保护置于其成本中，从而达到自愿减少污染的目的。《联邦水保护法》规定将废水排入公共下水道都要收取一定的费用，违反相关规定则要受到相应的处罚。此外，该原则也被运用到垃圾填埋场的清理。《污染场地修复条例》规定污染修复工程所需的费用也要遵循污染者付费原则。如果污染不是由一人造成的，则按其各自应负的责任分别承担。可以说，污染者付费原则已经成为瑞士人民日常生活的一部分。

在环境保护中引入税收等经济手段。在环境保护方面，瑞士的目标是建立有利于环境生态的市场经济体系，因此瑞士政府非常重视通过经济手段来促进环境保护的发展。为了使消费环境付出更高昂的代价，瑞士环境政策越来越多地引入各种经济手段，主要包括税收、可买卖的许可证等。这些经济手段体现了"谁污染，谁治理"的原则，使企业或个人内化环境治理的成本，从而达到自愿减少污染的目的。收取税费为有关污染的治理提供了资金，而且管理更为透明。但是瑞士经济界人士认为，目前已经采取的措施还远远不够，还有很大的治理空间。

1.1.3 高度重视环保教育推动生态立法有效实施

瑞士将环境保护视为一项"国家目的"，因而极其重视对公民的环保意识培养。国家重视环保教育，学校基本上都开设与环境相关的课程，将环保与可持续发展的理念传递给每一位国民，对瑞士人而言，环保不仅是人们长期养成的一种习惯和意识，而且已融入了瑞士人的血液中，成为其自身生活方式的一部分。不在公共场所乱扔废弃物，不随便践踏草地，不往湖泊或河流中投扔杂物，已成了瑞士人人遵守的公德。

瑞士生态环境保护的成功与瑞士公众强烈的环保意识是密不可分的，提高公民环保的自我意识是瑞士环保政策的基本指导思想之一。以生活垃圾处理为例，在瑞士，几乎每个家庭有 5 个垃圾袋，一个装剩菜、果皮等生活垃圾，回收后可以生产肥料；一个装报纸和废纸；一个装玻璃瓶子；一个装塑料瓶子；另一个装一般性的生活垃圾。分类详细，既避免污染，又可回收利用。这样做并不是强制性的，而是公众的自愿行为。将垃圾进行分类、回收已经成为瑞士人民生活的习惯。不仅城市是这样，即便在瑞士偏远的农村也是这样。不仅居家生活是这样，任何车站、机场、饭店、会场、体育场所、旅游景点全是这样。当然，罗马并非一日建成。瑞士公众之所以有这样强烈的环保意识，主要是得益于瑞士长期对环保教育的重视。瑞士的环保教育可以说触及任何地区、任何角落、任何层次。除了定期、充分地使公众了解环保法律、有关环境的决定，瑞士政府从小学就开设环保课程，传播环保理念，并大力支持与环保教育相关项目的开展。瑞士国家公园的目标之一就是对公众进行环保教育，提高公众环保意识。公园所开展的环保教育相关的项目都可以得到联邦环境办公室的支持。

1.2　美国生态文明立法

《美国环境政策法》（National Environmental Policy Act，NEPA）是美国资源和环境保护的基本法。该法是美国汲取了现代工业化发展进程中的教训，在一系列国会通过的立法，联邦政府、州和地方政府采取行政的法规的基础上，在处理水污染、大气污染、噪声污染、固体废弃物污染以及自然资源保护等个案立法、行政和司法的基础上，在吸收国外环境立法的基础上，美国国会于 1969 年 12 月 30 日通过了该法的修正案，并经尼克松总统签署于 1970 年 1 月 1 日开始生效，它从保护整个人类生存环境出发，集社会环境、资源、人口和经济、文化发展于一体进行全面协调和规划。

该法第一篇宣布国家环境政策，第二篇规定环境质量委员会的职能。它明确规定其目的是：①履行其每一代人都要做子孙后代的环境保管者的职责；②保证为全体美国人民创造安全、健康富有生产力并在美学和文化上优美多姿的环境；③最广泛地合理使用环境而不使其恶化，或对健康和安全造成危害，或者引起其他不良的和不应有的后果；④维护国家历史、文化和自然等方面的重要国家遗产，并尽可能保持一种能为个人提供丰富与多样化选择的环境；⑤使人口和资源使用达到平衡，以便人们享受到高度舒适的生活环境；⑥提高可更新资源的质量，使易枯竭资源达到最高程度的再循环。

该法规定"美国的各项政策、条例和政府的解释与执行均应与本法（即《美国环境政策法》）相一致"。要求在对人类环境质量具有重大影响的每一重大联邦活动中，提出详细的论证和评估报告，包括拟议行动对环境的影响，可能出现的不利环境影响，各种行动选择方案，短期使用与维护和长期生产能力影响的关系，对资源的影响等。这一规定开创了各国环境保护政策的先例，对于避免对环境产生严重负面影响起了重要的作用。

该法宣布成立总统属下的环境质量委员会，从 1970 年 7 月 1 日起总统要按年度向国会提交一份环境质量报告，其中包括：国家各种主要的自然环境，人为环境或改造过环境的状况；环境质量管理和使用，当前和未来的趋势；可供使用的自然资源满足全国生活和经济需要情况；对联邦政府、州、地方政府及非政府性机构或个人计划活动的评价以及各种补充方案的立法等。经过多年的实践和磨合，到了 1978 年，环境质量委员会对《美国环境政策法》作了必要的调整，增加了有关环境影响评述的开始和对环境影响评述的决策两项，并用法律形式正式确定下来。《美国环境政策法》的制定和完善具有重大的意义，从此美国有了这部环境根本大法，使环境保护走上了法制化轨道，把环境政策列为国家基本国策。就实施情况看，由于重视了环境政策并且措施得力，美国的环境恶化情况有所扼制，环境质量有所改善①。

从法律执行来看，联邦生态保护司法系统只对法律条文负责，并且规定联邦环保局与地方环保局冲突主要通过法律程序来解决。按照"生态区划主义"实行"双轨制"生态治理分权执法模式，各州设环境质量委员会和由宪法授权的环保执法部门。1970 年成立联邦环保局，在全国 50 个州设立 10 个大区域环境办公室。同时，还建立生态检察官制度，检查结果可用于将来可能的法律行动。美国生态执法信息公开、透明，环保当局要对外公开环保执法所有行政、民事、刑事行动细节，接受社会公众监督和制约②。

1.3 欧盟生态文明立法

《欧盟环境法》属于区域性国际法，包括国家、国际组织、法人和自然人等广泛主体；法律效力上，欧盟生态基本立法和辅助立法效力高于各成

---

① 黄安年：《美国社会的资源和环境保障》，载《当代美国的社会保障》，中国社会科学出版社 1998，第 399～401 页。

② 龚昌菊、庞昌伟：《值得借鉴的国际生态文明制度》，《光明日报》2014 年 1 月 9 日。

员国法律效力，发生冲突时，优先适用《欧盟环境法》。《欧盟环境法》建立在法治共同体基础上，强调环境法治、民主与信息公开，实行公众参与和公民诉讼制度。

欧盟环境标准是《欧盟环境法》的一个重要组成部分。环境标准不仅具有环境法规一样的效力，而且也遵循同样的立法程序。20 世纪 60 年代开始欧共体先后制定了一系列环境标准，1967 年《有关危险品的分类、包装和标签的指令》，1970 年《有关机动车允许噪声声级和排气系统的指令》，20 世纪 70 年代中期以后，环境问题日益显现，不仅对欧盟国家的环境质量和国民健康造成影响，而且也构成对经济、社会健康发展的威胁，环境因素日益受到关注。欧共体开始通过《环境行动规划》对各国的环境立法进行指导和协调。

欧共体《环境行动规划》具有重要的法律地位。从 1973 年开始发布第一个《环境行动规划》以来，到目前为止已经颁布了 6 个。最初环境行动规划只是类似于政策建议和指南性质的文件，主要用于指导各国的国内立法。1992 年欧盟的《马斯特里赫特条约》明确地将可持续发展和尊重环境的增长确立为欧盟的基本目标，授权理事会根据有关程序，通过总体行动规划，提出应予实现的优先目标。此后《环境行动计划》需要经法律程序通过，成为具有约束力的法律文件。1997 年《阿姆斯特丹条约》把可持续发展列为欧盟的优先目标。可持续发展和更高水平的环境保护成为欧盟未来发展所必须依据的原则，环境保护政策必须贯彻到欧盟其他经济和社会政策当中。50 多年来，欧盟的环境保护立法从各成员国自行负责演变为欧盟层面的共同的法律和行动，管制范围也从单纯的工业环境扩展到全面环境，治理的方式也从污染治理到主动预防。与此同时，欧盟也成为全球环境保护重要的领导者之一①。

---

① 李挚萍：《论欧盟环境立法之融合——以污染防治立法为例》，《中国地质大学学报》（社会科学版）2011 年第 4 期。

欧盟（含欧共体）历次《环境行动计划》的重点

第一个《环境行动计划》（1973～1976年）提出了污染防治的基本原则，即预防性原则、污染者付费原则、辅助性原则和高水平保护原则。

第二、第三个《环境行动规划》提出了控制水、大气、噪声和固体废物污染的对策建议。根据这些行动规划，欧洲共同体制定了大量的二级环境立法，主要包括空气、水、噪声、化学品、废弃物的污染治理和自然保护的一些基本措施。

第四个《环境行动规划》（1987～1992年）着重提出了对付污染的各种方法和措施，如多重媒介方法、物质导向方法和污染源引导方法等，提倡以综合的方法进行污染防治，提出将环境保护要求纳入其他共同体政策。

第五个《环境行动规划》极为重视环境保护中的信息公开、公众参与，加强政策制定者与公民社会的沟通与协调。

第六个《环境行动规划》（2002～2012年）的最大贡献是对可持续发展战略的确认，可持续发展战略要求环境政策纳入经济和社会发展政策，解决环境问题的方法应该是综合的、系统的，欧盟环境法律政策的融合成为大势所趋。欧盟《环境行动规划》为环境保护进行了宏观政策指引，欧盟大量的环境立法则为各国环境保护提供了具体要求。

自20世纪70年代以来，欧盟（含欧共体）的各种环境指令和规定几乎涵盖了所有重要的领域，如水体、空气、土壤、噪声和废物管理等。但这种分散式的立法存在的问题是不能协调统一，环境的整体性问题得不到考虑，针对该问题，欧盟开始对现有的环境法律进行整合，1996年颁布了《综合污染预防与控制指令》（Integrated Pollution Prevention and Control, IPPC），旨在建立综合的污染防治框架，将现有《污染防治法》中的许可证制度融合在一起，同时扩展适用领域，该法令主要涉及能源、金属生产及加工、采矿、化工、废物管理和其他行业等6大行业大企业排放设施及排放活动，涵盖了各成员国主要污染工业行业的52000个最大的设施，其污染物排放量占整个欧盟二氧化硫排放量的 83%、挥发性有机化合物的 55%，氮氧化物的 34% 等。为进一步融合欧盟污染防治立法，2009 年 7 月，欧盟委员会通过了一项新的有关工业污染防治的指令，即《工业排放指令》（Industrial Emission Directive，IED）。该指令于 2010 年 11 月 24 日在欧洲议会及理事会上正式通过。工业指令将目前分散的工业排放活动的七个立法融合为一个单一的指令，这七个立法分别是 IPPC、《挥发性有机化合物溶剂指令》《废弃物燃烧指令》《大型燃烧厂指令》《二氧化钛废物指令》《监督氧化钛行业的环境影响的程序指令》《减少及消除氧化钛行业废物污染的协调程序指令》①。截至目前，欧盟已经制定了 200 多部与环境和资源保护有关的法律，包括环境质量标准的基本法令（污染水平），生产加工过程的标准（排放标准、设计标准和操作标准）加上产品标准（对该产品最大允许污染水平或排放水平）等，未来的立法融合还有很大的发展空间②。

2　生态补偿机制建设的国际经验

2.1　生态补偿的概念界定

生态补偿国外又称为"生态环境服务付费"（Payment for Ecological/Environmental Service，PES）。发达国家在生态服务付费方面较早地进行探索。早在 20 世纪 20 年代，爱尔兰就采取分期付款的方式对私有林进行补助。针对全球生态系统服务能力美国著名生态经济学家科斯坦萨教授的测算结果表明③，全球自然环境为人类所提供服务的价值数量是全球国民生产总值的 1.8 倍，生态系统服务功能在提供物质资料的同时，维持了地球生命生产和

---

① 李挚萍：《论欧盟环境立法之融合——以污染防治立法为例》，《中国地质大学学报（社会科学版）》2011 年第 4 期。

② 陈光伟、李来来：《欧盟的环境与资源保护——法律、政策和行动》，《自然资源学报》1999 年第 3 期。

③ Costanza，"The Value of the World's Ecosystem Services and Natural Capital"，Nature，Vol. 387，1997.

发展，形成了人类赖以生存的环境条件。然而，由于大部分生态服务的外部性和公共产品的本质，以及产权归属的不明晰和知识信息的不充足，这一领域出现市场失灵，从而导致生态服务功能的下降。根据评估结果，1960年以来，随着人口增长和经济规模扩张，全球近三分之二的生态服务项目的服务能力在逐渐衰弱，经济增长的代价是生态系统服务能力的下降。针对该问题，生态服务收费就是将外部性内化的重要机制。

一般认为，生态服务付费包括五个要素：①一种自愿的交易；②存在能够很好地被定义的环境服务（或确保此种服务的土地利用形式）；③被（至少一个）需求此种特定环境服务的购买者"购买"；④存在（至少一个）特定环境服务的提供者；⑤特定环境服务的提供者能够确保该环境服务的提供。对于生态补偿效果的评估通常考虑其环境保护效率、成本效率和平等三个方面。

根据世界银行（2009）对全球约 280 例环境服务交易的案例研究，生态补偿对象主要涉及流域保护交易、生物多样性保护交易、矿产资源开发环境恢复治理、碳汇交易、风景与娱乐服务补偿五种类型。而生态补偿模式也主要分为三种：一是政府购买模式，即政府代表全体人民作为购买方，向生态系统服务的提供者购买生态服务；二是市场模式，即在生态服务受益方与提供方之间直接进行生态服务的交易；三是生态产品认证计划，即有关组织为生态产品提供认证，消费者通过市场自主选择、自由购买，从而达到为生态系统服务间接付费的一种方式。从交易的主体来看，既可以在国家与国家之间进行，也可以在一国内部政府与生态服务提供者之间进行，还可以在地区与地区、上游与下游之间进行，其中，国外在生态补偿方面的实践经验和机制设计，十分值得我们学习借鉴。

2.2　主要领域的生态补偿机制

2.2.1　水资源生态补偿机制

日本的生态补偿制度在水资源保护方面取得了良好的成效。早在 1972年的《琵琶湖综合开发特别措施法》中就规定了水源区综合利益补偿机制，为把其变为普通制度固定下来，还制定了《水源地区对策特别措施法》。该法规定国家依法提高经费的比重以保障土地改良、治山治水、上下水道等公共工程的实施，为水库周边地区居民进行利益补偿提供了法律依据。此外，《河川法》《工业用水法》《水道法》《湖泊水质保全特别措施法》等都对水资源生态效益补偿作了相关规定，形成了一套完整的水资源生态效益补偿制度①。

德国的生态补偿机制最大的特点是，生态补偿资金的支出主要靠横向转移支付，即由富裕地区直接向贫困地区转移支付，也就是通过转移支付改变地区间既得利益格局，实现地区间公共服务水平的均衡。这一财政转移支付制度主要通过两种方式实现：一是税收联合制度，通过国家税收按人口分配，使各州政府财力的均衡程度提高到92%以上；二是平衡转移支付制度，即按照统一的公式计算出平均财政能力，通过富裕州向贫困州的横向转移，从而使各州获得财力的平均值保持在98%~110%。德国各州之间横向转移支付制度作为一种特殊的生态补偿手段为我国处理不同地区间横向转移支付及研究相关配套技术提供了参照。为保障该制度的实施，德国还以法律的形式将其固定下来，并设计了一整套复杂的计算依据和数额确定标准。以德国易北河流域生态补偿为例。易北河是欧洲一条著名的河流，上游在捷克，中下游在德国。20世纪80年代，由于两国发展阶段不一，易北河污染严重，对德国造成严重影响。从1990年起，德国和捷克达成协议，共同采取措施整治易北河。其运作机制中最有亮点的是成立由8个小组组成的双边合作组织，包括行动计划组、监测小组、研究小组、沿海保护小组、灾害组、水文小组、公众小组和法律政策小组，分别负责相关工作。经费方面，德国拿出900万马克给捷克用于双方交界处的污水处理厂，同时对捷克进行适度补偿，加上研究经费与运作经费，整个项目的经费达到2000万马克（2000年）。经过双方共同努力，现在易北河水质已大大改善②。

---

① 《论我国生态补偿制度的完善》，http://www.xzbu.com/5/view-3193275.htm。
② 冯俏彬、雷雨恒：《生态服务交易视角下的我国生态补偿制度建设》，《财政研究》2014年第7期。

除了政府推动，公司也可以成为水资源生态补偿机制的重要推动者。法国毕雷矿泉水公司通过公司购买实现了为保持水质付费。法国毕雷矿泉水公司是法国最大的天然矿物质水制造商。20 世纪 80 年代，该公司的水源地受到当地养牛业的污染。为了减少硝酸盐、硝酸钾和杀虫剂的使用，恢复水的天然净化功能，该公司与当地农民签订协议，向流域腹地的奶牛场提供补偿，标准为每年每公顷 230 美元，条件是农民必须控制奶牛场的规模，减少杀虫剂的使用，放弃谷物的种植以及改进对牲畜粪便的处理方法等。为此，毕雷矿泉水公司向农民支付特别高数额和特别长时间（18 年至30 年）的补偿，同时提供技术支持和承担购进新的农业设备的相关费用，仅在最初的 7 年，该公司就为这项计划投入了 2450 万美元的费用①。

2.2.2　农业生态补偿制度

国外农业领域的生态补偿，主要是通过政府的农业发展计划得以实现，即政府设置农业生产领域的生态环境标准，如果农业生产者达到最低标准，就可以获得政府的补贴或奖金，从而推动可持续的农业生产。瑞士主要通过农业发展计划对农业进行生态补偿。1992 年修订的瑞士《联邦农业法》依据农业的可持续性对三种类型的农业发展提供财政和补偿支持：第一种类型是支持特定的生物类型，如广阔的草地和牧场、高杆果树和树篱；第二种类型是支持满足比保护性农业更高的生态标准的、减少产量的完整的成果。第三种类型是支持有机农业。实现上述农业环境政策主要依靠生态补偿区域计划（Ecological Compensation Areas，ECA），该计划把农业发展与农业生态环境保护有效地结合起来，其核心是将生态保护的动机与增强农业生产能力联系起来，通过对农业区域的生态保护，增强农业生态环境的健康状态以保持提供持续农业产出的能力。生态补偿计划内容包括三个部分：一是自 1999 年起农民必须证明他们达到了生态环境标准才有资格获得相关领域的生产补助；二是直接付费，它是自 1993 年 ECA 计划最初被引进时开始提供给专门的、自愿遵守的环境保护措施；三是自 2002 年实施的额

---

① 任世丹、杜群：《国外生态补偿制度的实践》，《环境经济》2009 年第 11 期。

外奖金，如果达到了生态质量的最低标准，农民因参与保护生物群落计划也可以获得额外奖金。

英国北约克摩尔斯通过自愿性的农业计划对农业实施生态补偿。北约克摩尔斯是英国的一个国家公园，建于20世纪50年代，以典型的英格兰农村风光而为英国人珍惜。为了保护农业风光与生态环境，1985年英国通过了北约克摩尔斯农业计划，并于1990年开始实施。该案例有以下几个特征：一是该区域内83%的土地属于私有，因此进行生态补偿相当于英国政府向私有土地主购买生态服务；二是此处生态服务的定义比较独特，即增强自然景观和野生动植物价值，其中包括保留英国北部传统的农业耕作方式；三是具有自愿性，即农场主和国家公园主管机关按照自愿参与原则达成协议；四是协议条款具体明确，如农场主必须花至少50%的时间在农场工作、必须采用传统的农业耕作方式等。从实施的情况看，一共达成了108份协议，大约90%的私有农场主加入进来；经费从最初的5万英镑增加到2001年的50万英镑，通过生态补偿成功地保留了英国传统农业的独特景观。

欧盟通过"农业环境行动"进行生态补偿。1992年，欧盟开始了农业政策的麦克萨里改革，宗旨是鼓励农民对土地实行休耕制，以降低农业生产对环境的损害，建立以"农业环境行动"为名的综合性国家补贴项目，取代以前的补贴制度，政策目标发生了变化，总体方向是减弱市场支持政策，开始限制产量、限制牲畜头数，为弥补农民因此而造成的损失，引入了直接补贴政策，其特点是按固定的面积和产量进行补贴。欧盟实施的休耕计划，有效地降低了农业生产对环境的危害，保护了乡村的自然环境[①]。

2.2.3 森林生态补偿机制

森林提供的生态服务非常重要，但森林提供的生态服务在实践中难以量化，哥斯达黎加通过设立国家基金的方式较为成功。澳大利亚设计了以计量交易为基础的生态补偿机制，也取得了良好效果。哥斯达黎加设立国家基金对森林生态效益补偿。哥斯达黎加地处南美，是世界上生态多样性

---

① 冯俏彬：《跨区域生态补偿的国际经验与借鉴》，《中国经济时报》2014年6月17日。

最复杂的地区之一。为了保护生态，哥斯达黎加从 1979 年起开始实施森林生态效益补偿制度。该制度中最有借鉴意义的是设立国家森林基金，该基金根据《森林法》（1996 年）成立，专门负责管理和实施森林生态效益补偿制度。基金主要来源于以下几个方面：国家投入，包括化石燃料税收入、森林产业税收入和信托基金项目收入；与私有企业签订协议收取的资金；来自世界银行等国际组织的贷款和赠款以及特定的债券和票据等。在操作程序上，先由林地的所有者向基金提交申请，请求自己的林地纳入该制度；基金受理；双方签订合同（共四类：森林保护合同、造林合同、森林管理合同、自筹资金植树合同）；基金按约定支付环境服务费用，林地的所有者按约定履行造林、森林保护、森林管理等义务。这项生态补偿制度历时近 20 年，取得了极大的成功，在短短十几年时间里，哥斯达黎加的森林覆盖率提高了 26%。

澳大利亚建立了以计量交易为基础的生态补偿计划。澳大利亚为了应对新南威尔士地区土地盐渍化的问题，引入了"下游灌溉者为流域上游造林付费"的生态补偿计划。这项计划的参与双方，其中一方为新南威尔士的林业部门，另一方为马奎瑞河食品和纤维协会。前者是生态服务的提供方，职责是植树造林，固定土壤中的盐分；后者是生态服务的需求方，由马奎瑞河下游水域的 600 名灌溉农民组成。双方签订协议，由马奎瑞河食品和纤维协会向新南威尔士林业部门支付费用以用于其上游植树造林。付费的标准是：协会根据在流域上游建设 100 公顷森林的蒸腾水量，向州林务局购买盐分信贷，价格为每公顷 42 美元（后有调整），期限为 10 年。这个案例说明，只要精心设计，某些看不见、摸不着的生态服务的数量和价值是可以按一定方法进行测量的，将生态服务交易向前大大推进了一步[①]。

2.2.4　多元化的生态补偿机制

从生态补偿的国际实践来看，生态补偿机制非常多元化，每种机制都

---

① 冯俏彬、雷雨恒：《生态服务交易视角下的我国生态补偿制度建设》，《财政研究》2014 年第 7 期。

有自身的特点和适用条件，彼此可以互为补充，主要的生态补偿机制如下。

一是政府推动的生态补偿机制。美国政府为了推动其生态城市的建设，在其可持续计划中制定了一系列政策，包括鼓励在新的城市建设和修复中进行生态化设计，强化循环经济项目和资源再生回收、规划自行车路线和设施等 14 条政策措施。美国生态补偿主要由政府承担大部分资金投入，政府为鼓励流域上游地区农民对水土保持工作的积极性，采取了水土保持补偿机制，即由流域下游水土保持受益区的政府和居民对上游地区作出环境贡献的居民进行货币补偿。在生态森林养护方面，美国采取由联邦政府和州政府进行预算投入，即选择"由政府购买生态效益、提供补偿资金"等方式来改善生态环境；在土地合理运用方面，政府购买生态敏感土地以建立自然保护区，同时对保护地以外并能提供重要生态环境服务的农业用地实施"土地休耕计划"（Conservation Reserve Program）等政府投资生态建设项目，美国的耕地休耕制度与鼓励粮食出口制度，都是美国耕地（粮食）过剩的解决办法，是在耕地过剩的基础上产生的办法，有利于美国农业健康发展。

二是市场化的生态补偿机制。欧洲生态产品认证计划就由消费者付费。欧盟于 1992 年实行了生态标签制度，获得生态标签的产品，需保证从设计、生产到销售、处理的每一个环节都做到对生态环境的完全无公害，符合欧盟的环保标准。由于绿色产品比普通产品价格高出 20%～30%，也就达到了由消费者付费的目的，这是一种全市场化的生态服务付费机制。

三是社会组织推动的生态补偿机制。自然保护组织购买重要的生态功能区。民间自然保护组织购买重要的生态功能区进行保护是社会组织发挥作用的典型案例。道格和克里斯汀创建了土地保护信托基金（Conservation-Land Trust）和保护巴塔哥尼亚基金会（Conservación Patagonica），致力于巴塔哥尼亚的自然保护区和北部地区；盖尔鲍姆多年来向很多环境组织捐赠了大量钱财，包括捐给野地保护协会（Wildlands Conservancy）的 15.9 亿美元，他也是该协会的创始人之一；莫哈韦沙漠拥有超过 50 万公顷土地，均已捐赠给美国政府，这是盖尔鲍姆保护的最大面积的土地；英国 National

Trust 是保护名胜古迹的私人组织，其主要工作是保护英格兰、威尔士和北爱尔兰历史古迹和自然美景，在涉及旅游点的管理和利用时，对当地的资源采取负责的态度，并着眼于长期的可持续发展，而不是单纯地追求短期的经济效益，这对生态补偿制度的建立和完善具有十分重要的借鉴意义。

3　国家公园建设的国际经验

国家公园的界定与内涵。1872 年美国国会在《黄石公园法》中将国家公园定义为：人们受益和欣赏的大众公园或游憩地。1969 年世界自然保护联盟（IUCN）提出国家公园是"某个区域有一个或多个生态系统，通常没有或很少受到人类占据及开发的影响，这里的物种具有科学的、教育的或游憩的特定作用，或者这里存在着具有高度美学价值的自然景观；在这里，国家最高管理机构一旦有可能，就采取措施，在整个范围内阻止或取缔人类的占据和开发并切实尊重这里的生态地貌或美学实体，以此证明国家公园的设立；到此观光必须以游憩、教育及文化陶冶为目的，并得到批准。1974 年世界自然保护联盟（IUCN）修订国家公园定义，国家公园是"具有优美景观特殊生态或地形，有国家代表性，未经人类开采聚居或建设的场所；此处限制工业区、商业区及人类聚居开发，禁止伐木、采矿、设厂、农耕、放牧及狩猎等行为，以有效地维护自然景观及生态平衡；保护现有的自然状态，准许有游人在一定条件下进入，可作为现代及未来的科研、教育、游览和启智的场所。1994 年世界自然保护联盟（IUCN）进一步提出了"保护地管理类别指南"，将保护区管制级别进一步划分为严格的自然保护区（Ia）、自然保护区（Ib）、国家公园（Ⅱ）、自然遗址（Ⅲ）、生境/物种管制区（Ⅳ）、景观保护区（Ⅴ）、资源保护区（Ⅵ）几个类别，并对其定义、管理目标和指导原则做出具体规定，为世界各国保护地的计划编制、管理及监督提供了一个国际认可的概念与实践框架①。

---

① 翟洪波：《建立中国国家公园体制的思考》，《林产工业》2014 年第 6 期。

自 1872 年美国建立了世界上第一个国家公园——黄石国家公园以来，国家公园的思想和理想逐渐为世界所接受。加拿大 1885 年建立了落基山国家公园，新西兰 1887 年建立了汤加里罗国家公园，瑞典、刚果和南非等国也先后建立了国家公园。二战以后，许多国家相继建立了国家公园。目前，共有 200 多个国家和地区建立了近万个国家公园和类似保护区。国家公园已经成为保护区体系中一种较高阶段的保护区类型，在保护自然系统和自然资源中发挥着重要作用。实践证明，建立国家公园是保护自然和自然资源的良好途径，促进了人类对大自然的认识和保护，是一种资源保护与开发利用实现双赢的先进管理模式。国家公园的建设是一个漫长而持续的过程，中国要在较短时期内完善国家公园体制建设，必须充分借鉴国外经验。国外国家公园战略实施比较成功的国家包括美国、德国、日本、澳大利亚等。本研究以美国、德国、日本为例，重点梳理三国在国家公园的内涵与分类、数量及分布形态、法律法规体系、管理体系、准入标准、规划设计、资金管理等方面形成的经验[①]。

3.1 美国国家公园建设

在美国，设立国家公园的目的是保护自然、文化和历史遗产，并让全世界通过这个视窗了解美国的壮丽风貌、自然和历史财富以及国家的荣辱忧欢。国家公园管理局负责对建立新公园的提案进行细致的筛选，以保证只有那些最杰出的资源才能被纳入国家公园体系。

3.1.1 内涵及分类

在美国，国家公园与国家公园体系是不同但相互联系的两个概念。国家公园主要是指拥有着丰富自然资源，具有国家级保护价值的面积较大且成片的自然区域；而国家公园体系则是指由美国内政部国家公园管理局管理的陆地或水域，主要包括国家公园、纪念地、历史地段、风景路、休闲

---

① 丰婷：《国家公园管理模式比较研究——以美国、日本、德国为例》，华东师范大学硕士学位论文，2011 年。

地等，国家公园仅是国家公园体系的一种保护地（区）类型。

美国国家公园体系仅涉及公有的、自然状态下不可移动的遗产，其中也包括国家游憩区等休闲地和城市公园（如首都华盛顿特区的波托马克河国家公园）。就目前体系内的各个成员而言，在资源重要性、主导功能等方面也存在较大差异，但所有这些成员的产权主体都属于国家公园管理局，其管理部门都是非营利机构。

就国家公园的存在意义而言，国家公园不单单意味着其所保护的资源，它还代表着"美国的灵魂"。国家公园是美国人民宝贵的历史财富，对于美国人民具有重要的文化和社会意义，主要表现在以下四个方面：第一，国家公园保存着多个典型的、完整的生态系统，为国民生存提供了自然资源和良好的生存环境。它拥有众多独特而稀有的物种，是"物种的基因库"，这使其成为进行科研探索的基地和环境教育的重要课堂。第二，国家公园是国民进行游览和休憩的重要场所。国家公园是国民的巨大的度假地，它让国民摆脱日常生活的状态，逃离尘世的浮躁喧扰，感受大自然的深刻与永恒。原始的自然风景给人以心灵的复苏，让人重新领悟到生活的真谛，给人的精神注入新鲜活力。第三，国家公园体现着美国重要的价值观与理想。在国家公园系统中受到保护的苍山旷野、纪念地、历史遗址等都向人们展示，追求自由、独立是美国文化的情结所在。同时，国家公园系统作为"美国史册"展示出来，成为美国历史的"见证人"，体现着美国人希望后代所了解的历史经历。可见，国家公园在美国有着深刻的价值内涵。

3.1.2　数量及分布形态

1872 年，美国建立了世界上第一个国家公园——黄石国家公园，如今美国国家公园体系涵盖国家公园、纪念地、历史地段、风景路、休闲地等 20 多个不同类型，幅员 33.74 万平方公里，占美国国土面积约 3.64%。每年接待游客近 3 亿人次，产值 100 多亿美元。

目前，美国的国家公园数量为 59 个，分布于美国 29 个州，多数位于西部地区，面积约 21 万平方公里，数量上仅占国家公园体系总数的 14%，但面积却占到保护地（区）总面积的 61%。美国国家公园占地面积存在很大的差异，平均为 3622 平方公里，中位数为 1280 平方公里。其中最大的国家公园为弗兰格尔－圣伊莱亚斯国家公园（Wrangell-St. Elias National Park），面积达 5.34 万平方公里（注：台湾省面积 3.6 万平方公里），最小的为温泉国家公园（Hot Springs National Park），面积仅 24 平方公里，著名的大峡谷国家公园面积为 4926 平方公里，黄石国家公园面积为 8956 平方公里。

从游客数量来看，游客最多的国家公园为大烟山，年游客量超过 900 万人，大峡谷排名第二位，年游客量超过 400 万人。其后是优胜美地国家公园和黄石国家公园。59 个国家公园中有 14 个同时被列入世界遗产。

3.1.3　法律法规体系

美国国家公园立法体系十分严密，迄今为止，美国为保护环境与文化资源已颁布了 60 多项法律、法规及标准，其中涉及国家公园管理局的联邦法律就有 20 多部。在立法主体方面，主要是国会立法。联邦机构也会不断制定一些新的规定，以联邦公报的方式予以公布。美国国家公园的法律系统从国家公园管理局成立开始就不断地得到完善，大概每四年就有新的法律法规出现。严格而完善的法律支持，确保了国家公园的有序运作与管理。美国的国家公园保护可以说是建立在严格而完善的法律制度之上的。

按法律法规的等级结构由上到下可以分为：国家公园基本法、授权法、单行法和部门规章。1916 年美国国会颁布了《国家公园基本法》，主要规定了美国国家公园管理局的基本职责，该法规定：内政部长应该制定和公布他认为对国家公园管理局管辖下的公园、纪念地和保留地的利用和管理，有必要和适当的规则和规章，它是国家公园体系中最基本、最重要的法律规定；1872 年，美国第一部授权法《黄石公园法》，由美国国会授权、格兰特总统签署颁布实施，该法案的目的在于明确规定了该国家公园的边界、它的重要性以及其他适用于该国家公园的内容；《原野法》的目的是使美国国会有权命名联邦公有土地成为国家原野保护体系的一部分；《原生自然与风景河流法》的目的是建立一个系统，以保护那些具有杰出的风景、休憩、地质、野生动物、历史、文化和相似价值的河流，使其保持自然状况；《国家风景与历史旅游法》的目的是促进国家风景旅游网络的形成。

实践中，不仅国家公园管理局的设立及各项措施的实施均以联邦法律为依据，而且各个基层公园也几乎都是"一园一法"。完整而严密的法律制度使美国的国家公园不仅得到了严格的保护，还有效地避免了对公共旅游资源的过度开发利用。

3.1.4　管理体系

美国的国家公园不仅起步早，而且也形成了自身的一些有特色的管理体系。美国国家公园管理局是美国国家公园体系的最高管理机构，成立于1916年，隶属于美国联邦政府内政部，主要负责美国境内的国家公园、国家历史遗迹、历史公园等自然及历史保护遗产等397个地点（其中有59个是国家公园）。美国内政部（DOI）于1849年成立，初期负责管理全国的自然资源，后来其职责扩大到矿产、海洋资源的管理和保护，国家公园、纪念馆和历史名胜的管理也是内政部的重要职责。

除了国家公园管理局，美国还设有国家森林管理局（U. S. Foresters Service），该局隶属于联邦政府农业部，负责管理美国境内的公共森林，自1905年以来，对国家森林进行管理与经营，开发森林的多种用途和可再生资源的持续产出，如水资源、饲料、野生动植物、木材与公众娱乐等。它监管大约7800万公顷的森林、草地、河流、湖泊。

在国家公园管理机构的隶属关系上，美国实行的是自上而下的垂直管理制度，属于典型的中央集权制。国家公园管理局作为联邦政府的一部分来对国家公园实行自上而下的三级领导——华盛顿设有管理局总部，为中央机构；在总部的领导下，再分设跨州的地区局来作为国家公园的地区管理机构并以州界为标准来划分具体的管理范围；每座公园则实行园长负责制，并由其具体负责公园的综合管理事务。三级垂直管理，分工明确，工作范围清楚。

此外，美国的国家公园还采取严格的"管理与经营相分离的制度"。美国的国家公园是产权国有的自然遗产和自然状态下不可移动的文化遗产，所以美国的国家公园为非营利性事业单位，经费主要依靠政府的拨款，部分靠私人或财团捐赠，门票只是作为管理手段，旨在提高人们的环保意识。

因此，公园管理的首要目标是资源保护。管理者将自己定位于管家的角色，而不是业主的角色，既不能将遗产资源作为生产要素投入，更无权将资源转化为商品牟利，管理者自身的收益只能来自工资。公园内的住宿、餐饮和娱乐等商业设施严格按规划建设，并通过特许商业经营处批准，由特许承租人经营，在财务上采取收支两条线，与公园管理机构无关，而且这些收入要全部用于改善公园管理。这种管理与经营相分离的制度在实践中不仅强化了对国家公园的管理，而且也有效地避免了政企不分以及重经济效益而轻资源保护的弊病。

美国国家公园体系明确划分了国家公园与州立公园的功能范围。在美国，由于土地资源的权属有着明显的多元化特征，因而对国家的和州立的公园的功能进行了合理的区分——国家公园系统内的土地，出于资源与环境保护等方面的公共目的，不允许对其实行多功能利用，而主要是在保护国家的自然文化遗产和环境的前提下为全国人民提供观光机会；与此有别，州立公园主要是为当地的居民提供休闲度假的场所，因而在这里则允许建立较多的旅游服务设施。应该说，州立公园体系的建立既缓解了美国国家公园所面临的巨大的旅游压力，而且也有利于满足地方政府发展旅游和增加财政收入的需要。

3.1.5 准入标准

从保护典型自然生态和文化资源出发，美国对国家公园体系实行了严格的准入标准和"三分式"的管理方式。在美国，要设立一个新的国家公园就必须要满足"全国性意义"、"适宜性"和"可行性"这三个标准。

"全国性意义"是指这种区域资源的代表性要突出，尤其是要具有全国性的保护意义，具有全国性意义的标准又可以分为四个：①它是某特定类型资源中的杰出典型；②它在解释国家遗产的自然或文化主题方面具有极高价值；③它为公众利用、欣赏或科学研究提供了最佳机会；④它保留了高度完整的具备真实性、准确性和相对破坏小的资源典型。"适宜性"是指一个区域必须能代表一个自然或文化主题或一种娱乐资源，即某区域代表的自然或文化主题或游憩资源类型的代表性是不可比较的，是由其他土地管理实体负责保护和提供公众欣赏服务的。"可行性"是指一个区域的自然系统和（或）历史背景必须具有足够大的规模和适当的结构，以保证对资源长期有效的保护并符合公众利用的要求。它必须具备在适当成本水平上维持高效率管理的潜力。

与此同时，还需经过评估并确认其只有纳入国家公园系统才能有利于资源的保护及发展；否则，便不能最终列入国家公园系统。此外，为加强管理，美国还把国家公园分为自然、历史、游乐三个系统来进行"三分式"的分类管理并进而以此方式有效地达到了对公共旅游资源的合理开发及利用的目的。

3.1.6 规划设计

美国国家公园的规划按其级别分为两大类型，分别是国家公园系统整体的管理规划和具体公园的管理规划。整体管理规划由国家公园管理局制定，公园具体规划由国家公园系统内每个单位制定。后者是以前者为依据所确定的。两大规划各分为四个层次，分别为总体管理规划、战略规划、实施规划和公园的年度目标与年度工作计划。不但各个层次规划的制定密切相关，而且两大规划相同层次的规划制定也紧密联系在一起。比如各个公园的年度报告为国家公园系统的整体年度报告提供数据支持。四大层次的管理规划指向公园的长远目标、长期目标和年度目标。其中年度目标和长期目标相关，而长期目标又与公园功能、公园管理工作和涉及长远目标的宏观决策相关。

为确保公园规划设计工作的合理有效，规划编制以广泛的公众参与和丰富的数据资料为基础，由公园管理人员和多学科技术专家完成。美国国家公园的设计规划工作可以说是完全垄断的——在国家公园管理局的直接领导下，由其下设的丹佛规划中心全权负责；与此同时，再在各地区局下设规划设计专业机构，基层国家公园则建立规划设计小组。不仅如此，在规划方案最终确定以前，该规划方案还必须要交付社会公众讨论，再根据公众意见修改后报国家公园管理局批准，最后才能交参议院讨论。此外，由于国家公园内的公共服务设施在建设上要严格按照规划设计的要求进行，同时在经营方面则严格推行特许经营制度，这样，不仅有利于确保向游客提供高质量的服务，而且也有利于真正实现公园管理与服务经营工作的分离。

3.1.7 资金管理

美国国家公园的运营资金有三大来源，即国会财政拨款、国家公园收入、捐赠资金。多项立法保证了国会对国家公园管理的拨款。国会拨款在总运营资金中的比例超过90%。国会拨款一方面保证了国家公园运行的稳定资金来源，另一方面又使国家公园管理机构可以保持其非营利性公益机构的角色，真正践行"保护第一"的管理原则。国会每年拨款资金超过20亿美元，其中2/3为工资开支，其余的费用用于建设和维持管理。

国家公园收入主要包括门票收入和商业活动费用收入。门票收入在公园预算中的比例非常低，约2/3的国家公园不收门票。商业活动费用收入主要指国家公园管理局对在国家公园内开展的商业性活动如摄影、电影拍摄、声音录制及特许经营活动等收取费用。80%的公园收入留给公园自主支配，其余20%用于支持整个国家公园系统的活动。

在社会捐赠方面，主要包括来自私人、非政府组织和公司等的捐赠。对这些捐赠的接受由国会授权内务秘书处理，以确保捐赠与国家公园目标一致。捐赠主体中非政府组织数量非常多，他们以出售图书、提倡捐赠等方式筹措资金。每个国家公园都有非政府组织提供帮助。其中比较著名的有国家公园基金会和塞拉俱乐部等。

3.2 德国国家公园建设

德国国家公园成立时间较晚。在欧洲，继瑞典在1904年设立第一个国家公园之后，在将近70年之后德国才于1970年设立了第一个国家公园——巴伐利亚森林国家公园。德国在建立国家公园方面落后的原因可能是与文化遗产保护相比，其对自然遗产的保护重视不足，经验也欠缺。经过很长一段时间，德国人才慢慢了解到自然遗产保护的同等重要性，认识到自然遗产的价值同样需要得到珍视。

3.2.1　内涵及分类

德国对自然保护的区域划分得很细致，已经建立的保护区主要有八类，分别是自然保护区、国家公园、原始森林保护区、自然公园、景观保护区、生物圈保护区、鸟类保护区和湿地保护区。每一种保护区都有各自不同的性质和设立目的。其中自然保护区和国家公园作为两种严格意义上的保护区，是德国进行自然保护的主要场所。国家公园代表着德国主要的景观，其中文化地景占据大部分，只有少数的自然区域。

根据法律规定，德国国家公园具有多样化的功能，其不像自然保护区、自然公园和野牛动物公园等单纯地具有环境保护的作用。国家公园的功能主要为：一是维持自然的生态演替过程，最大限度地保护物种的多样性；二是保护区域独有的特征和优美的风景；三是在不影响环境保护的前提下，为国民提供在区域内进行科学研究、科普教育、游览和休养的机会。

3.2.2　数量及分布形态

德国自然保护区面积较小，一般为1平方公里，但是数量众多，全国有超过5000个；国家公园面积较大，一般为50平方公里，但数量较少，全国为14个。

德国境内的国家公园，大部分位于其北部地区。国家公园总面积达7000多平方公里，超过德国总面积的2%。国家公园在面积上具有相当大的差异，最大的国家公园——石勒苏益格—荷尔斯泰因州北海浅滩国家公园面积为4415平方公里，而最小的国家公园——雅斯明特国家公园面积只有30.03平方公里大小。

3.2.3　法律法规体系

按德国宪法有关规定，自然保护工作由联邦政府与州政府共同开展，但联邦政府仅为开展此项工作制定框架性规定，开展与否及如何开展此项工作的决定权在于州政府。例如，联邦政府于1987年颁布的《德国自然和景观保护法》中，仅规定可以成立自然保护区（Nature Reserve）和国家公园（National Park）等6种不同类型保护区的原则，没有规定符合这些原则的地区必须建立保护区。

在国家公园立法方面，由联邦政府负责国家公园的统一立法，有关国家公园管理的最重要的法律是 1976 年颁布实施的《联邦自然保护法》。这部法律为各州管理国家公园制定了框架性规定。同时，各州根据自己的实际情况制定了自然保护方面的专门法律，即"一区一法"。比如，巴伐利亚州在 1973 年制定了德国第一部有关国家公园建设和管理的法律——《巴伐利亚州自然保护法》，德国第 14 个国家公园——科勒瓦爱德森国家公园在 2003 年制定了《科勒瓦爱德森国家公园法令》等等。每州的国家公园法律都对各自国家公园的性质、功能、建立目的、管理机构、管理规模等有着具体的说明。比如《科勒瓦爱德森国家公园法令》明确指出国家公园的主要功能便是保护欧洲历史最悠久、面积最大、保存最为完整的榉树林生态系统。

3.2.4　管理体系

德国国家公园管理模式属于地方自治式，与美国的中央集权的管理模式有根本区别。根据德国宪法规定，联邦政府与州政府共同负责国家自然保护工作。其中联邦政府负责发布自然保护方面的宏观政策、制定国家公园相关法规等工作。州政府决定自然保护工作的具体开展和执行，公园的建立、管理机构的设置、管理目标的制定等一系列事务都是由地区或州政府决定的。州政府拥有国家公园最高管理权。国家公园管理机构分为三级，一级机构为州立环境部；二级机构为地区国家公园管理办事处；三级机构为县（市）国家公园管理办公室。它们都属于政府机构，分别隶属于各州（县、市）议会。

德国国家公园虽然实行地方自治管理，但是各州之间、各州与联邦政府之间、政府机构与非政府机构之间联系密切，它们共同探讨国家公园的管理问题，建立了有关国家公园管理的统一规范和标准。

在进行国家公园具体建设时，各州联合联邦土地规划、建筑及城市建设部和联邦环境、自然保护及核安全部共同完成。其他参与管理的政府和非政府机构还包括联邦农业、食品和森林部、州立陆地开发和环境事务部、林业和自然保护部以及非政府组织欧洲公园联盟德国分部等。

3.2.5　准入标准

2005 年 10 月到 2008 年 2 月推行了《发展德国国家公园质量规范与标准计划》，该计划旨在提高国家公园的管理效率和质量，由德国环境、自然保育和安全部与自然保育机构提供资金支持。参与实施该计划的机构或组织有德国环境、自然保护和核安全部、自然保育机构、各州政府机构、国家公园行政机构、自然保护区组织、国际保育联盟、国家公园之友组织等。

3.2.6　规划设计

德国国家公园的规划设计形成了较为规范的风格，具体单元在规划中一般具有明显的空间格局，从里到外划分为三个带：中心带、过渡带和防护带。中心带只有道路存在；过渡带渐有人类的影响；防护带主要用于游憩，可进行经批准的一些建设和经济活动。

3.2.7　资金管理

德国国家公园的运营开支被纳入州公共财政进行统一安排，经营资金绝大部分来自于政府投入。除了州政府的财政投入外，国家公园还可通过接受一些社会捐赠和利用公园资源所带来的收入获得部分运营资金。

州政府所投入的资金主要用于国家公园的设施建设和其他保护管理事务。在具体拨款建设的安排上，园外交通（也包括部分园内主要的汽车道）、供水、电力等基础设施由相关主管部门按照公园的建设规划实施。园内交通如步行道、汽车道、自行车道等，导引设施如标志牌以及科普设施如展览室、博物馆、信息室等的建设由公园按规划设计，州财政安排拨款建设，且费用的下拨需要先获得上级林业部门的审批。公园保护管理费用包括公园工作人员工资开支和一些保护性项目的建设开支，由州财政根据实际保护管理的需要进行一定数额经费的下拨。

3.3　日本国家公园建设

3.3.1　内涵及分类

日本的公园分为三类：城市公园、自然公园和其他公园。自然公园代表着全国范围内规模最大的原始自然风景，主要是森林和湖泊风景区。它分为三类，分别是国立公园、国定公园和都道府县立公园。这三类公园的区别在于每个公园所涵盖的自然地域的等级不同。这种等级通过自然风景的知名度、代表性和自然原始性的重要程度来评判。国立公园自然景观非常优美，代表着日本最优秀的自然风景典型地域。它由国家指定，早在自然公园发展的最初阶段，有关国立公园申报和审议工作已经完成。国定公园的自然风景比国立公园稍差一点，也由国家指定。都道府县立公园代表着都道府县的自然风景区，自然风景进一步次于国定公园，由都道府县指定。这三类公园构成了日本的自然公园体系。

3.3.2　数量及分布形态

截至 2014 年，日本共有国立公园 31 个，国定公园 56 个，都道府县立公园 315 个。自然公园总面积达到 5 万多平方公里，约占国土总面积的 14%，其中国立公园面积约 21000 平方公里，约占国土总面积的 5.6%。从空间分布看，日本的国立公园较为分散，不存在较明显的集群现象。

3.3.3　法律法规体系

有关自然公园管理最重要的法律为《自然公园法》。这部法律是为保护优美的自然风景，使其更好地用于国民的保健、休养和教育，并有助于生物多样性的保护而制定的。《自然公园法》详细规定了自然公园保护和利用的方方面面，该法的执行和落实由环境省自然保护局国立公园课，以及环境省在北海道西部、北海道东部、关东北部地区、东北地区、中部地区、关东南部地区、九州地区、山阳四国地区、山阴地区、近畿地区等 10 个地方设置的自然保护事务所来负责完成。

另一部和自然公园管理密切相关的法律是 1972 年制定的《自然环境保护法》。这部法律首次明确了日本自然环境保护的基本原则和方针，为自然公园的管理指明了方向。它同时还确立了自然公园在日本自然保护中的重要地位。

3.3.4　管理体系

日本对自然公园采取中央和地方共同管理的综合管理体制，主要表现在以下三个方面。

第一，在中央设立环境厅，并在其中设置了自然保护局进行自然公园的统管，制定统一的法律和统一的管理规划。

第二，不同等级的自然公园，管理机构不同。

国立公园由环境厅进行直接管理。在中央，环境厅下设有自然环境局、环境整备担当参事官、国立公园管理课、亲近自然活动推进室等分别负责国家公园管理的相关工作。在地方，7 处负责地方环境行政工作的地方事务所同时也负责国立公园管理的相关事务。此外还设置了自然管理员和自然管理员助理。自然管理员主要负责国立公园内开发业务的许可、动植物的保护等相关工作。自然管理员助理辅佐自然管理员的工作，主要负责国立公园巡逻和调查、国立公园讲解、与地区志愿者的合作等事务。自然管理员现有 246 人，自然管理员助理有 60 人。自然管理员助理现分布在全国 47 个地区开展业务。

国定公园虽然由国家指定，但是由地方环保部门协助环境厅进行管理。都道府县立公园由地方环保部门进行管理。

日本每个自然公园的管理机构精简高效，一般是 3 ~ 6 课。管理人员也非常少，一般为 10 ~ 30 人。

第三，自然公园采取地域制的管理制度。

日本国土狭小，但人口众多，几乎每个地区都有着不同程度的开发。自然公园内的土地也不能全部作为公园专用，存在着多种土地所有制成分，有国有土地、公有土地和民有土地等多种形式，分别属于国家所有、地方政府所有和私人所有，等等。园内运行着多种经济活动，有农业、林业、旅游业、娱乐产业等。

多种土地所有制成分和经济活动的存在使得公园的建立者不能够拥有全部的公园管理权和土地所有权。国家环境厅和地方政府等对自然公园的管理需要与公园内各类土地所有者合作进行。管理中要注重不同土地所有者的利益，恰当调整好园内居民财产权和诸多产业之间的关系。无论土地所有形态如何，环境厅和地方政府即使没有部分土地的管理权或使用权，也可以对园内的相关行为作必要的限制和规范，即对所有土地都进行公共管理。这就是"地域制"的管理制度。

3.3.5　准入标准

日本自然公园的功能主要体现在四个方面，这四方面隐含着日本国家公园的准入原则。一是保护优美的自然风景。自然美学价值是自然公园选取时重要的评判标准。岛国的特殊地理条件赋予日本以优美的自然环境。日本自然公园集中着全国最美丽、最有特色的自然风景，是自然风景的精华所在。二是保护生态系统的完整性。日本自然公园内有着珍贵的生态系统，保留着珍稀的动植物物种，是大自然的基因库。三是为国民提供游憩、享用自然和教育的机会。日本人喜好野外游憩，自然公园成为日本人亲近自然、保健修养的场所。同时日本人非常重视环保教育，自然公园成为提高国民环境保护意识的重要教育基地。四是发展生态旅游事业，带动经济的发展。旅游业是日本经济发展的重要产业，历史上日本一度实行"观光立国"的经济发展策略。自然公园作为发展生态旅游的重要载体，对国家经济的发展起到了一定的带动作用。

3.3.6　规划设计

根据各地自然公园自然环境的实际情况，为了有计划地对公园进行保护和利用，日本的公园管理机构制定了各个公园的公园计划。公园计划包括保护计划和利用计划两大方面。保护计划和利用计划又各自分为限制计划和设施计划，将保护和利用方面的设施布置和限制行为作了详尽的规定。比如把公园内的利用设施分成 11 项大类，共 37 种。这 11 类包括公园基础设施、运输设施、游乐设施等多个方面。

公园计划是实施管理的前提。在公园计划的基础上制定公园整体的管理计划来确保公园计划的具体贯彻和执行。管理计划明确了公园的管理体制和管理方向，并对公园管理的主要事项进行了分别说明。这些事项包括景观管理事项、上地管理事项、利用者管理事项、美化管理事项等等。

每隔 5 年，环境厅会组织实施"自然公园利用状态"调查，对自然公园的保护和利用计划进行重新审定和更新。

3.3.7　资金管理

日本对国家公园的投资非常大，投资金额从几百亿到几千亿日元。投资经费主要来源于国家环境厅和各级地方政府拨款。资金筹措的其他形式还有自筹、贷款、引资等。比如国家公园内商业经营者上缴的管理费或利税，通过基金会形式向社会募集的资金、地方财团的投资，等等。其中地方财团的投资相当大，占据着重要的地位。国家公园的管理活动主要依赖财政拨款，基本不依赖于公园的自营收入和其他形式的资金来源。

在国家公园管理支出方面，以国立公园为例，主要包括：公共事业建设费；雇用熟悉当地情况的居民开展清扫、防治外来物种等活动所支付的绿色员工事业费；雇用自然管理员助理的费用等。

3.4　国家公园的发展趋势

回顾一百多年来全世界国家公园的发展历程，可以发现国家公园在保护对象、保护方法、参与主体以及空间结构上都发生了巨大变化[①]：一是保护对象的扩展与变化，保护对象由视觉景观保护走向生态系统和生物多样性的保护，由单一陆地保护走向陆地与海洋综合保护。从1872年到20世纪60年代的近100年里，世界上的国家公园主要是保护视觉美学价值。到20世纪60年代，随着环境保护运动的蓬勃开展，国家公园的保护对象也发生了巨大的变化，生态系统和生物多样性保护成为重要的保护内容，世界自然保护联盟（IUCN）因此修改了国家公园的定义。二是保护方法由消极保护走向积极保护。在20世纪30年代，保护方法强调完全保持自然的原始状态和自然过程，认为人类的介入只会对资源保护起到负面的作用。这种保护方法是不现实的，尤其在一些发展中国家或经济落后的国家：在国家公园相关社区的温饱还没有解决的情况下，资源保护目标是不可能实现的。随着 LAC 理论、分区管理等技术和方法的出现与发展，国家公园和保护区可以通过技术手段，在一定程度上实现"保护与利用"的双重目标。三是

---

①　杨锐：《试论世界国家公园运动的发展趋势》，《中国园林》2003年第7期。

参与主体由政府主导走向多方参与。在保证资源得到充分有效保护的前提条件下，除发挥政府的核心作用外，也可以发挥社区、非政府机构、私人企业等各方面的力量，共同做好国家公园的保护、管理与利用工作。多方参与的前提是健全的法律框架和权责利平衡的管理体制。四是国家公园的空间结构由散点状走向网络状。在国家公园发展早期，国家公园和保护区是"散点状"分布，形似一个个"岛屿"。生态学研究发现，这种"岛屿式"的保护只适合于那些以美学价值为主的地质地貌保护区，为了保护生物多样性和生态系统，就需要考虑国家公园与周围保护区之间的生态联系，将它作为保护区网络的一部分加以考虑，这就形成了保护区网络。

4　国际生态文明建设对贵州的启示

4.1　建立和完善生态文明建设法律体系

发达国家国家生态文明的建设基本遵循制度化、法制化路径，通过完善生态立法工作，以法律制度调节人与自然的和谐关系，推动形成政府、市场与社会力量等多中心治理结构。当前，我国正处于经济社会发展的转型期，生态文明建设亟须法制保障，应建立和完善生态文明建设法律体系，通过立法确定生态文明建设的重大机制，推动形成"源头严防、过程严管、后果严惩"的制度体系，充分发挥立法指引、规范经济发展模式转型和产业结构升级的功能。加强公众参与生态立法、司法、执法和监管制度建设，为公众健康权、知情权、参与权、监督权、救济权、生态公益诉讼等生态权益提供民主参与制度保障。当前贵州省生态立法尚不健全，尚未覆盖到生态环境保护的各个方面，"十三五"时期最优先的事项就是完善生态文明法治建设，推动建立全面、严格和可执行的法律体系，明确政府生态文明建设目标，建立政府生态责任机制，严肃生态监管、执法者责任，实行生态问责，建立科学的司法、执法和监督程序，扭转"违法成本低、守法成本高"的不利局面。

4.2　建立全面、高效的生态环境保护政策体系

发达国家的生态环境保护政策经过多年的实践，已经形成了较为完善的政策体系。一是注重全过程、全生命周期的系统管理。政府制定前瞻性预防计划，更多、更及时地处理生产生活活动可能产生的健康与环境影响。在源头上对污染进行控制，防止做出可能产生较高环境风险的相关决策。同时在产品生命周期的各个阶段强调生产者责任及为后代保护环境的责任。通过全过程、全生命周期系统管理实现经济社会与生态的协调发展。二是强调运用经济工具推动生态环境保护。通过污染者付费原则，广泛运用于废物处置、污水处理、垃圾填埋场的清理等领域。使修复环境污染或者损害的费用由导致污染或损害发生的主体来承担，对于贵州来说，应该尽快建立全面的生态文明建设政策体系，完善促进生态文明建设的经济政策，深化资源价格改革，加快建立能够反映资源稀缺程度、市场供求状况和环境成本的资源价格形成机制，积极探索资源有偿使用、生态税、碳排放权、排污权、水权交易、生态补偿、生态转移支付等市场机制。

4.3　加快推动生态补偿机制的创新试点

国际经验表明，由于生态服务的特殊性，实践中需要针对不同情况进行有针对性的精细化机制设计，以解决生态服务的计量、监测与交易等十分复杂的问题。当前我国已有的生态补偿实践，面临着利益者众多而主持者单一、缺乏核心理念、体系不完整、机制不健全等问题，很难满足我国大力加强生态文明建设的需要。因此，贵州作为生态文明先行示范区，可以在生态补偿机制方面开展创新试点，引入生态服务交易的政策理念，着力加强区域生态协作。一是要严格执行各类环境法规，即用于交易的生态服务首先必须达到法律规定的最低标准；二是针对特定问题建立双边或多边的协作小组，即双方共同参与、共同讨论、相互监督、共同推进；三是精细化有关生态服务价值的计量、监测与评估机制；四是考虑到生态服务的长期性和独特性，交易双方可以探讨长期的补偿协议并保证其得到

履行。

4.4 积极推动"国家公园省"建设进程

发达国家国家公园的发展均有明确的法律条文规定，完善的法律法规体系是国家公园可持续开发利用工作能够真正地落到实处的保证。相比之下，我国公共旅游资源的开发、经营、管理过程，不仅缺乏完整且严格的法律法规制度，而且政出多门，导致现阶段我国"国家"级公园管理混乱。积极推动相关部门编制《国家公园法》明确国家公园的意义、属性及相关管理制度。同时，除了国家公园的基本法之外，还要建立相应的配套政策体系。对于贵州而言，要及早形成省级层面的国家公园管理法律法规，在具体公园层次上也要建立完善的管理办法，做到"一园一法"。

国际经验表明融资机制对于国家公园的发展非常关键。国家公园应建立非营利性和营利性两大平台，国家公园的运营支出需要纳入中央公共财政预算，国家通过制度性安排转移支付资金，保障国家公园的设施建设和其他保护管理事务。鼓励建立非营利性国家公园建设基金支撑国家公园建设。此外，在严格保护生态与文化资源的前提下，国家公园允许进行低限度的旅游、科教项目开发利用，从而产生部分收入。对于贵州省内的国家公园，其主要管理运营支出应由中央财政转移支付承担；也可以根据自身生态资源特色，适当发展观光旅游、科教基地等环境代价小的业态，形成部分收入；此外，可与国内外高校、研究机构、基金组织合作，接受社会捐款。

目前，贵州省拥有众多的国家级风景名胜区、自然保护区、森林公园、地质公园等，同样需要对这些优质资源进行梳理，建立合理的国家公园体系。积极推动开展国家公园试点建设，在东北部的梵净山、东南部的荔波喀斯特地貌景观、西南部的北盘江流域、西北部的赤水丹霞地貌等具有贵州省特色的区域培育发展国家公园。

5 小结

从国际经验来看，生态文明建设是长期、战略性问题，绝非一朝一夕就可以轻易实现的，尽快明确战略定位与发展路径是推动生态文明建设的基础和前提。在2013年生态文明贵阳国际论坛上，习近平总书记指出，贵州地处中国西部，地理和自然条件同瑞士相似，双方在生态文明建设和山地经济方面应加强交流合作，实现更好、更快发展。贵州省应充分借鉴瑞士在可持续发展中积累的宝贵经验，为建设"国家公园省"提供有益思路。因此，贵州必须建立清晰的发展定位，即在生态文明建设的高度下，探索生态文明驱动型发展战略。同时，生态文明发展战略还要与贵州城镇化进程相结合。由于自身历史、经济、地理、资源等因素的影响与限制，目前贵州城市化的发展速度规模和与其他地区相比仍存在较大的差距。2013年贵州城市化率仅为37.8%，远低于同期全国城市化率53.73%，未来城镇化还有很大的发展空间。对于贵州而言，将生态文明理念和原则全面融入城镇化全过程，通过选择合理的城镇化模式、推进城镇化建设的相关制度改革和建立生态文明制度体系推进绿色低碳城镇化建设，通过增强生态产品生产能力、控制开发强度、调整空间结构，对于贵州实现经济、社会与生态、环境的协调发展具有重要意义。

国际经验表明，生态文明建设是一项系统工程，需要多方面、全方位开展相关工作，积极回应人民群众对美好生活的向往，让人民群众喝上干净的水、呼吸清洁的空气、吃上放心的食物，在良好的环境中生产和生活。回顾发达国家治理环境问题的起因，无不是响应了社会各界对美好环境的渴求。20世纪60年代末以来，对于环境问题的关注与社会政治运动交织出现导致环境主义在欧洲与北美地区盛行，大量的市民参与到这场史无前例的环境运动中。在这场"环境革命"中，人们对于工业化的负外部性以及生态与环境危机有了更深入的了解与认知，由此开始对工业化的经济生产方式和消费方式以及与之密切相关的现代社会组织方式进行深刻的反思，从而将生态和环境问题上升到人类的基础生存环境高度，为可持续发展理念在西方国家的普及奠定了重要的思想基础。当前，贵州省社会各界对生态文明的认识还很薄弱，"十三五"亟须通过开展形式多样的活动提高整个社会对生态文明的认识水平。生态文明建设需要强有力的制度支撑。首先，通过立法确定生态文明建设的重大制度，运用法律来规范和调整推进生态文明建设的各项行为。其次，建立全过程、全生命周期的环境管理政策，积极推进各项生态环境保护经济工具。再次，积极推动生态文明保障体系中的建设。对于贵州来说，十三五时期，一是建立绿色政绩考核制度。以生态文明理念约束政府决策，制定和实施旨在推动生态型政府和生态文明建设的法律规章和政策措施，为全社会生态文明建设工作做出表率。完善促进科学发展及生态文明建设的党政领导班子和领导干部综合考核评价机制，加大资源消耗、环境保护、低碳发展等约束性指标在党政实绩考核体系的权重。二是探索多元化的生态文明建设融资方式。建立财政投入预算保障机制，确保环保支出与 GDP、财政收入联动增长。完善监管、评估和激励机制、建立区域发展和考核指标，引导区域间建立环境保护和治理协作机制。建立健全生态补偿机制。通过财政转移支付、生态受益者付费、生态使用者付费、生态税等形式进行生态补偿。探索污染产业退出补偿政策。积极探索构建多元化融资渠道的保护区生态补偿机制，涉及政府与市场两种基本途径或机制范畴，安排相应的政策引导制度创新，加快推进自然保护区生态补偿的立法调整。创新绿色金融与资本市场制度。建立政府绿色投资基金，通过整合私人投资加大政府投资力度，整合私人投资发展绿色金融服务。三是深化生态文明建设的公众参与。创新公众参与体制机制。建立完善政府环境管理信息公开制度、公众听证制度；强化引导公众参与生态文明建设，创造有利、宽松的政策环境，加强和完善公众参与的支持保障措施，发展壮大生态文明建设的社会力量。

　　总体上，贵州要坚守"发展"与"生态"两条底线，积极借鉴国外生态文明建设的先进经验，通过自力更生，勇于创新，争取十三五时期在生态文明建设方面有所突破，为落后地区探索出一条绿色低碳的可持续发展道路，发挥后发优势，实现跨越式发展。

附录

生态文明建设国内部分地方的实践

1.1　福建省生态文明建设经验①

2013 年，福建省森林覆盖率达 65.95%，连续 36 年全国领跑；12 条主要河流水质保持为优，水域功能达标率为 98.4%；全省 23 个城市平均达标天数比例为 99.5%——作为水、大气、生态环境质量均保持优良的省份，"生态福建""清新福建"的金字招牌愈发闪亮。"把资源消耗、环境损害、生态效益等指标纳入经济社会评价体系和干部考核办法，根据主体功能区定位实行差别化的评价考核制度。"

1.1.1　国务院确定福建为全国首个生态文明先行示范区

国务院 2014 年正式印发了《关于支持福建省深入实施生态省战略加快生态文明先行示范区建设的若干意见》（以下简称《意见》）。福建省成为党的十八大以来国务院确定的全国首个生态文明先行示范区。

在全面分析福建省生态文明建设总体情况、综合优势的基础上，《意见》提出了支持福建省深入实施生态省战略、加快生态文明先行示范区建

---

① 国务院印发《关于支持福建省深入实施生态省战略加快生态文明先行示范区建设的若干意见》，《福建日报》2014 年 3 月 21 日。

设的主要目标、重点任务和重大政策，共包括 8 个部分 24 条。

同时，《意见》从加大政策支持力度、支持开展先行先试、加强组织协调等方面提出了 25 条支持福建省加快生态文明先行示范区建设的政策措施。

《意见》还明确了福建生态文明先行示范区建设四大战略定位：一是国土空间科学开发先导区，优化生产、生活、生态空间结构，率先形成与主体功能定位相适应、科学合理的城镇化格局、农业发展格局、生态安全格局；二是绿色循环低碳发展先行区，加快绿色转型，把发展建立在资源能支撑、环境可容纳的基础上，率先实现生产、消费、流通各环节绿色化、循环化、低碳化；三是城乡人居环境建设示范区，加强自然生态系统保护和修复，深入实施造林绿化和城乡环境综合整治，增强生态产品生产能力，打造山清水秀、碧海蓝天的美丽家园；四是生态文明制度创新实验区，建立体现生态文明要求的评价考核体系，大力推进自然资源资产产权、集体林权、生态补偿等制度创新，为全国生态文明制度建设提供有益借鉴。

《意见》提出，到 2015 年，福建单位地区生产总值能源消耗和二氧化碳排放均比全国平均水平低 20% 以上，非化石能源占一次能源消费比重比全国平均水平高 6 个百分点；城市空气质量全部达到或优于二级标准；主要水系Ⅰ～Ⅲ类水质比例达到 90% 以上，近岸海域达到或优于Ⅱ类水质标准的面积占 65%；单位地区生产总值用地面积比 2010 年下降 30%；万元工业增加值用水量比 2010 年下降 35%；森林覆盖率达到 65.95% 以上。

此外，《意见》还从 6 个方面提出支持福建省加快生态文明先行示范区建设的发展方向和主要任务，即优化国土空间开发格局、加快推进产业转型升级、促进能源资源节约、加大生态建设和环境保护力度、提升生态文明建设能力和水平、加强生态文明制度建设。

1.1.2 厦门生态文明建设经验

2006 年，厦门市政府就协同中共中央编译局进行《建设社会主义生态文明：厦门的实践与经验》重大课题研究，反映了厦门市委、市政府的时代前沿意识和世界宽广眼光。

改革开放 30 年来，历届市委市政府在推进厦门经济社会发展中，都格外注重"发展与保护并重，经济与环境双赢"。特别是党的十六大以来，厦门经济特区努力担当中央赋予的"排头兵""试验田""窗口"历史使命，在推进经济社会又好又快发展的同时，认真探索、创新符合自身实际的发展途径和模式，实现了经济、社会、生态的协调发展，城市综合实力得到大幅度提升。

2005 年 9 月，中共中央编译局副局长俞可平率中央调研组来到厦门调研，通过剖析地方党委政府的工作实践，考察贯彻落实科学发展观情况，感到很有必要对厦门贯彻落实科学发展观中如何建设发展生态文明进行深入研究，并有信心取得高质量成果。厦门市委市政府也认为，厦门特区不仅应着眼于增强创新优势，以经济社会的跨越式发展来证明党的政策的效力和改革的合理性，同时更要立足于理论自觉，主动思考、认真解答现代化建设中那些带有全局性、前瞻性影响的重大问题，重视体制创新。由此开始了双方长达两年多的合作。

课题组先后完成《建设生态文明：厦门的实践》等 7 份研究报告，对厦门经济特区建设生态文明的经验、做法进行总结，对厦门生态文明发展模式的创新性、规律性、系统性和示范性进行概括。《求是》杂志社对课题总报告非常感兴趣，认为厦门的经验富有创新性，反映规律性，展现系统性，具有示范性；同时认为，如果能从生态文明建设这个方面切入，进一步全面总结"厦门发展模式"，将对全国更具有指导意义。于是，由中共中央编译局和《求是》杂志社组成联合调研组，于 2008 年 4～5 月进一步对厦门改革开放 30 年的实践作了更加全面和深入的了解和总结，正式提出了"厦门发展模式"。

厦门发展模式有以下 6 个特征：一是坚持"以人为本、环境优先、生态立市、生态兴业"的生态城市先进理念，不以牺牲生态利益换取一时的发展，努力把经济建设、社会发展建立在环境和资源能够承载的基础上，积极发挥生态文明建设的政绩导向作用。二是始终将建设生态城市的先进理念贯穿于城市规划过程之中，以城市总体规划和生态城市建设规划为抓手，实现经济社会与生态环境保护的统筹发展。三是积极构建"政府主导、民间协同、公众参与"的城市生态善治模式，探索出"政府引导、市场推动、法律规范、政策扶持、科技支撑、公众参与"的运行机制。四是发挥市场作用，充分调动企业建设生态文明的积极性和主动性，建立多元化的投融资机制和市场化的资源供应机制，引导企业把有限的资源配置到最有效的地方，实现资源利用效率的最大化。五是鼓励科技创新，大力推广生态环保新技术，为生态文明建设提供技术支持。六是致力于加强区域和国际合作，勇于承担共同的生态责任。

厦门发展模式的成功经验，集中到一点，就是生态文明与物质文明、政治文明、精神文明之间相互促进、协调发展①。

厦门经济特区生态文明建设的经验总结

（一）坚持科学发展，"念"好经济发展与生态、社会之间的六大"关系经"，是厦门进行生态文明建设的重要前提

长期以来，厦门市委、市政府充分认识到，推进生态文明建设，首先要科学处理好"六大"关系，促进经济社会科学发展。

一是"念"好保护环境与发展经济之间的"关系经"，实现优化发展。秉持着眼于总体，着眼于长远，正确处理生态文明与经济发展的关系，绝不走西方发达国家"先污染、后治理"和"边污染、边治理"的老路，争取做到经济发展与生态保护及建设一起规划、同步实施，共见成效，实现经济与环保最优配置发展。

---

① 岳世平：《厦门经济特区生态文明建设的成就与经验总结》，《厦门特区党校学报》2013年第6期。

二是"念"好生产力布局与环境总量控制之间的"关系经"，实现协调发展。坚持生产力布局与环境总量控制相协调，坚持岛内外一体化，明确生态文明建设重点，厘清各类功能区的发展特点，争取做到"全面、适度、理智"发展，实现经济社会环境协调发展。

三是"念"好资源开发与生态保护之间的"关系经"，实现有序发展。以资源的可持续利用和生态保护并重为目标，做到开发与保护兼顾，统一规划，有序开发，严防"一条腿走路"，实现有序发展。

四是"念"好严把源头与强整综治之间的"关系经"，实现健康发展。在防的环节上，秉持严把科学决策关、环保准入关、工程实施关、绩效考核关，做到不欠新账。在治的环节上，对症下药，对遭到破坏的草地生态和被污染的环境实施及时治理和逐渐恢复，做到多还旧账，做到"增产减污"和"增产不增污"，实现健康发展。

五是"念"好着力于眼前与放眼于未来之间的"关系经"，实现可持续发展。秉持把近期目标与长远规划结合起来，在实施近期目标中，着重解决好民众最盼望、最切身、最急切的现实问题。在实施长远规划上，着重处理好物质文明与生态文明的关系，解决好量与质的关系，防止"吃子孙饭"，做到近期与远景相协调，实现可持续发展。

六是"念"好生态文明建设与社会稳定之间的"关系经"，实现和谐发展。时刻正视生态文明建设与社会稳定之间的内在关系，把生态文明建设提升为实现稳定的重要一环，切实解决民众反映强烈的各类环境问题，维护民众的环境利益，使社会得以稳定，实现和谐发展。

（二）坚持不断创新机制，积极探索生态文明建设新路子，是厦门进行生态文明建设的重要法宝

一是创新决策管理与责任机制。厦门市成立了由最高行政领导担任主任的市、区两级生态文明建设委员会，协调各部门各司其职开展生态文明建设工作；人大代表和政协委员通过议案、提案对环保工作积极建言献策并实施监督；加强环境宣传教育，设立市长专线、公众举报电话、

每月局长接待日等，让市民的生态文明建设知情权、参与权和监督权得到充分保障。2010 年《厦门市贯彻落实福建省生态文明建设监督管理"一岗双责"暂行规定的实施意见》的颁发，进一步健全和完善了党委政府领导、人大政协监督、环保部门统一监管、相关部门齐抓共管、社会各界广泛参与的"一岗双责"的工作决策管理和责任机制。

二是创新资金投入机制。充分运用财政贴息、投资补助、收取污染物处理费、前期经费安排等手段，鼓励多种经济成分进入生态文明建设领域，完善政府、企业、社会多元化投融资机制。各级政府将生态文明建设投入作为公共财政支出的重点并予以保证；环保部门和财政部门要安排专项资金、鼓励企业投入生态文明建设的系列设施建设；逐步加大生态文明建设社会化投入。

三是创新区域联防联控机制。初步建立了区域、流域联防联控联治协作机制，围绕区域流域生态文明建设、山海协作、互惠互利和可持续发展进行商讨，形成"三个联合（联合巡查、联合监测和联合治理）、四个协作（信息、技术、资金、排污总量）"的工作机制。

四是创新执法稽查机制。厦门市先后两次组织修订了《厦门市生态文明建设条例》，制定与条例配套的 30 多项规定和办法，规范细化了环保行政处罚自由裁量权。建立"3×7+1"的环境稽查机制（每个环保分局成立了 3 个执法小组，每周每个小组必须完成 7 个以上执法单元现场执法，与此同时环境监理中心所和市局机关相关处室对分局监管企业情况进行稽查），及时发现并纠正了一些企业的环境违法行为。

五是创新科技支撑保障机制。完成了《关于进一步改善厦门市环境空气质量和应对气候变化的实施意见》；开展了《流域与海域氮、磷来源与控制研究》和《声环境实时监控系统研究》；在造纸行业中推广使用高效絮凝技术；在制药、化工、冶炼、印染、电镀、制革、酿造等行业中，采用汽提法对污水进行处理；在电子类企业中建设先进的催化燃烧装置（RTO）对废气进行治理，大幅减少废气排放，为环境问题提供技术支撑。

六是创新考核与激励机制。实施《厦门市主要污染物总量减排工作考核和奖励办法》，建立了主要污染物减排责任制，将生态文明建设逐步纳入法制化轨道和干部考核体系。建立了激励机制：在农村实行了"以奖促治"、生猪禁养和规模化生猪养殖生态型零排放及海域水产养殖退出优惠办法、实施了中水回用、污水处理零排放和二氧化硫、化学需氧量、氨氮及工业固废等污染物削减奖励政策；推行了清洁生产审计补助政策。

（三）开展"无缝隙"宣传教育和引导公众踊跃参与，大力营造生态文明建设的文化氛围，是厦门进行生态文明建设的重要手段

一是着力推行"三位一体"教育，增强广大干群建设生态文明的意识性和自觉性。把道德、法制与生态文明作为"三位一体"来宣传教育，将生态文明理念贯穿于各个方面的教育之中，大大提高了公众的主动参与意识。第一，大力加强对干部的相关培训教育。将相关知识纳入党政干部培训计划，在党校和行政学院开设生态文明建设相关课程，邀请相关领导和专家做报告，培养领导干部的生态行政意识。第二，以创建"绿色学校"为抓手，在各级学生中加大环保知识的宣传和教育，使普及率在90%以上。通过层级培训，对各级学生进行生态文明建设的普及教育，不断提高学生遵守生态环境的素质。第三，以"影片放映活动"为抓手，通过举办"环境宣传教育下乡"等活动，大力提高农民的生态文明建设意识，促进农村生态环境建设。

二是大力开展"无缝隙"宣传活动，营造生态文明建设的良好社会氛围。第一，充分利用网络、电视、广播等媒体，定期向社会发布生态信息、公布生态质量，拓宽思路，创新载体，多渠道、多层次、多形式地开展加强生态文明建设的舆论宣传，进行多种形式的生态环境教育和科普宣传教育，使生态文明建设家喻户晓，深入人心，为推进生态文明建设奠定坚实的理论及思想基础。第二，充分利用特殊纪念日如世界环境日、地球日、世界水日、全国土地日等，开展宣传活动，大力提高民众的生态观念和法制意识。第三，在市区交通枢纽、主要路段、重点

社区树立高架广告，在公交车站、候车厅大力开展"无缝隙"宣传，使生态文明的理念走进千家万户，注入广大民众心中，大力营造生态文明建设的浓厚氛围。

三是建立生态文明建设的政务信息透明制度。第一，厦门市委、市政府以推行民众对生态文明建设的"三权"即"知情权、参与权和监督权"为把手，以促进决策的科学化和民主化，来助推生态文明建设广泛社会基础的形成。设立了市长专线和公众举报电话，听取公众意见和建议及检举违法违纪行为。第二，以建立"厦门市生态文明建设"门户网站为推手，增强环境政务信息公开透明度。对相关行政许可的项目全面实行网上审批和电子监察。关注民生，认真处理好群众环境信访，保障群众的生态环境权益。第三，以建立各级环保部门的"每月局长接待日制度"为手段，倾听民声和民意。近年来，每年平均受理人民来信来电来访约 7000 多件/人次，办理率 100%，满意率 98%。

四是充分发挥各级民间组织的积极作用。鼓励和引导各种合法的非营利、公益性等民间组织在生态文明建设中所起到的作用，使社会每一分子都参与到生态文明建设中来。

（四）坚持生态文明建设与经济发展紧密融合，构建生态文明建设体系，是厦门生态文明建设的重要做法

长期以来，厦门市委、市政府在巩固和深化创建国家环保模范城市成果过程中，重视建立和完善有利于生态文明建设的法律、政策、规划、目标、标准和保障体系。第一，坚持"四观"即"系统观、全程观、长远观、全域观"的指导思想，努力打造生态产业体系，积极构建集约内涵型经济增长方式的生态型经济发展体系，把发展生态型经济纳入生态文明建设总体战略，将生态文明建设与经济发展紧紧融合。第二，通过发展"四经"即"循环经济、低碳经济、生态经济和绿色经济"，来加快调整经济结构和转变发展方式。第三，通过发展"四业"即"生态农业、生态工业、生态旅游业和生态服务业"，来加快调整产业结构和转变

消费模式。第四，通过开展"四能"即"节约能源、降低能耗、开发新能源、利用再生能源"，来努力突破资源匮乏的瓶颈，努力实现产业优化升级。（资料来自《厦门特区党校学报》2013年第6期）

1.2　海南省生态文明建设经验[①]

1.2.1　高瞻远瞩率先谋划创建生态省

1998年，海南省开始谋划生态省建设方略；1999年，先后通过省人大代表议案和地方立法形式，在全国率先提出建设生态省的发展战略，成为全国第一个开展生态省建设的省份。

2009年12月，国务院出台《关于加快推进海南国际旅游岛建设发展的若干意见》，把建设全国生态文明示范区定位为国际旅游岛建设的战略目标。

2012年4月，省第六次党代会在深刻总结13年生态省建设经验的基础上，提出了以人为本、环境友好、集约高效、开放包容、协调可持续发展的"科学发展，绿色崛起"发展战略。

经过12年全省上下的共同努力，海南生态示范省建设进行了有益探索与实践，在环境保护和生态建设、生态产业发展、人居环境改善和生态文化培育等方面取得了显著成效。

1.2.2　完善生态建设的机制

海南越来越多地综合运用经济、法律和行政手段保护生态环境，通过提高环境准入标准、合理规划布局、出台鼓励低碳产业和清洁能源的政策等方式，确保引进低消耗、低排放、低污染和高效益的企业和项目。

海南在全国率先建立了逐年增长的生态补偿机制，将990万亩热带雨林列为核心生态保护区，不断加大转移支付力度，一方面让当地居民从生态

---

① 《海南生态省建设13年：青山披绿椰林飘香》，《中国环境报》2012年9月18日，http：//gongyi. sina. com. cn/greenlife/2012 - 09 - 18/104837545. html。

环境保护中得到实惠、尝到甜头；另一方面有效落实了保护责任，为海南的"绿源"和热带雨林原生地撑起了一把有力的保护伞。

2014 年 3 月 28 日，海口市人大常委会全票通过《关于加强东寨港红树林湿地保护管理的决定》，将保护范围由 5 万多亩增加至 12 万多亩，包括将新移交地方管理的 9466 亩滩涂水产养殖区实施退养还林，规划建设为三江红树林湿地公园。海南建设国际旅游岛以来，利用中央赋予的特区立法权，通过涉及生态文明建设的地方法律法规已有 10 多部，为生态文明建设树立了法律依据。

1.2.3　"三不"原则力保碧水蓝天

海南在生态省建设中不断优化产业布局，引导发展生态产业，坚定走绿色发展之路。按照"不污染环境、不破坏资源、不搞低水平重复建设"的原则，严把环境准入关，初步形成"西部工业区、中东南部热带高效农业区、东南部旅游度假区"的产业布局。

截至 2013 年年底，全省建成文明生态村 11597 个，占全省自然村的 49.5%。同时，积极开展生态乡镇、生态文明乡镇和小康环保示范村的创建工作。目前，全省已建成国家级生态乡镇两个、省级生态文明乡镇 10 个、省级小康环保示范村 90 个、国家级绿色社区 1 个。

1.2.4　特区开发与生态保护实现双赢

海南省政府及主管部门在决策规划、产业发展、项目建设等方面都坚持不以牺牲环境为代价换取一时的发展。据悉，"十一五"期间，海南省通过环境影响评价审查，否决或暂缓审批 18 个与国家和省产业政策及环境功能区划不相符的项目。

海南积极探索并有效实施生态补偿工程，加大重要生态区保护力度。通过探索生态环境保护新机制，调动群众护林积极性，使中部生态重要区域得到有效保护。从 2006 年起，海南便根据每年财政能力递增增加生态转移支付的要求，每年安排财政资金不低于 2000 万元用于生态转移支付。2006~2010 年转移支付总投入已超过两亿元。目前，海南省已启动了关于生态补偿的地方立法程序。

1.2.5 "绿色资源"优势厚积薄发

海南西部矿业发展迅速，但生态环境并没有因此被破坏。特别是"十一五"期间，海南建立采矿后土地复垦和生态恢复保证金制度，新建矿山"三废"实现达标排放甚至接近零排放，走出了矿产开发利用与生态环境保护协调发展的"绿色矿业"之路。

目前海南岛矿业发展开始迈出大步：初步建成东方天然气化肥化工、洋浦油气炼化油品化工电力、老城凝析油精细化工与石英浮法玻璃、昌江铁钴铜炼制与水泥建材等四大绿色矿业集群。如今，海南省积极发展清洁能源，在太阳能、风能、核能、生物质能及特种玻璃、光纤光缆等新能源、新材料产业发展方面取得了显著成绩。

1.2.6 生态文化助推国际旅游岛建设

自建设国际旅游岛上升为国家战略后，海南生态省建设依托国际旅游岛建设政策优势，加强环境保护国际合作与交流，营造生态省建设氛围，积极推进生态文明建设，促进海南社会经济与环境协调、可持续发展。

12年来，海南相继颁发了《海南生态省建设规划纲要》《海南省万泉河生态环境保护规定》等50多项与生态省建设相关的法规及规章。2014年6月，《海南国际旅游岛建设发展规划纲要》正式出炉，国际旅游岛建设的六大战略定位之一就是建设全国生态文明建设示范区。政府机构、社会团体、个人和民间社团组织纷纷主动参与生态文化建设，公众环境保护意识得到提高，生态文明建设在全省上下已取得共识。

在海南，生态教育已成为学校学生素质教育的一项重要内容，通过开设生态环保课程、组织生态体验与生态公益活动，努力培养具有生态环保意识的一代新人。与此相应，绿色学校、绿色社区、文明生态企业、文明生态家庭等创建活动，已成倡导绿色、低碳、环保的新风尚。据了解，目前海南已创建国家级及省级绿色社区22个、绿色学校53个，积极推动社会公众与青年学生成为生态省建设的重要力量。

海南省还定期举办生态省建设暨生态文化论坛，这已成为重要的理论与实践文化品牌，也是国内绿色对话与生态文化交流的重要平台。随着生态省建设理念不断推广，浙江、吉林、福建、山东等 14 个省区市开展了生态省建设，海南的"生态文化"品牌逐步在全国发挥了辐射与带动作用。

同时，海南省在打造全国生态文明示范区进程中，积极吸收了海内外既有生态文明建设经验，广泛发动群众参与，制订了符合海南生态功能区特色的生态环境管理和评估体系。

1.3　上海市生态文明建设经验

中国是世界上最大的发展中国家，上海是中国最大的经济中心城市。近年来，上海积极探索实践绿色、低碳、生态的可持续发展模式。当前，上海正处于"创新驱动、转型发展"的关键时期，推进生态文明建设，实现绿色、循环、低碳和可持续发展，不仅是实现科学发展、转型发展的内在要求，也是实现"四个中心"建设、构建全球城市的重要支撑。

在生态文明建设方面，上海市的主要经验有以下几点。

1.3.1　创新生态文明宣教模式

首先，运用好传统媒体和新媒体两大平台，建立新闻发言人制度，鼓励市民自觉参与生态文明实践活动。

利用《中国环境报》平台，报道上海市生态文明建设动态。2013 年，《中国环境报》上海记者站不断寻找新闻热点，关注社会焦点，深入基层，服务基层，报道上海市生态文明建设、环境保护工作的新举措和新成就。全年在《中国环境报》上共发表各类新闻稿件 139 篇，其中头版头条 4 篇，1 版新闻 29 篇。

利用"上海环境热线"网站，开展生态文明宣传教育和知识普及活动。上海环境热线首页全年访问数增加 2868509 人（次），日均 8195 人（次），发布新闻 6431 条，发布环境影响评价网上公众调查、环评公示、环评报告书简本及玻璃幕墙技术分析报告 2521 项。

通过"上海环境"官方微博，及时传播生态文明建设成果。截至 2013 年年底，"上海环境"在四大微博平台共发布微博 11000 多条，拥有粉丝超过 22 万人。发布内容涵盖环保工作推进、生态文明建设、区县工作动态、环境政策解读、环保科技前沿等领域。

根据不同时间节点组织相应发布内容。2013 年，"上海环境"在新浪平台全国环境类政务微博的排名为第三位。"上海环境"政务微博还获得"东方网"微博平台"最具人气机构微博"奖。

通过编发环境舆情信息，回应社会关切，服务环保大局。加强对涉及上海市环境保护有关工作新闻报道和事件的舆情跟踪，及时、有效地研判和处置负面舆情，最大限度地减轻负面舆情对环保工作造成的影响和损失，维护环保形象和社会稳定。

截至 2013 年年底，舆情小组共收集各类舆情近 3 万条，分析上报舆情 600 余条，形成月报 4 期、周报 61 期、专报 15 期、简报（短信、电邮）23 期。舆情小组还首次将年度重大舆情事件进行时间、地域、类型等方面的汇总分析，并据此提出了工作建议，形成《2013 年上海市重大环境舆情事件》和《2013 年环境舆情报告》两份报告。

鼓励公众参与，积极开展生态文明社会实践活动。一是围绕 2013 年世界环境日中国主题"同呼吸、共奋斗"和联合国主题"思前·食后·厉行节约"，结合公众关注的环境热点，策划并实施"6·5"上海宣传系列活动，如人大代表参观调研新金桥电子废弃物拆解中心和上海市环境监测中心、空气质量监测市民开放日、世界环境日论坛、"心花礼佛"嘉定区佛教界绿色环保行动、"2013 世界环境日——人与环境摄影大赛"，与中福会少年宫合作共同主办"低碳小达人"科技创意大赛等。

建立健全生态文明建设新闻发言人制度，根据重点工作的推进和重要政策的出台等关键时间节点，通过新闻发布会、通气会、吹风会等不同形式进行有关发布工作。全年共组织新闻发布会 1 次、新闻通气会 7 次，安排记者专访 120 次，组织发布新闻稿 28 篇。

其次，有的放矢，针对不同人群开展生态文明教育，着力提升全社会生态文明素养。

组织开展领导干部和环境宣教干部生态文明教育培训。联合上海市公务员局、上海行政学院等单位，举办处级领导职务公务员环境保护专题研修班。来自环保系统、绿化市容系统及其他环境保护相关部门的 32 名副处级干部参加培训。培训班采取专题讲座授课、学员论坛、环境教育基地现场教学等多种形式，培训内容包括上海环境保护总体任务和形势、城市环境保护的理念与实践、上海市细颗粒物 PM2.5 污染现状及控制防治等。

强化教育职能，培养中小学生生态文明理念。一是持续开展国际生态学校项目，提倡建立由学生自主管理的学校生态环境委员会，让学生在教师的指导下，能主动发现校园环境问题，并制订合理计划解决环境问题，切实改善学校及周边环境。项目通过区、县落实到学校，通过校长、老师普及到学生、家长，影响了一大批有条件、有实力的学校参加。截至 2013 年年底，上海共有 28 所学校获得了国际生态学校最高荣誉——绿旗。二是大力推广"低碳小管家"项目。2012～2013 年，全市累计有 40 多所学校的 4500 余名中小学生参加了这一活动。

建立教育基地，创新有地方特色的环境教育模式。上海从 2012 年开始就积极开展"上海市环境教育基地"建设工作。通过《上海市环境教育基地管理办法》和《"上海市环境教育基地"评估指标体系》的制定，对基地管理体系、基础设施、环境教育内容与形式等方面做出明确规定，让环境教育走出课堂，有灵气、接地气，创新环境教育新模式。截至 2013 年，上海共创建"市级环境教育基地"10 家。这批基地类型多样、特色鲜明、设施齐全、教育模式先进，在环境教育领域具有良好的教育性、实效性和示范性，在上海市环境教育基地的推广和普及中起到了带头作用。

拓宽教育范围，构建公众环境教育新风尚。一是开展第三批"上海市绿色社区"评选。2013 年，上海又有 20 家社区获得市级绿色社区称号。截至 2013 年，上海累计创建市级绿色社区 61 个。这些社区充分发挥各自优势和特色，动员居民参与环保实践，倡导绿色、低碳的生活方式，通过家庭影响社区，通过社区带动全社会参与节能减排。二是与上海市妇联共同开展"巾帼环境友好使者"上海站启动和使者培训工作，来自上海 17 个区、县，涵盖教育、卫生、科技系统，以及市级机关单位的 210 名巾帼环保志愿者参加了培训。

1.3.2　促进资源环境审计成为地区生态文明建设重要抓手

近年来，上海市审计机关在深化资源环境审计"五个结合"的基础上，提出了进一步提高单独立项的资源环境审计或审计调查项目在全部审计项目中的比重，构建起"1+5"资源环境审计工作新格局，促进资源环境审计工作成为各级党委和政府推动本地区生态文明建设、实现科学发展的重要抓手，使得环境资源审计工作在本地区经济社会发展中的建设性作用得到进一步体现。

1.3.3　上海闵行区：推进生态文明组织制度建设

一是入职选培制度。干部选拔中，要在注重其基础硬件的基础上，侧重专业化、知识化。重点选拔一批具有环境知识、生态思维、环保技能的管理型人才，并使其在环保部门或重要岗位上发挥作用。通过各级党校及社会主义学院的干部培训生态进课堂等形式，加大培训力度，让学员学习生态知识、接受生态理念、掌握生态技术，在工作中树立和践行生态发展观。

二是在任考核制度。建设生态文明，对领导干部的在任考核进行配套改革是重要任务之一。

党的十八大提出"五位一体"总体布局，要求将生态文明融入经济、政治、文化、社会文明中；党的十八届三中全会对生态文明的说明不仅局限于生态本身，还涉及生产、生活各方面，比如产业结构调整、节能减排、交通运输、建设施工等。《环境保护法》第七条和第十六条在考核对象上也有明确的规定。这些都充分说明了生态文明的考核要全方位，考核对象要全覆盖。

在考核内容上，要将生态文明纳入绩效考核，建立正确的目标导向。就生态文明操作层面而言，要根据不同地区的差异，实行分类考核，设置共性考核目标和个性考核目标。要科学制定考核指标体系，严格执行考核程序，合理解释和利用考核结果，正确输出考核建议。

在考核形式上，要理清干部考核种类，将生态文明考核融入地方党政领导班子和领导干部的年度考核、目标责任考核、绩效考核、任职考察等各种考核和考察中；另外，要对与生态文明关系密切的职能部门进行专项考核，对其生态文明建设实际举措和成效问职问责。

三是离任审计制度。要建立自然资产、生态建设审计专门机构，专门从事审计的研究、实施、审计档案整理，为组织任免干部提供依据。要加快理清审计内容、审计结果使用、审计实施主体确认等，配套做好离任审计。要加快评估和建立自然资源的价值，自然资源资产审计要有参照基础。要加快研究自然资源资产，并对环境污染和环境健康等内容进行研究。对水流、森林、山岭、草原、荒地、滩涂甚至空气等自然生态环境要素，要确权登记。

四是责任追究制度。实施生态环境损害责任终身追究制，要建立追究部门，可以尝试由当地人大城建和环境工作委员会及环境保护部区域环保督查中心共同受理，分别从行政组织和专业视角进行立案调查；要明确追究程序，启动调查程序后，细化调查过程，强化调查结果应用，组织部门根据调查结果进行责任追究；要建立档案，建立干部任职环境责任卡，记录期间批建的重大项目及其发生的环境危害，记录卡应跟随干部档案，并可追溯其环境责任。

五是举报问责制度。鉴于目前环境问题复杂、任务艰巨、利益交织，群众举报制度能够解决地方政府间推诿、不作为和局部利益观阻碍环保工作现象。公众举报，有序参与环境污染监督问责，能够改善环保部门与地方政府博弈中的不利地位，有力推进环保工作。对不作为、乱作为情况进行问责，可以促使管理部门勤勉为政、科学为政。当前，可以建立人大、政协或非政府组织牵头的问责制度。

1.3.4　崇明岛生态文明建设的经验

崇明生态岛建设按照"生态健康、环境友好、经济高效、社会和谐、管理科学"的总体思路，与国际生态理念接轨，聚焦形成了崇明生态岛建设评价指标体系，并围绕资源、能源、环境、产业、基础设施、公共服务等六大行动领域，提出分阶段目标，力争到2020年形成自然生态健康、人居生态和谐、产业生态高端、国际竞争力强、引领示范作用突出的可持续发展岛域的基本格局。为更好地推进六大行动领域建设，上海市政府在《崇明生态岛建设三年行动计划（2010～2012 年）》中，进一步将行动计划分解落实到 16 个行动子项、95 个建设项目，涉及自然资源保护利用、循环经济和废弃物综合利用、能源利用和节能减排、环境污染治理和生态环境建设、生态型产业发展、基础设施和公共服务等六大重点领域，总投资约 140 亿元，其中上海市级资金支持约 50 亿元，带动社会投资近 100 亿元。2010 年崇明世界级生态岛建设启动以来，成效显著，突出表现在以下几方面。

以"水土林"为重点的自然生态系统更加健康

着眼水源地水质安全，实施了"一库四厂"建设，推进崇明生态岛供水集约化，保障水资源安全与可持续利用；扎实推进土地复垦和存量土地整理，保障土地资源利用合理有序，有效避免了崇明对外交通便捷化后的土地过度、过量开发；借助部市合作机制安排，深化湿地技术研究，构建东滩、西滩两大湿地保护示范区，创建国际性湿地科学实验站，技术开发与学术交流活跃，崇明生态岛国际影响力与日俱增；加快实施林地、绿地建设，有效保护岛内生态资源，全岛森林覆盖率位居上海全市首位；实施骨干河道综合整治，加快城镇生活污水截污纳管与集中处理设施建设，开创农村污水分散式处理技术研究与试点，水环境质量得到显著提高。开展了生态环境预警监测评估体系建设，综合监测水平不断提升。通过水、土、林的系统建设，崇明岛屿生态环境保障能力大幅提升，崇明岛新增生态保护地 550 平方公里，成功创建科技部"国家可持续发展实验区"，并顺利通过中期成果验收，"水清、地绿、天蓝"的美丽崇明开始展现其巨大魅力。

基于结构调整的绿色产业体系初显端倪

成功引入一批行业领军企业，实行种养结合，大力发展高效生态农业，推动农产品无公害、绿色食品、有机食品认证，农产品质量稳步提升，以水稻和芦笋为代表的有机食品，逐步跻身高端健康食品行列，崇明岛成为上海市最大的蔬菜基地，被农业部认定为"国家级现代农业示范区"；努力推广清洁生产技术，以整治铸造、危化、小化工、黑色金属冶炼加工、橡胶制品等"两高一低"企业为抓手,关停园区外污染企业 188 家。大力发展生态旅游,创立了西沙湿地保护与利用双赢模式实践区,日接待高峰游客达到 3.2 万人,成为游客理想的休憩旅游目的地之一。生态文明建设的经济效应开始显现,崇明已成为上海市经济增长最快的区县之一,崇明居民的收入水平也同时稳步提升。

生态文明的制度设计取得重要进展

构建了《崇明生态岛建设指标体系》、发布了《崇明生态岛建设纲要(2010～2020)》、编制了《崇明陈家镇低碳国际生态社区建设导则》,通过系统设计与规划引导,形成了生态岛建设科技引领意识理念,推动崇明确立低碳发展主线;实施了瀛东生态村、陈家镇国际生态社区、东滩湿地修复等一批科技示范工程,点线面结合发挥示范引领效应;运用新一代信息技术,建立健全生态岛环境监测评估技术体系;加强与联合国环境署合作,开展生态岛建设国际评估,科学评价生态岛建设,崇明世界级生态岛建设在国内外影响日益扩大。

1.4　北京市生态文明建设经验

1.4.1　北京市延庆县生态文明建设的经验①

延庆县是北京市最北的一个山区县,位于八达岭长城脚下。全县土地近 2000 平方公里,其中山区面积 1320 平方公里,占 66%,人均山地面积 70 亩。耕地面积 75 万亩,人均 2 亩多。全县人口 28 万人,其中农业人口近 20 万人,占全县总人口 72%,是一个人少地多的农业县。

延庆县从本地的自然与人文资源实际出发,在总结实践经验的基础上,提出生态文明战略,并采取一系列措施,将生态文明的理念落实到全县经济社会发展的实际之中,取得了明显的成效,受到广大农民的欢迎,也得到北京市领导的肯定以及中央有关部门的好评。

---

① 《延庆县生态文明建设经验总结》,http://theory.rmlt.com.cn/2014/0321/247473.shtml。

发挥生态优势

森林是"地球之肺"，也可说是"北京之肺"。延庆县是北京的北大门，坚持把植树造林、涵养水源、防风固沙、美化环境当作一项政治任务来完成，使林木绿化率每年提高 2 个百分点，2006 年达到 69%，成为全国首批国家级示范区。延庆县利用山区的优势，实行小流域综合治理，在调整产业结构中大力发展林果业和特色农业，使其成为主导产业。根据当地的气候、地理、土质条件，重点发展有机的葡萄（包括酿造用与食用）和苹果，形成生产、加工、销售一体化的生态型产业链，既能优化生态环境，又能大幅度增加农民收入，创造了经济效益与生态效益融为一体的新模式。生产的鲜食葡萄与苹果，由于质量好又安全，深受消费者欢迎，供不应求。延庆有 4000 亩花卉，在国庆节前后供应北京天安门等处 900 万盆鲜花，有8000 亩西洋参和 30000 亩黄芩以及 4000 亩为奥运会服务的蔬菜基地，成为延庆农民致富的重要途径。

发展生态能源

利用农业资源发展生物质能源，结束了燃烧农作物秸秆与木材的历史，实现村容整洁。延庆有玉米 30 万亩，年产秸秆 37 万吨，畜禽粪便 93 万吨，开发这个资源使其转化为能源，意义重大。一是实施生物质气化工程，利用农作物秸秆产生燃气，为农民提供生活用能源，既提高了农业废弃物的利用率，又减轻 CO_2 与 SO_2 的排放量，净化空气、水体与土壤。一个村用 2亩地建设一座日产 200 立方米的生物质气化炉，用玉米芯作为燃料，即可供应 200 户每户每日 1 立方米的生活用燃气，付费 0.5 元/立方米。通过这项工程的实施，全县每年减排 CO_2 近 3000 吨，SO_2 30 吨，粉尘 32 吨，到 2014年年底，这种气化站共 26 处，为 5550 户农民提供炊事清洁能源。二是实施畜禽粪便资源化工程，利用畜禽粪便产生沼气，每年可消纳粪便 24 万吨，产生沼气 105 万立方米，折合标准煤 753 吨，减排 CO_2 1090 吨，SO_2 14 吨，粉尘 15 吨。沼气池建设在有一定规模的养殖小区，产生的沼气通过管道进入各家各户，每户每日用气付费不到 1 元，结束了户户养畜的历史，实现了人畜分离，大大改善了环境卫生。到目前为止，已建成大中型沼气池 8 处，

可为 2024 户农民提供生活用气。此外，还推广了户用生物质半气化炉 1.5
万台，为 2.3 万铺热炕提供热能，很受老年人的欢迎。采用上述两种办法，
解决农村生活用能源问题，使尚未利用的农作物秸秆还田，作为耕地的覆
盖物，加上玉米留茬免耕措施，使地表覆盖率达 80%，避免土壤风蚀。这
是我国农民的一项重大创造，也是改变传统生活习惯的一项重大改革。延
庆县把这两项技术推广到各村，取得了显著的生态效益。

改善生态环境

延庆高度重视控制与消除农业的面源污染，生产附加值高的农产品，
增加农民收入。为根本控制妫水河流域的水体污染，提高流入官厅水库的
水质，在人口稠密的平原地区划出 520 平方公里（占全县面积的 1/4）控制
区，在实施农作物秸秆综合利用和畜禽粪便资源化工程的同时，建设有机
农产品的基地，使用产生沼气后的沼渣沼液，作为果品生产的有机肥料。
目前全县有 58 个农产品品种获得无公害食品认证；有 17 万亩粮食作物、
2.6 万亩果树、5000 亩蔬菜获得绿色食品认证；有机奶、有机葡萄、有机蜂
蜜、有机蔬菜投放市场，深受欢迎。康庄镇的利兴鹏养牛场，像一座公园，
饲养奶牛 800 头，生产的有机奶在首都进入驻华大使馆与中南海以及超级市
场，价格为普通奶的 1.5 倍至 2 倍。牛粪成为制造沼气的原料，沼渣沼液返
还给农民，生产有机农产品。先用牛粪生产食用菌和蚯蚓，菌渣作为有机
肥料，效果也很好。张山营镇的德清源蛋鸡场，年养蛋鸡 300 万只（为亚
洲最大的养鸡场），利用鸡粪沼气发电，建成容量为 5000 立方米的沼气池，
日处理鸡粪 212 吨，年产沼气 800 万立方米，发电 1500 万度，将并入电网，
一部分沼气提供给周围农民。农民为该厂种植无公害玉米提供饲料原料，
生产的鸡蛋为有机蛋，淘汰鸡为有机鸡，供应超级市场，沼渣沼液为有机
肥料，返给种田农民，形成一个完整的良性循环的有机农业生产链。

保护生态资源

湿地是"地球之肾"，是一个巨大的生物基因库。延庆高度重视对湿地
的保护，为使白河水不受污染，沿岸农民将 7000 亩作为贡米的千家店水稻
田还林。野鸭湖是北京市的最大湿地，将核心区内的 5000 亩农田退耕还草，

将原来废弃的 8 个部队农场近万亩农田并入保护区,将近万头放养牲畜与 80 条渔船全部退出保护区。公安、环保、森林部门加大执法力度,打击偷猎、放牧、开荒等不法行为。现有这个湿地成为候鸟迁移的大本营,停留的鸟超过 10 万只。目前发现各种鸟类 264 种,各种植物 420 种。2006 年建成现代化野鸭湖湿地博物馆,成为普及科学知识的基地和旅游景点。此外,延庆县依托妫河、白河两大水系,建成既有峡谷、河流,又有湖泊、沼泽完整的湿地体系,在全县形成山区、丘陵、平原、湿地的立体生态系统。

弘扬生态文化

依托资源优势,发展生态旅游,丰富生态文化内涵。延庆除了八达岭长城景区与康西草原外,相继启动了妫河生态休闲走廊、2.5 万亩官厅水库滨休闲带、44 公里长的北山生态休闲观光带、龙庆峡下游 1.5 万亩森林公园四大长约 100 公里的生态旅游走廊,将成为北京更加坚实的生态屏障,是建设生态文明的重大举措。2006 年旅游接待人数超过 1000 万,旅游收入 13 亿元,占全县经济收入的 30%,已成为延庆县的支柱产业。延庆的民俗旅游颇具特色,目前已有 45 个民俗村 1400 余民俗户。龙聚山庄被评为北京市 2006 年最美的乡村,接待旅游 140 万人次,收入 4200 万元。康庄镇柳沟村的"火盆锅豆腐宴",先后接待客人 100 万人次,包括美国、日本、韩国等国的外国朋友。

延庆有丰富的地热资源,在 105 平方公里的地热带,深层地热可供暖 300 万平方米。目前全县有 57 眼地热井,累计供热 47 万平方米,仅此一项可节煤 1 万吨。全县有 20 多家使用地热。开发地热,也会成为发展生态旅游的重要资源。

延庆全年日照 2600 小时以上,是北京地区太阳能资源最丰富的地区。目前,全县使用太阳能灯具 1.4 万盏,每年可节电 600 万度。大榆树镇有 25 个村,其中 10 个村用上了太阳能。在公路旁林立的太阳能灯,也是旅游观光的一个引人景点。

延庆康西草原地区风能充足,风能发电潜力甚大。目前有 30 多个 70 米高的大风车拔地而起,将风力发电输送到千家万户,也是一道观光风景。官厅水库地区建立北京售价风电厂，总装机容量5万千瓦，年发电近亿度。

延庆遍地是山石，也是一项重要资源，在龙庆峡河谷，用山石修建河床并造地数万亩，不但在保护耕地不低于18亿亩的底线上做出贡献，而且也成为旅游观光的一个亮点。

延庆为了保护空气、水体与土壤的清洁，加强对占北京全市25%的货运过路车辆的检测，对排气超标的予以劝回。为解决冬季供暖污染问题，拔除了100多根大烟囱，实行统一供暖，改造了燃煤锅炉和燃料，大大降低了尘埃，在乡镇和一些村建立污水与垃圾统一处理设施，清洁了环境，这些措施对吸引游客也起了重要作用。

增加生态补偿

延庆的生态文明建设理念已深入全县人民心中，保护良好的生态环境已成为广大人民的自觉行动。由于严格限制并取缔了有污染的工业，工业在全县经济中占的比重较小，农业、工业、服务业大体各占1/3，财政收入仅为4.5亿元，在北京市是最低的一个区县。但对北京市的贡献是巨大的，也可以说是为了保护北京市的生态环境而做出了牺牲。因此，需要进一步强化生态补偿机制，增加北京市对生态补偿的投入。由于地方财力甚小，在基础设施建设项目上的配套资金不能沿用内地的1：1的比例，需要做重大调整，以利于缩小与其他区县的收入差距。

延庆有两所北京市高等学院（人文与职业），每所万人以上，设置在农村，很有意义。一方面为农村带来了文化与科技资源，为延庆的经济社会发展提供必要的人才与科技支撑；另一方面又能缩小城乡差别，特别是在教育上的差别有所作为。实现生态文明战略，需要推进生态教育。这种"村中城"，是个新事物，值得提倡并支持发展。

由于生态事业的发展，延庆县还实现了生态就业，形成了包括生态护林员、护路员、管水员、绿化保洁员、旅游服务员在内的生态队伍约12000人，占劳动力总数的8%，成了生态上班族，也可以说是生态卫士。

1.4.2 北京密云生态文明建设经验

密云走向生态文明的历程

1949～1958 年，密云是北京的鱼米之乡；1958～2000 年，密云水库的职能从防洪灌溉转为向北京专供生活用水，保水与富民的矛盾突出，出现水库制约论；2000 年伊始，密云确立了首都水源区发展战略，开始走上生态文明之路；2004 年 9 月，环保总局批准密云为国家级生态示范区；2005 年初，密云在北京市率先提出利用 4～6 年时间实现创建国家生态县的奋斗目标；2007 年 3 月，根据工作进程和环保总局的建议，密云提出要提速创建步伐，争取在奥运前实现创建目标，向北京献礼；2007 年 10 月，顺利通过北京市环保局考核验收；2008 年 3 月，颁布《密云县关于巩固提高国家生态县创建成果建设生态文明的意见》；2008 年 4 月，顺利通过了由国家环保部的考核验收；2008 年 5 月，环保部确定密云为全国生态文明建设试点地区；2008 年 10 月，国家生态县授牌。

2013 年 12 月，国家发改委、财政部、国土资源部、水利部、农业部、国家林业局六部门落实国务院要求，在全国启动了生态文明先行示范区建设。密云县立即着手编制《密云县申报创建国家生态文明先行示范区实施方案（2013～2017 年）》，正式开展密云国家生态文明先行示范区申报创建工作。

《密云实施方案》结合密云县是首都唯一地表饮用水水源地和首都生态涵养发展区的功能定位，明确了密云建设国家生态文明先行示范区的八大主要任务，主要包括：明确功能区划，科学谋划生态空间格局；建设生态环境，强化首都水源保护涵养功能；发展生态产业，打造高端高效绿色产业体系；狠抓重点领域，推动绿色循环低碳发展；优化人居环境，打造舒适宜居的生活空间；塑造生态文化，构建密云特色生态文化体系；完善生态制度，创新现代城市水源涵养新机制；加强基础支撑，提高统计预警应急监督能力。

由于密云县国家生态县建设起步早、起点高、基础实，2014 年 4 月，通过各相关部门的严格审核，《密云实施方案》通过了国家发改委等六部委的评审，并被确定为全国首批生态文明建设试点地区。

下一步，密云县将按照六部委下发的《通知》要求，在探索三项生态文明建设创新机制上下功夫。积极落实政策、资金、人员等条件，全面组织实施国家生态文明先行示范区建设，确保各项政策措施落实到位和目标任务实现。

为把密云建成国家生态文明先行示范区，县委县政府还制定《关于巩固提高国家生态县创建成果建设生态文明的意见》和《密云县生态文明建设纲要》等政策文件，开始启动生态文明建设。

密云创建国家生态县的做法

几年来，密云坚持以国家生态县为总抓手，全面推动各项工作、整体提升工作水平。创建国家生态县的基本思路是以"保水富民强县"为目标，从生态环境建设上切入，在生态经济建设上着力，以生态文化建设为支撑。工作中通过"四个有力保障、七个紧密结合"，确保举全县之力、集全民之智创建国家生态县。

四个有力保障：组织保障、创新机制，建立上下贯通、指挥有力、运转高效的领导体系和工作机制；宣传保障、广泛动员，形成群策群力、全民参与的创建局面；规划保障、科学布局，使整体创建工作紧张有序、健康高效；政策保障、确保投入，形成政府引导、社会筹措与群众自愿投工投劳相结合的多元化投入机制。

七个紧密结合：与社会主义新农村建设紧密结合，以"高标准、低成本、能承受、可推广"为原则，大力推进环境优美乡镇和文明生态村建设；与建设园林型宜居城市紧密结合，努力提升城市建设和管理水平；与促进密云经济实现"又好又快"发展紧密结合，通过产业联动大力发展生态经济；与切实解决好"民生问题"紧密结合，把创建国家生态县建成促进社会事业发展，群众普遍受惠的"民心工程"；与"迎奥运、讲文明、树新风"活动紧密结合，把创建国家生态县做成密云的"奥运工程"；与密云形象的提升和宣传紧密结合，通过创建国家生态县打造"生态密云、休闲之都"的县域品牌形象；与"三级联创"和保持党员先进性教育紧密结合，把创建国家生态县做成密云的"党建工程"。

密云创建国家生态县的成效

目前，密云以及建立了护水、护河、护山、护林、护地、护环境的"六护"机制，全县共有"六护"人员 13717 人，全面实施了密云水库周边环境综合整治，完善密云水库一级保护区内污水处理设施，污水处理率达100%，确保了密云水库水质始终保持国家二类水体以上标准。

密云大力实施京津风沙源治理、小流域治理、矿坑植被恢复、平原地区造林和绿化美化工程，生态涵养能力不断增强。

密云认真落实清洁空气行动计划，撤并整合县城 16 座小型燃煤供热锅炉房，由一家县属国有企业集中供热，可吸入颗粒物浓度大幅下降。

密云铁矿石储量丰富，矿体埋藏浅，极易开采，并广泛分布在密云水库周边，同时县域内河床多，砂石量大。长期以来，盗采盗运矿产资源行为屡禁不止，严重破坏了生态环境，对水源保护构成威胁。2010 年 7 月以来，密云集全县之力，依法打击盗采盗运铁矿石、砂石料行为，形成了强大持久的打击声势，极大地震慑了违法犯罪行为，全县非法开采运输矿产资源行为基本销声匿迹。2012 年 9 月，在密云召开的全国非煤矿山整顿关闭暨"打非治违"工作推进会议上，密云矿山整顿关闭和"打非治违"的工作经验在全国推广。集中力量开展了"拆违打非"专项行动，违法建设销账面积比例达到 92%，位居生态涵养发展区前列，新生违法建设持续保持"动态为零"。

经过不懈的生态建设和环境整治，密云的山更青了，水更净了，天更蓝了。截至 2013 年底，密云全县的林木生态覆盖率达 78.8%，生态质量在北京市各区县中名列前茅。良好的生态环境也有力助推了密云绿色发展，绿色发展保护了良好的生态环境，形成生态促发展、发展促生态的良性循环。

2011 年 1 月，国际休闲产业协会授予密云"国际最佳休闲宜居名县"称号。2013 年，被水利部列为全市唯一的"全国水生态文明城市建设试点"区县。

在不断加大环境保护力度的同时，密云始终坚持以经济建设为中心，统筹保水、富民、强县各项工作，努力将生态优势转化为发展优势，不断壮大经济实力，全县经济社会发展进入了新一轮的快速发展期。位于非水源保护区的县经济开发区，已成为县域经济发展的重要增长极和劳动力就业的重要平台，成为环境友好型工业的最佳栖息地，形成了五大主导产业。同时，密云把产业发展的地域标识规划得更加清晰。

1.5 四川省生态文明建设经验

1.5.1 四川省首次划定四条生态红线

2014 年 10 月 10 日，四川省林业厅印发《四川省林业推进生态文明建设规划纲要（2014～2020 年)》（以下简称《纲要》）。《纲要》阐释了林业在四川省生态文明建设中承担的职责，明确了构建五大体系的任务，给出划定四条生态红线、推进十大生态修复工程、实施十大行动的建设路径。

根据《纲要》，四川省林业将在四川生态文明建设中承担构建生态安全格局、保护自然生态系统安全、保障生态产品供给、助农增收、繁荣生态文化等五项职责，并将四川省林业生态文明建设布局划分为东部板块和西部板块，分别给出具体建设目标。《纲要》明确，到 2020 年，四川省长江上游生态屏障全面建成，并明确林地保有量等 23 项林业生态文明建设主要指标。届时，全省林业产值达到 3500 亿元，农民人均林业收入超过1500 元。

《纲要》首次划定四川省林地和森林、湿地、沙区植被、物种四条生态红线。根据红线，全省林地面积不低于 3.54 亿亩，森林面积不低于 2.7 亿亩；湿地面积不少于 2500 万亩；治理和恢复植被的沙化土地面积不少于1320 万亩；林业自然保护区面积不低于 1.09 亿亩，大熊猫栖息地面积不低于 2655 万亩，珍稀野生动植物种有效保护率不低于 95%。并提出，限制开发区域和生态脆弱区域建立生态破坏一票否决制和责任终身追究制。

1.5.2 成都生态文明建设推出路线图

成都市生态文明先行示范区建设总体思路是，按照"五位一体"总体布局和生态文明建设总体部署，立足工业化转型期的特大型中心城市新型城镇化发展，以改革为动力，实现城市转型发展和体制机制创新的重大突破；以彰显蜀水生态文明精髓为核心，弘扬生态文化，塑造新型生态人格；以绿色、循环、低碳为基本途径，促进经济社会转型发展。奋力建设经济繁荣、环境优美、文明祥和、天人合一的现代化、国际化大都市，探索由"环境换增长"向"环境促增长"转变、由工业文明向生态文明跨越的发展模式。

在西部率先解决好平稳增长和加快转型的关系，引领西部地区城市转型发展。力争在政策法规制定、政府目标考核、干部政绩考核以及生态补偿机制等重点领域和关键环节率先探索、先行先试。传承都江堰蜀水文明精髓，着重从水资源保护和管理、水安全保障、水环境治理、水生态建设、水文化塑造等方面构建现代新型人、水和谐关系。

为了达成前述目标，成都提出七大主要任务：优化空间开发格局，建设生态宜居城市；加快产业转型升级，构建生态产业体系；推动资源集约高效利用，建设资源节约型社会；增强环境承载能力，建设环境友好型社会；倡导生态文明理念，塑造水生态文明典范；推进全面深化改革，创新生态文明体制机制；加强基础能力建设，构建全面支撑体系。

1.6　镇江市依托八大任务打造国家生态文明先行示范区

根据国家开展生态文明先行示范区建设的总体要求和镇江市国家生态文明先行示范区建设的目标，镇江市国家生态文明先行示范区建设的总体框架由科学谋划空间开放格局、调整优化产业结构、推进城市绿色循环低碳发展、节约集约利用资源、加大生态系统和环境保护力度、培植健康文明的生态文化、推进生态文明体制创新和加强基础能力建设"八大任务"组成。

1.7　深圳盐田区生态文明建设的经验

深圳市盐田区紧紧抓住建设"美丽盐田"战略机遇期，先后获得了华南地区首个"国家生态区""国家水土保持生态文明县（区）"等称号，以及"广东省宜居环境范例奖"，并唯一代表深圳市参加广东省审核申报"国家生态文明先行示范区"。生态盐田建设的成功关键在于把握好生态文明建设的五个关键词，即制度、绿色、人居、持续、文化。

制度——生态文明建设的保障；绿色——生态文明建设的基础；人居——生态文明建设的核心；持续——生态文明建设的前提；文化——生态文明建设的内核。

1.8　珠海推领导干部生态建设考核

在实施"环保目标责任考核"，"环保一票否决"考核基础上，珠海2014年将首次实施生态文明建设考核，督导各级党政领导干部抓好各项生态文明建设工作。

目前市创建办正在制定2013年度创建生态市考核计划，通过自评、综合评价、向环境宜居委员会述职等阶段考核，预计将于2014年2月前完成市直部门、各区党政领导环保实绩考核。

2012年市委、市政府出台的《关于创建全国生态文明示范市的决定》提出珠海要用4年时间，通过"三步走"的方式率先创建全国生态文明示范市。为此，珠海在生态环保工程建设方面提供充足资金保障，近两年全市环保投资占GDP比例达3.7%以上。

后 记

2012 年，国务院印发了《关于进一步促进贵州经济社会又好又快发展的若干意见》（国发【2012】2 号），将贵州生态建设提升到了国家战略层面。根据贵州省人民政府与中国社会科学院签署的战略合作框架协议，中国社会科学院在贵州省设立了学部委员工作站，中国社会科学院城市发展与环境研究所、工业经济研究所、法学研究所、农村发展研究所、民族学与人类学研究所、社会学研究所等与贵州省社会科学院博士后科研工作站联合培养博士后研究人员，中国社会科学院学部工作局（科研局）与贵州省社会科学院联合举办"后发赶超论坛"。2014 年又受贵州省委托开展"贵州省守住'发展'和'生态'两条底线，建设国家公园省"重大课题研究，课题由中国社会科学院城市发展与环境研究所所长、中国社会科学院可持续发展研究中心主任、国家气候变化专家委员会委员潘家华研究员领衔主持，贵州省社会科学院院长吴大华研究员协助主持，中国社会科学院和贵州省社会科学院相关科研人员参与。同期，课题组还受国家发展与改革委员会的推荐和贵州省发改委的委托，参与贵州省"十三五"规划前期预研，承担了贵州省"十三五"生态文明建设发展战略和生态补偿机制创新等若干重大问题研究及决策咨询。课题组历时 5 个多月，对贵州省各个地域进行全面深入的实地调研，与相关部门座谈，对企业、住户等进行调研走访，并召开专家咨询会进行论证研讨，完成了相关研究，在此基础上进行了此书稿的撰写，也是院地合作框架协议下的首次合作项目及成果转化。

课题组经过近一年的深入实地调研，与相关部门座谈，对企业、住户等进行调研走访，并召开专家咨询会进行论证研讨，完成了相关研究，形成了《贵州"守住生态与发展两条底线，建设公园省"》《贵州省"十三五"生态文明建设路径及对策研究》《贵州省建立生态补偿机制研究》等课题研究报告，经以中国科学院院士、世界科学院（TWAS）院士、中国科学院植物研究所所长方精云教授为首的评审专家组的论证后顺利通过验收。贵州省委、省政府领导及贵州省发改委等对该课题成果给予了高度肯定。

为使该课题成果更好地服务于贵州经济社会发展，切实将习近平总书记2014年"两会"期间参加贵州省代表团讨论时关于"守住发展和生态两条底线"的重要指示落到实处，加强长江、珠江上游重要生态安全屏障建设，使贵州探索出的成功经验能为全国其他地方的生态建设提供借鉴和参考，共建美丽中国，课题组对上述课题成果又进行了深化和延伸研究，最终形成了《生态引领　绿色赶超——新常态下加快转型与跨越发展的贵州案例研究》这本专著，也是中国社会科学院与贵州省签署战略合作协议后的第一个专项课题成果。

感谢中国社会科学院将本成果作为中国社会科学院创新工程项目之一资助出版，感谢贵州省人民政府"院省合作专项资金"资助，感谢贵州省发改委和贵州省社会科学院对课题的调研工作不遗余力的支持和配合，感谢社会科学文献出版社为本书及时出版提供的大力支持和责任编辑的辛勤劳动。本专著既凝聚团队领导的心血和洞见，也是大家集思广益的思想结晶，感谢全体课题组成员，感谢所有对课题研究和专著写作做出贡献的同仁。中国社会科学院学部委员汪同三研究员和张晓山研究员对书稿的写作给予了建议和指导，中国社会科学院李培林副院长和贵州省人民政府副省长何力为本书撰写了序言，在此深表感谢！

潘家华　吴大华

2015 年 4 月

图书在版编目（CIP）数据

生态引领　绿色赶超：新常态下加快转型与跨越发展的贵州
案例研究/潘家华等著. —北京：社会科学文献出版社，2015.6
ISBN 978 - 7 - 5097 - 7519 - 6

Ⅰ.①生…　Ⅱ.①潘…　Ⅲ.①生态经济 - 区域经济发展 - 经济
发展战略 - 研究 - 贵州省　Ⅳ.①F127.73

中国版本图书馆 CIP 数据核字（2015）第 107686 号

生态引领　绿色赶超

—— 新常态下加快转型与跨越发展的贵州案例研究

著　　者 / 潘家华　吴大华 等

出 版 人 / 谢寿光
项目统筹 / 恽　薇
责任编辑 / 许秀江　刘宇轩

出　　版 / 社会科学文献出版社·经济与管理出版分社 (010) 59367226
　　　　　　地址：北京市北三环中路甲 29 号院华龙大厦　邮编：100029
　　　　　　网址：www. ssap. com. cn
发　　行 / 市场营销中心（010）59367081　59367090
　　　　　　读者服务中心（010）59367028
印　　装 / 三河市东方印刷有限公司

规　　格 / 开　本：787mm × 1092mm　1/16
　　　　　　印　张：17. 75　字　数：259 千字
版　　次 / 2015 年 6 月第 1 版　2015 年 6 月第 1 次印刷
书　　号 / ISBN 978 - 7 - 5097 - 7519 - 6
定　　价 / 89. 00 元